高质量新就业研究丛书

中国人民大学科学研究基金（中央高校基本科研业务费专项资金资助）项目成果 17XNLG06

中国就业促进政策

评估与展望

白晨 杨伟国 ／ 著

China's
EMPLOYMENT
Promotion Policies
Evaluation and Prospect

东北财经大学出版社
Dongbei University of Finance & Economics Press ｜ 大连

图书在版编目（CIP）数据

中国就业促进政策：评估与展望 / 自晨，杨伟国著.一大连：东北财经大学出版社，
2021.11

（高质量新就业研究丛书）

ISBN 978-7-5654-4352-7

Ⅰ．中…　Ⅱ．①自…②杨…　Ⅲ．就业制度-体制改革-研究-中国　Ⅳ．F249.214

中国版本图书馆CIP数据核字（2021）第194426号

东北财经大学出版社出版发行

　　大连市黑石礁尖山街217号　邮政编码　116025

　　网　　址：http://www.dufep.cn

　　读者信箱：dufep @ dufe.edu.cn

大连天骄彩色印刷有限公司印刷

幅面尺寸：170mm×250mm　字数：224千字　印张：17.25
2021年11月第1版　　　2021年11月第1次印刷
责任编辑：石真珍　刘贤恩　责任校对：石建华
封面设计：冀贵收　　　版式设计：原　皓
定价：58.00元

总　序

当前，以数字科技为代表的新一轮高新技术的蓬勃发展正深刻地影响并改变着我们的工作世界。2019年，世界银行发布题为《工作性质的变革》（The Changing Nature of Work）的年度报告。报告指出，我们的工作世界正面临前所未有的技术挑战。数字技术不仅重塑了劳动力市场对工作技能的需求，更催生了大量颠覆传统生产与用工方式的平台型企业。而这一系列变革在带来新就业、新机遇的同时，也被视为加剧收入不平等、就业极化等社会问题的根源，不断挑战着各国政府维持经济可持续发展与国家长治久安的决心与能力。

中国正快速拥抱数字化，数字经济规模在2019年达到35.8万亿元，占GDP总量的36.2%，位居世界前列。数字经济领域就业人数逾2亿，超过当年就业总人数的1/5。在这样的背景下，如何立足"十四五"规划及2030年远景目标，从宏观战略层面理解数字技术与中国实现高质量就业目标的内在关联，如何立足数字经济与平台型企业发展本身，从中观乃至微观层面把握数字技术对中国当下及未来工作世界的影响，已然成为当前学术界与政策界热切关注且亟待研究的重要议题。

鉴于此，本丛书着重从以下四个方面回应上述议题：

第一，立足就业促进的宏观战略。《中国就业促进政策：评估与展望》一书在系统评估"十三五"期间我国实施促进就业政策总体效果的基础上，探讨"十四五"及以后全面落实就业优先战略、推动就业高质量发展的思路与举措。该书揭示了"十三五"期间，数字技术与数字经济的快速发展在"稳就业"中发挥的重要作用，同时也就"十四五"及以后，通过进一步规范平台用工行为、加强新业态就业人员劳动权益保障等措施，更好地发挥数字经济推动就业高质量发展的作用，提出了相应的政策建议。

第二，聚焦数字经济与新就业的内在关联。《数字经济：新动能与新就业》一书在全面梳理数字经济的内涵特征及发展历程的基础上，揭示了数字经济与新就业之间的内在关联：以数字经济为代表的新动能的培育与壮大，有助于创造出更多新就业岗位，而新就业形态的良性发展同时也能更好地促进劳动力从传统产业向新技术产业的转移，从而加速新旧动能的接续转换。该书通过对发达国家培育新动能带动新就业先进经验和做法的研究，结合国内实践调研和理论分析，从政府部门、用人单位、新就业从业者三个主体和政治、经济、文化、社会四条主线出发，提出了关联实际、问题导向、操作可行的系统性政策建议。

第三，着眼数字平台工作发展的实践历程。《数字平台工作的动态演进：基于实践的考察进路》一书深入数字经济最为典型、对就业影响最为深远的平台型工作，围绕"平台型工作形态及劳动治理体制演进历程与影响因素"、"平台工作者群体特征及对工作组织转型的反应与应对"以及"平台劳动治理效能及体制稳定性与可持续性评估"三个问题，深入探讨了工作"平台化"转型在中国的实质意涵，并最终解答了"中国平台型工作的产生和发展究竟代表着工作质量的跃迁还是危难工作的再生产？"这一困扰学界多时的重要问题。

第四，回归劳动力素质提升与高质量就业。数字技术对工作世界的影响早已势不可挡，只有不断提升劳动力的"数字"技能、强化优质人力资本积累，才是应对数字经济挑战、推进就业高质量发展的根本之道。《高质量发展与高素质劳动力：国际实践与中国选择》一书回归"人的能力"这一核心要素，在充分借鉴国内外劳动者素质提升经验的基础上，立足人力资本生命周期理论，阐释了在高质量发展与数字经济背景下提高劳动者综合素质、提升劳动者教育水平与技能水平的政策路径。

本丛书系中国人民大学科学研究基金重大规划项目"数字技术革命与

工作世界的未来"（编号：17XNLG06）的最终成果，受中国人民大学科学研究基金资助。同时，本丛书的部分内容继承了作者向国家发展和改革委员会就业司、中欧社会保障改革项目组等提交的《培育新动能带动新就业研究》《高质量发展与劳动力素质提升》《就业促进规划"十三五"评估与"十四五"建议》等研究报告的基本观点，在此向国家发展和改革委就业司及中欧社会保障改革项目组的各位领导、专家、同仁表示由衷的感谢！尽管恪守严谨规范的态度，但由于作者学术功底与专业理解的欠缺，本丛书必定还存在诸多不足之处，作者对此承担全部责任。本丛书的推出，得到了东北财经大学出版社的全力支持，特致谢忱！

中国人民大学劳动人事学院院长、教授　杨伟国

2021 年 6 月

前　言

就业是发展之基，更是最大的民生。中国政府高度重视就业工作，践行就业优先战略。自 2011 年国家首个促进就业专题规划即《促进就业规划（2011—2015 年）》实施以来，面对国内经济下行压力不断加大、国际政治经济局势持续动荡等问题，中央及地方政府相继出台了大量的促进就业政策，从劳动力市场供需、就业环境保障等多个方面加快就业促进体制机制改革，积极推进就业促进制度体系化建设。与此同时，就业优先在国家顶层设计中的战略地位持续凸显，不仅稳居"六稳""六保"之首，更被提升至宏观政策层面，与货币、财政等政策一道发挥国民经济宏观调控的重要作用。

随着促进就业政策日益丰富以及就业优先战略对国民经济的宏观调控影响持续加深，科学评估政府促进就业工作绩效，不断提高精准施策水平，显得尤为必要而迫切。不仅在我国如此，自 2008 年金融危机爆发以来，国际社会也逐渐意识到积极劳动力市场政策（Active Labor Market Policies，ALMP）在应对全球经济风险、维持国家长治久安中所扮演的重要角色。经济合作与发展组织（OECD）在 2018 年发布就业战略报告 Good Jobs for All in a Changing World of Work: The OECD Jobs Strategy，不仅将就业战略视为应对数字革命、经济全球化及人口老龄化挑战的关键举措，而且通过"就业促进战略轮盘"（New OECD Jobs Strategy Dashboard）评估框架，从"就业数量质量""劳动力市场包容性""就业韧性适应力"三个方面对促进就业政策展开持续、系统的评估，以不断优化政府就业促进效能，提升就业质量与水平。

在这样的背景下，时值"十三五"收尾与"十四五"开局之年，本书尝试对"十三五"以来我国促进就业政策实施的总体效果展开评估，并在此基础上，从剖析促进就业所面临的内外环境、新问题、新趋势出发，讨论"十四五"及以后继续强化就业优先政策需要注意的关键方向与问题。具体来说，全书在内容上分为上下两篇：上篇为"'十三五'期间促进就业政策总体评估"，下篇为"促进就业政策展望：趋势、方向与重点工作"。上篇着重围绕《"十三五"促进就业规划》的核心内容，通过梳理回顾"十二五"以来中国的就业状况以及就业促进事业发展的总体趋势及主要特点，对"十三五"期间我国政府促进就业工作所取得的成果以及主要任务和目标的达成情况展开综合与专题评估。下篇则在回顾中外就业促进理论及评估经验的基础上，围绕当前国际与国内就业市场出现的新形势、新问题与新挑战，从"就业促进决策与评估优化""就业促进治理协同""重点群体与重点区域就业促进问题"等方面对"十四五"期间及其后就业促进规划工作的重点内容与方向提出政策建议与展望。

本书在研究思路上遵循"综合评估与专题评估、目标导向与问题导向、过程评估和效果评估"相结合的原则，着重从需求、供给、市场、环境四个维度以及"指标达成"（定量）与"制度建设/工作落实"（定性）两个层面展开分析。在研究方法上，突出纵向（"十二五"与"十三五"）与横向（国内与国际）比较，重视中央及地方政策文本分析，考察就业促进"重大政策、重大工程、重大平台、重大行动"的落实与推进情况。在研究视野上，立足国际趋势，特别是对国际主流政策界就当前数字经济、经济全球化及人口老龄化影响下的全球就业形势与应对所做的研判做了较为全面的梳理，为我国更好地把握促进就业政策走向提供了有益的借鉴。

本书是中国人民大学科学研究基金（中央高校基本科研业务费专项资金资助）项目成果（编号：17XNLG06）。本书的部分内容继承了作者2019年向国家发展和改革委员会就业司、中欧社会保障改革合作项目组提交的《就业促进规划"十三五"评估与"十四五"建议》报告的观点，在此向国家发展和改革委员会就业司及中欧社会保障改革合作项目组的各位领导、专家表示由衷的感谢。中国人民大学劳动人事学院硕士研究生冀琦全程参与本书的资料整理与书稿校对工作，付出巨大辛劳，在此表示衷心感谢。

促进就业政策评估本身是一项十分复杂而系统的工作，加之数据资料有限以及受疫情影响实地调研难以充分开展等因素的影响，本书对促进就业政策的评估及展望难免管中窥豹、挂一漏万。在此我们祈望读者和学界同仁批评指正并热切盼望劳动就业及相关领域的专家、学者关注、投身这一主题，共同推动就业促进工作迈向高质量发展道路。

作者

2021年6月

目　录

下篇　促进就业政策展望：趋势、方向与重点工作

上　篇

"十三五"期间促进就业政策总体评估

第1章

导　论

2017年，国务院正式印发《"十三五"促进就业规划》（以下简称《"十三五"规划》）①。此项规划是党的十八大以来，中央政府针对促进就业工作专门制定的第二个战略性、综合性、基础性规划。同《促进就业规划（2011—2015年）》（以下简称《"十二五"规划》）②相比，《"十三五"规划》最大的不同在于它是在党的十八大关于全面深化改革战略部署的重大背景下制定并实施的，以党的十八大和十八届三中、四中、五中、六中全会精神，以及习近平总书记系列重要讲话精神和治国理政新理念、新思想、新战略为根本指导，是习近平新时代中国特色社会主义思想在国家就业促进工作领域的一次集中而重要的体现（见表1-1）。

表1-1　《"十三五"规划》与《"十二五"规划》核心内容比较

	《"十三五"规划》	《"十二五"规划》
背景	基本判断:机遇与挑战并存 机遇:处于可以大有作为的重要战略机遇期,新兴产业、新兴业态吸纳就业能力不断增强,大众创业、万众创新催生更多新的就业增长点,为促进就业奠定了更加坚实的物质基础 挑战:国际经济形势依然复杂多变,国内一些长期积累的深层次矛盾逐步显现,经济发展新常态和供给侧结构性改革对促进就业提出了新的要求,劳动者素质结构与经济社会发展需求不相适应、结构性就业矛盾突出等问题凸显	基本判断:就业形势将更加复杂,任务更加繁重 就业总量压力将继续加大,劳动者技能与岗位需求不相适应(供大于求)、劳动力供给与企业用工需求不相匹配的结构性矛盾将更加突出,经济社会环境变化对促进就业提出了新的挑战,公共服务与权益保障不足等

① 中华人民共和国中央人民政府.国务院关于印发"十三五"促进就业规划的通知［EB/OL］.［2019-11-20］.http://www.gov.cn/zhengce/content/2017-02/06/content_5165797.htm.
② 中华人民共和国人力资源和社会保障部.促进就业规划（2011—2015年）［EB/OL］.［2019-11-20］.http://www.mohrss.gov.cn/SYrlzyhshbzb/zwgk/ghcw/ghjh/201503/t20150313_153947.html.

	《"十三五"规划》	《"十二五"规划》
指导思想	全面贯彻党的十八大和十八届三中、四中、五中、六中全会精神,深入贯彻习近平总书记系列重要讲话精神和治国理政新理念新思想新战略,认真落实党中央、国务院决策部署,统筹推进"五位一体"总体布局和协调推进"四个全面"战略布局,牢固树立和贯彻落实创新、协调、绿色、开放、共享的发展理念,推进供给侧结构性改革	高举中国特色社会主义伟大旗帜,以邓小平理论和"三个代表"重要思想为指导,深入贯彻落实科学发展观,适应加快转变经济发展方式的要求,紧密结合保障和改善民生、构建和谐社会的需要
定位与部署	基本定位:就业是最大的民生,也是经济发展最基本的支撑 总体部署: (1)实施就业优先战略和人才优先发展战略 (2)把实施积极的就业政策摆在更加突出的位置 (3)贯彻劳动者自主就业、市场调节就业、政府促进就业和鼓励创业的方针 (4)不断提升劳动者素质 (5)强化各类政策协同机制 (6)优化社会资本带动机制 (7)完善就业创业服务机制 (8)健全劳动关系协调机制 (9)构建就业形势综合监测机制	基本定位:把就业作为民生之本,作为经济社会发展的优先目标 总体部署: (1)充分开发和合理利用人力资源 (2)实施更加积极的就业政策 (3)健全劳动者自主择业、市场调节就业、政府促进就业相结合的机制
基本原则	(1)坚持总量与结构并重 (2)坚持供需两端发力 (3)坚持就业政策与宏观政策协调 (4)坚持统筹发挥市场与政府作用(既要充分发挥市场在促进就业中的决定性作用,又要提高基本公共就业创业服务能力,更好地发挥政府作用) (5)坚持普惠性与差别化相结合	(1)坚持促进就业与经济社会发展相结合 (2)坚持促进就业与人力资源开发相结合 (3)坚持发挥市场机制作用与政府促进相结合(充分发挥市场机制在人力资源配置中的基础性作用,将促进就业作为制定、实施和调整经济社会政策的基本目标) (4)坚持促进企业发展与维护劳动者权益相结合
总体目标	实现比较充分和更高质量的就业 (1)就业规模稳步扩大,就业质量进一步提升 (2)创业环境显著改善,带动就业能力持续增强 (3)人力资源结构不断优化,劳动者就业创业能力明显提高	提高就业质量,努力实现充分就业 (1)就业规模持续扩大,就业结构更加合理 (2)有效控制失业,保持就业局势稳定 (3)人力资源开发水平得到明显提高 (4)就业质量得到进一步提升
主要内容	(1)增强经济发展创造就业岗位能力 (2)提升创业带动就业能力 (3)加强重点群体就业保障能力 (4)提高人力资源市场供求匹配能力 (5)强化劳动者素质提升能力 (6)构建更有力的保障支撑体系	(1)提高经济发展对就业的拉动能力 (2)实施更加积极的就业政策 (3)统筹做好城乡、重点群体就业工作 (4)大力开发人力资源 (5)加强人力资源市场建设 (6)加强失业预防和调控 (7)健全劳动关系协调机制和企业工资分配制度 (8)加强劳动保障监察和劳动人事争议调解仲裁

在战略定位上,《"十三五"规划》在民生与经济发展层面赋予就业促进工作以更加重要的战略意义。从"十二五"的"民生之本""经济社会发展的优先目标"到"十三五"的"最大的民生""经济发展最基本的支撑",就业促进工作在保障民生与推动经济增长中的基础性作用被不断强化。在总体思路上,《"十三五"规划》更加突出市场的决定性作用,注重强化政府的服务、协调与监管能力,推动友好型的就业环境建设。同《"十二五"规划》相比,《"十三五"规划》将市场的作用从"基础性"提升到"决定性",从"人力资源配置"扩展到"促进就业"全领域;同时,积极推动政府职能转变,从"进一步强化政府在促进就业中的责任,将促进就业作为制定、实施和调整经济社会政策的基本目标,广泛动员社会各方面力量"转向更加注重"优化环境,健全机制,加快消除制度性、体制性障碍"与提升公共服务、协调与监管能力。在具体目标与工作内容上,《"十三五"规划》特别突出创新创业对促进就业增长与经济协同发展的作用,同时也更加注重就业质量与劳动力素质的全面提升。同《"十二五"规划》相比,《"十三五"规划》突出"创新、协调、绿色、开放、共享的发展理念",将推动新兴产业、新兴业态,培育新的就业增长点与提升创业带动就业能力置于更加重要的位置;同时,提出人才优先发展战略与构建就业保障支撑体系,注重劳动者素质的提升与更高质量就业目标的实现。《"十三五"规划》充分体现了新时代中国共产党以人民为中心的执政理念和执政追求,体现了国家将"就业促进"作为推动经济高质量发展重要支撑的战略部署,围绕"就业促进"工作所形成的一系列制度安排与治理创新日益成为提升国家治理能力与治理体系现代化的重要抓手。

在"十三五"收官之际,如何科学评估这一阶段中国政府促进就业政策的总体实施情况及效果,并在此基础上结合当前国际国内就业领域出现的新趋势与新挑战,就接下来"十四五"以及至2035年期间深入贯彻党的十九大和十九届二中、三中、四中、五中全会精神,强化就业优先战略,提出合理的政策建议与展望,无疑是当前亟待开展的一项重要研究工作。

本书正是围绕这两个核心问题展开的。其在内容构成上主要包括两大部分：上篇主要围绕《"十三五"规划》的核心内容，在系统梳理回顾"十二五"以来中国就业状况以及就业促进事业发展的总体趋势和主要特点的基础上，对"十三五"期间中国政府就业促进工作所取得的阶段性成果以及主要目标和任务的达成情况分别展开综合性与专题性评估；下篇重点立足于习近平新时代中国特色社会主义思想，在比较分析当前国际与国内就业市场出现的新形势、新问题与新挑战的基础上，从"就业促进决策与评估优化""就业促进治理协同""重点群体与重点区域就业促进问题"等方面对"十四五"期间及其后就业促进规划工作的重点内容与方向提出政策建议与展望。

第2章
综合评估

2.1 评估依据及方法

一直以来，不论是国际政策界还是国际学术界，都将政府在促进就业领域的政策评估视为一项复杂而系统的工作。尽管由此发展出了一系列评估模型与方法，但始终没有也很难形成公认的统一标准（杨伟国等，2014；Vooren et al.，2019）。不仅如此，受就业数据质量与可得性的限制，以及就业促进政策在实施过程中受诸多因素和条件的复杂影响，现实中也往往难以通过理想的"政策实验"识别就业促进政策同就业市场表现之间的因果联系以及政策干预的"净效应"。鉴于此，针对《"十三五"促进就业规划》的总体考察，本书将更多立足于中国实际与政府关切，重点围绕《国务院办公厅关于建立健全国家"十三五"规划纲要实施机制的意见》《国家发展改革委关于开展"十三五"规划实施情况中期评估工作的通知》等相关文件的总体要求，依据国际劳动力市场政策评估的基本理论与方法，参考借鉴欧盟、经济合作与发展组织（OECD）、国际劳工组织（ILO）等国际组织就业发展与评估报告的基本体例组织撰写评估报告。

具体来说，本书的评估部分将以综合评估与专题评估、目标导向与问题导向、过程评估和效果评估相结合为基本原则，重点围绕"需求""供给""市场""环境"四个维度，从"指标达成"（定量）与"制度建设/工作落实"（定性）两个层面展开分析讨论。在具体方法的选择上，一方面，突出比较分析，通过"十二五"与"十三五"的纵向比较及中国与国际社会的横向比较，考察《"十三五"规划》的实施效果与工作进度；另一方面，重视政策文本梳理，通过系统整理《"十三五"规划》实施前后中央及各部委在相关领域出台的政策内容的关联、变化与扩散情况，考察"重大政策、重大工程、重大平台、重大行动"的落实与推进情况。

目前，评估数据主要来自：官方统计数据，包括国家统计局数据库，历年《国民经济与社会发展统计公报》以及相关年鉴（如《中国劳动统计年鉴》等），普查及部门数据；科研机构调查与研究数据，包括国际数据（世界银行、国际劳工组织、波士顿咨询公司等）及国内数据（中国人民大学的"中国企业雇主-雇员匹配数据调查"、中山大学的中国劳动力动态调查报告、中央财经大学的中国人力资本报告）；部分智库及课题组成员爬取的文本数据等。

2.2 主要指标完成情况

如表 2-1 所示，"十二五"以来，中国的就业情况总体平稳，进入"十三五"，就业规模持续扩大，失业率平稳下降，服务业领域就业比重快速上升，结构优化明显；由企业合同签订率、社会保险覆盖规模指标反映的就业质量持续改善；劳动力素质不断提高，高技能人才比重上升；新增注册企业规模大幅提升，创业对就业的带动作用日益凸显。

表 2-1　　"十二五"至"十三五"期间主要就业指标完成情况

序号	指标	年份								
		2011	2012	2013	2014	2015	2016	2017	2018	2019
1	城镇新增就业人数（千万人）	1.22	1.27	1.31	1.32	1.31	1.31	1.35	1.36	1.35
2	城镇登记失业率(%)	4.1	4.1	4.05	4.09	4.05	4.02	3.90	3.8	3.62
3	城镇调查失业率(%)	—	—	—	—	—	—	—	4.9	5.2

序号	指标	年份								
		2011	2012	2013	2014	2015	2016	2017	2018	2019
4	困难人员再就业人数（千万人）	—	—	—	—	—	0.17	0.18	0.26	0.18
5	企业劳动合同签订率(%)	86.4	88.4	88.2	88	90	>90	>90	—	>90
6	人均可支配收入增长率(%)	—	—	8.1	8	7.4	6.3	7.3	6.5	5.8
7	城镇养老保险参保人数（千万人）	28.39	30.43	32.23	34.12	35.36	37.93	40.29	41.85	43.49
8	城镇职工医疗保险参保人数(千万人)	25.23	26.49	27.44	28.30	28.89	29.53	30.32	31.67	32.93
9	第三产业比重(%)	44.3	45.5	46.9	48.3	50.8	52.4	52.7	53.3	53.9
10	劳动年龄人口平均受教育年限(年)	9.61	9.73	9.84	9.94	10.04	10.14	10.25	10.36	—
11	新增劳动力受教育年限(年)	—	—	—	—	—	13.3			
12	高技能人才占比(%)	—	—	—	—	—	11.9			
13	扶持创业人数(万人)	—	—	—	—	—				
14	新增注册企业规模(万个)	—	—	250.27	365.1	443.9	552.8	607.4	670.0	739.1

资料来源：2011—2020年《中国统计年鉴》《国民经济和社会发展统计公报》；《中国人力资本报告（2018）》；2011—2020年《人力资源和社会保障事业发展统计数据公报》；2013—2020年《全国市场主体发展情况报告》；2012—2020年《中国劳动统计年鉴》。

2.2.1 就业规模和质量

"十二五"以来，中国就业规模稳步增长。其中，城镇年新增就业人数波动上升，从2011年的1 221万人增长至2019年的1 352万人（如图2-1所示）。"十三五"期间（截至2019年），累计城镇新增就业人数达5 378万人，达到规划预期目标（5 000万人以上）。从环比年增速来看，城镇新增就业人数年增长率在"十三五"初期较"十二五"后期虽有明显回升，但到中后期又出现了较明显的下降，受新冠肺炎疫情的影响，城镇新增就业人口增速仍将持续趋缓。2020年1—8月，全国城镇新增就业781万人，与上年同期相比，少增203万人。此外，城镇登记失业率保持在较低位置，"十三五"期间城镇登记失业率较"十二五"有了稳步的下降，到

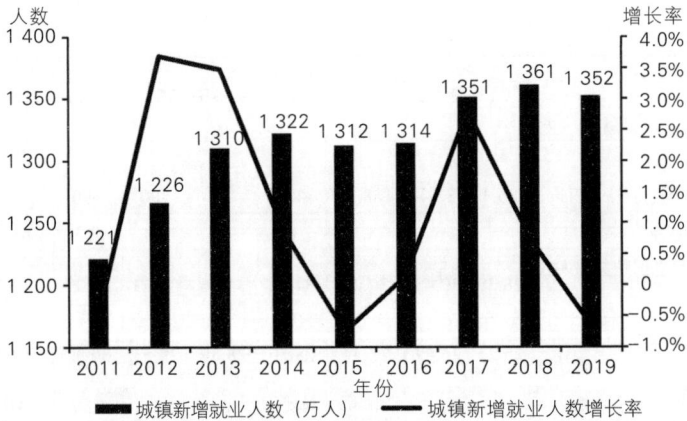

图 2-1　2011—2019 年城镇新增就业人数及增长率

资料来源：国家统计局.

2019 年，城镇登记失业人口为 945 万人，登记失业率为 3.6%，低于 5% 的目标值。从国家统计局 2018 年开始公布的城镇调查失业率来看，2018—2019 年度，城镇调查失业率基本保持在 5%～5.5%，2020 年初受疫情影响，2 月份达到 6.2%，此后稳步下降，到 8 月份降至 5.6%（如图 2-2 所示）。

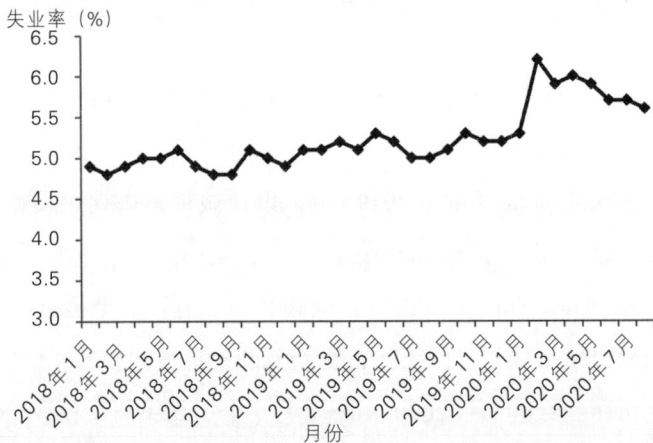

图 2-2　2018 年 1 月—2020 年 8 月全国城镇调查失业率

资料来源：国家统计局.

高校毕业生、农民工等重点人群就业形势基本稳定。农民工规模稳步上升（如图2-3所示），增速趋缓。本地农民工人数增长较快，到2019年达到1.17亿人，占农民工总数（2.91亿人）的40.2%。

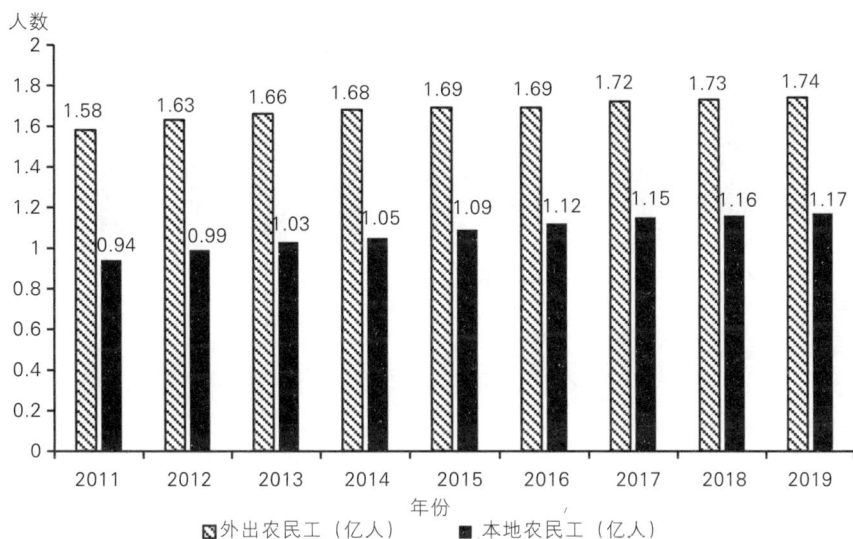

图2-3　2011—2019年外出及本地农民工规模（亿人）

资料来源：历年《国民经济和社会发展统计公报》.

随着产业结构的持续优化，一、二产业就业比重持续下降，第三产业（服务业）从业人员比重稳步上升，2019年达到47.4%（如图2-4所示）。

城镇就业人员所占比重不断提高，2019年达到57.1%（如图2-5所示），就业结构持续优化。城镇居民人均可支配收入从2013年的2.6万元增至2019年的4.2万元，增幅为61.8%。

就业人员占比

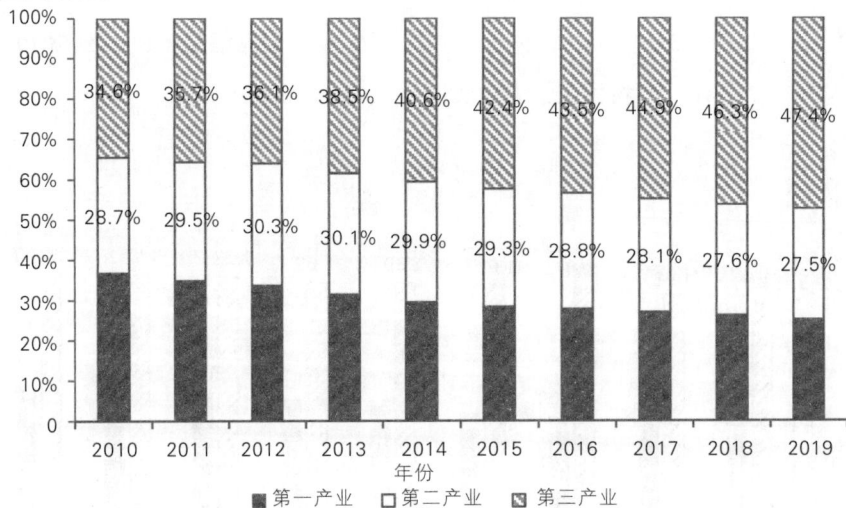

图 2-4　2010—2019年三次产业就业人员占比

资料来源：国家统计局.

就业人员占比　　　　　　　　　　　　　　　　　　　　　人均可支配收入

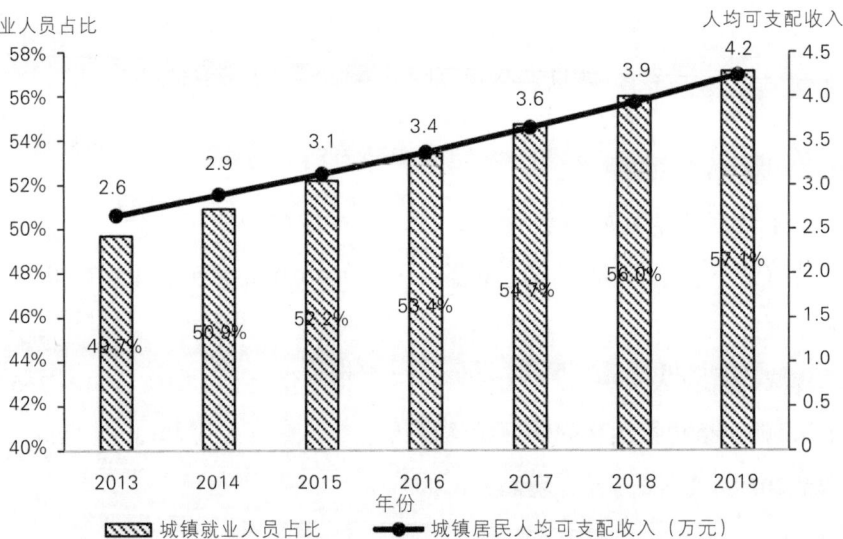

图 2-5　2013—2019年城镇就业人员占比及人均年可支配收入

资料来源：国家统计局.

劳动者权益保护制度不断完善，企业劳动合同签订率从2015年开始稳定保持在90%以上，就业质量进一步提升。中山大学社会科学调查中心的中国劳动力动态调查报告公布的雇员劳动权益指数显示，"十三五"期间，我国雇员劳动权益整体达到"合格"水平，特别是劳动健康、环境安全、劳资纠纷等方面的权益保障水平总体较高（如图2-6所示），但相比之下在社会保障及劳动自主等方面仍有待提升。

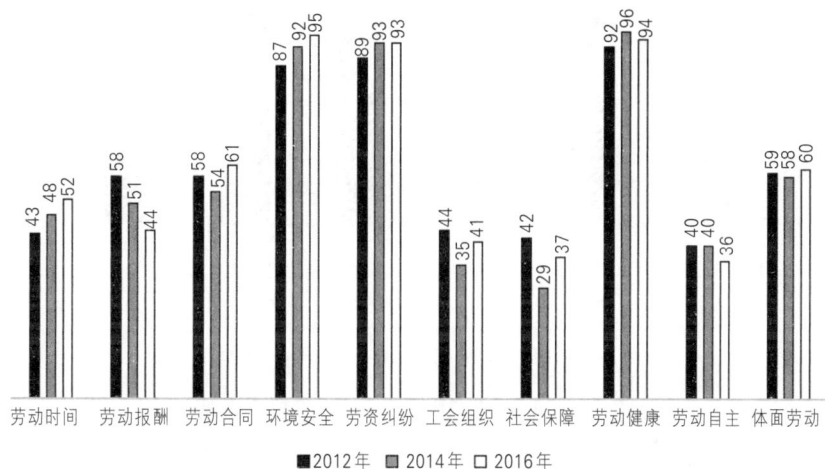

图2-6 2012年、2014年、2016年雇员劳动权益指数单项得分

资料来源：各年中国劳动力动态调查报告.

2.2.2 人力资源结构

人力资源结构不断优化，在三次产业就业比例中，第三产业就业人员占比最高，且增速较快，由2011年的35.7%提高到2019年的47.4%。劳动者素质不断提升，适应就业形势变化能力增强。世界经济论坛（World Economic Forum）发布的《2017年全球人力资本报告》显示，中国人力资本指数评分为67.72，在全球130个国家里排名第34位，劳动年龄人口平均受教育年限从2011年的9.56年提高到2016年的10.01年，高中及以上学历人口占劳动总人

口比重从2011年的28.7%上升至2016年的34.1%。此外，从名义国内生产总值（GDP）与名义劳动力人力资本存量比率的增长趋势来看，中国人力资本对经济增长的贡献率与人力资本效率也在不断提升[①]（如图2-7所示）。

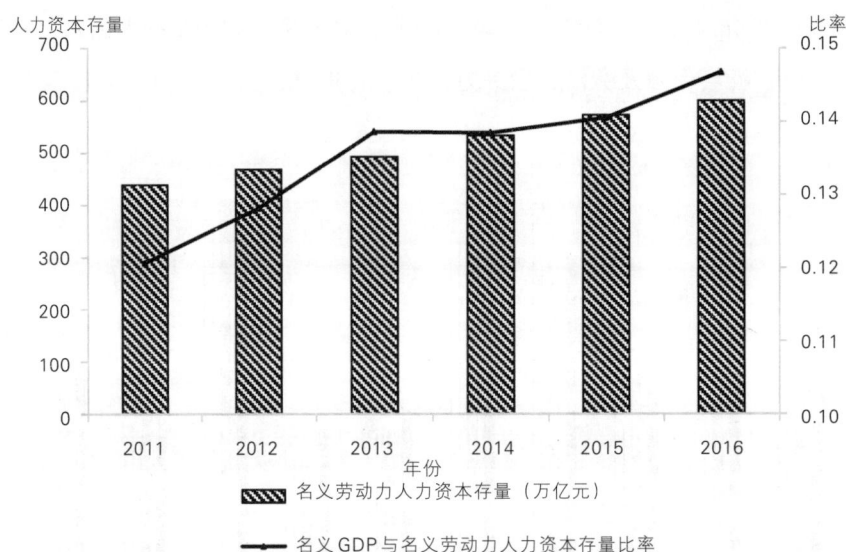

图2-7　2011—2016年劳动力人力资本存量

资料来源：中央财经大学人力资本与劳动经济研究中心.中国人力资本报告2017［R］.北京：中央财经大学，2019.

2.2.3　创业带动就业

创业激励与保障政策体系不断完善，服务能力明显提高。全社会支持创业、参与创业的积极性显著提高，创业成功率明显提升。新增注册企业数大幅度提升，由2013年的250.27万个上升到了2018年的670万个。个体及私营企业就业比重稳步上升，其中，城镇个体及私营单位就业人数占比

---

　　① 名义GDP与名义劳动力人力资本存量比率既能反映一个地区人力资本利用的效率，也能反映人力资本对GDP持续增长的影响程度。比率越高说明单位人力资本的GDP贡献越高，人力资本的利用效率也就越高；比率增长减缓也可能暗示未来GDP的增长会放缓。

分别从2010年的12.9%、17.9%上升至2018年的24.0%、32.1%。每年新增私营企业及个体户数、就业人数分别从2010年的360.9万户、1 232.8万人上升至2018年的1 200多万户、3 500多万人（如图2-8、图2-9所示）。

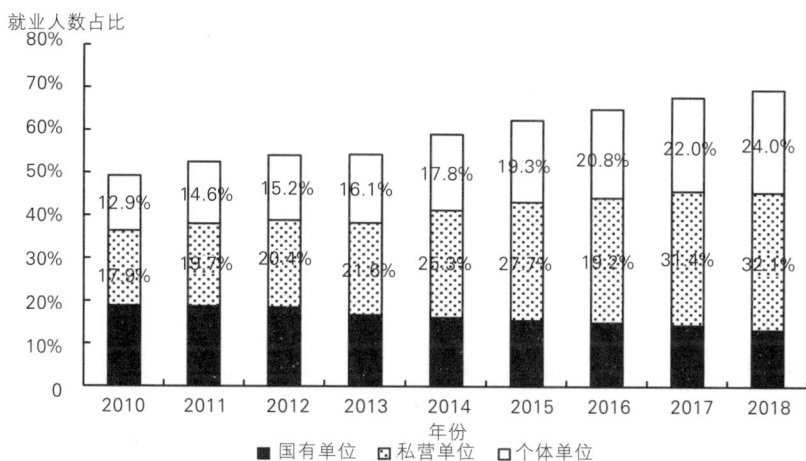

图2-8　2010—2018年城镇私营、个体及国有单位就业人数占比

资料来源：国家统计局.

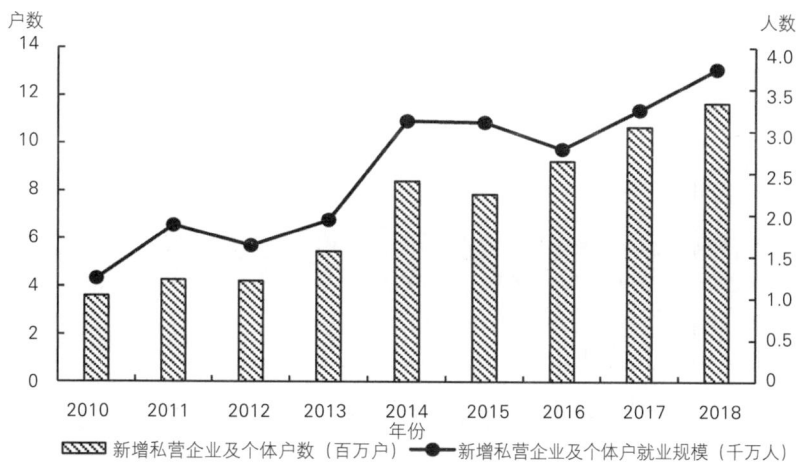

图2-9　2010—2018年新增私营企业及个体户数与就业规模

资料来源：国家统计局.

2.3　主要问题

2.3.1　就业结构性矛盾突出

一方面，劳动力市场岗位需求缺口（需求人数减去求职人数）在2016年二季度之后出现大幅度增长，到2018年一季度达到107.9万人，此后虽有所下降，但缺口仍在90万人以上，显著高出"十二五"期间的平均水平。这一点从中国人民大学中国就业研究所与智联招聘联合推出的CIER（中国就业市场景气）指数也得到了充分的印证。"十三五"期间CIER指数远高于标准值1，反映就业市场中劳动力需求仍普遍高于劳动力供给（如图2-10所示）。特别是企业急需的具有技术等级和专业技术职称的劳动力短缺，无论是沿海地区还是中西部地区，部分企业都出现了技工、熟练工和新型人才短缺的现象。据人力资源和社会保障部数据，近年来技能劳动者求人倍率一直保持在1.5以上的高位，"十三五"期间，高级工程师和高级技师的求人倍率平均更是分别达到了2.2、2.05（如图2-11所示）。

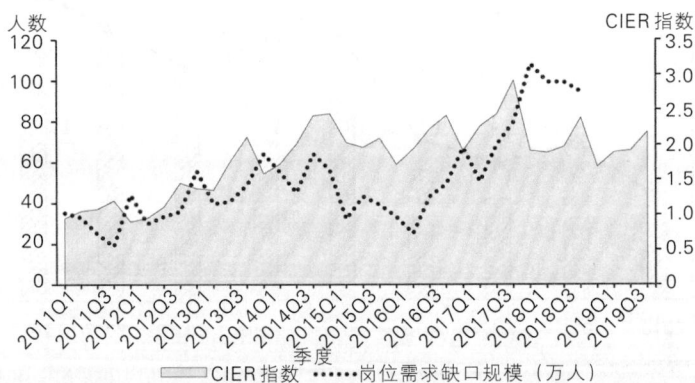

图2-10　2011Q1—2019Q4劳动力市场总体供求与景气状况

资料来源：人力资源和社会保障部、中国人民大学中国就业研究所.

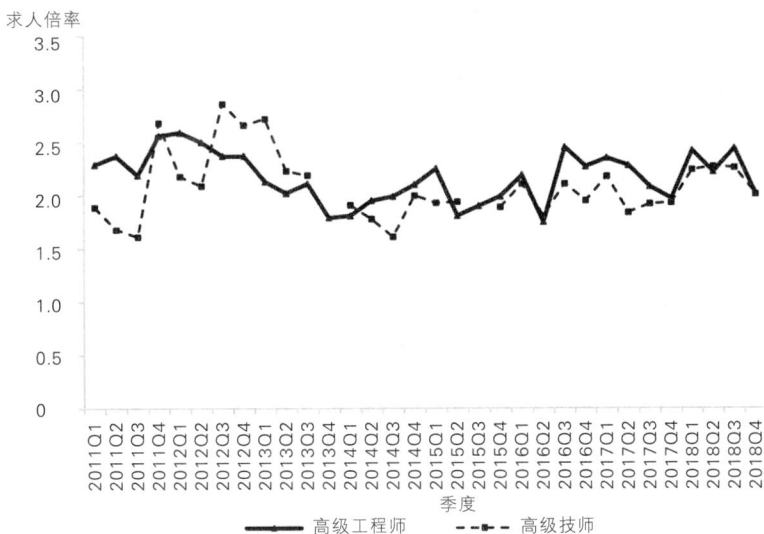

图2-11　2011Q1—2018Q4高级工程师和高级技师求人倍率

资料来源：人力资源和社会保障部、中国人力资源市场网.

　　另一方面，尽管"十三五"期间全国登记失业率保持下降趋势且不超过4%，但实际的失业状况不容乐观。首先，全国城镇调查失业率显示，2018—2020年，全国调查失业率超过5%，特别是在疫情期间，调查失业率一度达到6%。此外，根据国际劳工组织估计的标准失业率①，"十二五"以来中国失业率呈总体上升趋势，特别是女性失业率的上升趋势尤为明显（如图2-12所示）。这一点在中国劳动力动态调查的结果中也可以得到印证。该调查显示，尽管男女失业率差距在不断缩小，但女性失业风险仍然显著高于男性（见表2-2）。其次，图2-13显示，2011年以来中国经济活动人口②规模持续上升，2017年达到8.07亿，到2018年略有下降。同"十二五"相比，"十三五"期间就业人口增长缓慢，2017—2018年出现一定

　　①　标准失业率指的是标准失业人口占在业人口与失业人口之和的比重。
　　②　经济活动人口指年龄在16周岁及以上、有劳动能力、参加或要求参加社会经济活动的人口，包括就业人员和失业人员。

幅度的下降，非就业人口达到3 054万。《中国劳动力动态调查：2017年报告》估计，如果将潜在失业人口也考虑在内，2012—2016年间，中国的拓展失业率①并没有得到有效缓解，达到10%以上，特别是女性和受教育程度低的劳动者的潜在失业比例更大，并且近年来有增加趋势。

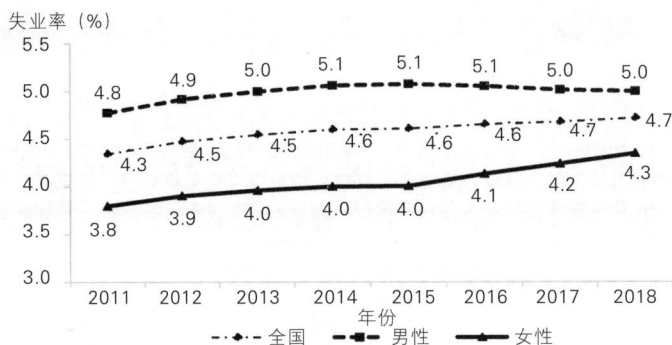

图2-12　2011—2018年国际劳工组织估计的中国总体及分性别失业率

资料来源：ILOSTAT database.

表2-2　2012年、2014年、2016年劳动人口失业率的受教育程度及性别差异

组别	年份	性别		受教育程度				
		男性	女性	小学	初中	高中	大专	本科
标准失业率 （%）	2012	4.0	7.2	6.66	6.82	4.52	1.63	5.22
	2014	5.6	6.4	5.70	7.50	6.99	3.55	2.78
	2016	2.9	3.5	2.59	4.52	2.62	1.50	3.79
拓展失业率 （%）	2012	6.5	15.2	17.06	12.61	9.62	3.84	6.81
	2014	8.4	14.7	10.91	12.87	11.27	9.12	6.56
	2016	7.7	13.3	13.90	13.32	10.55	5.79	7.06

资料来源：基于中国劳动力动态调查的数据整理得到.

————————————

①　拓展失业率指的是标准失业人口和潜在失业人口占标准失业人口、潜在失业人口与在业人口之和的比重。

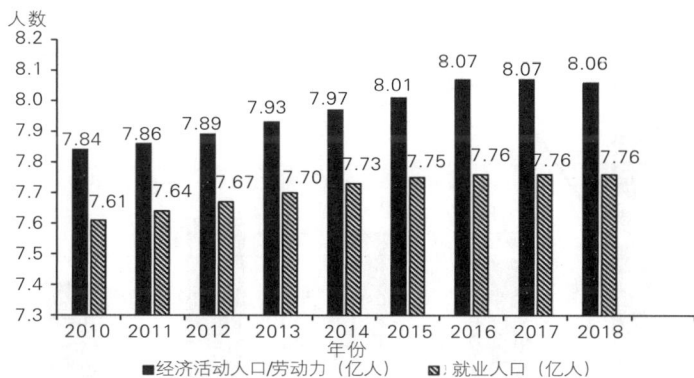

图 2-13 2010—2018年经济活动人口与就业人口规模

资料来源：国家统计局.

　　总体来看，失业人口规模的扩大仍然是结构性的，与当前产业结构调整以及人口结构变化密切相关。一方面，部分高校毕业生、大龄低技能劳动者因与市场需求不匹配，造成供求错位，成为就业难的主要群体；另一方面，化解过剩产能、出清"僵尸企业"、机器换人等结构调整对中低端产业的就业人员产生挤出效应。这里我们参考曲玥（2014）的估计办法，估计因产业结构变化挤出的冗余就业规模：假定生产前沿面最高可能产出的85%为适度的产能利用水平，那么我国工业产业中冗余就业规模近似于工业就业人口乘以最高可能产出率同工业产能实际利用率之差。结果如图 2-14所示，随着去产能与新技术应用的推进，工业产能利用水平从2011年至2017年有了大幅度的提升，由此使得原来沉淀在工业生产制造领域的冗余就业人口逐步显化为新的失业人口或脆弱人口，使部分岗位人员失业风险和就业压力增大。

2.3.2　劳动力素质有待提升

　　尽管从全球范围来看，中国人力资本的总体水平不低，但人力资本的质量与发达国家仍有较大差距。一方面，中国劳动力受教育程度以中等教

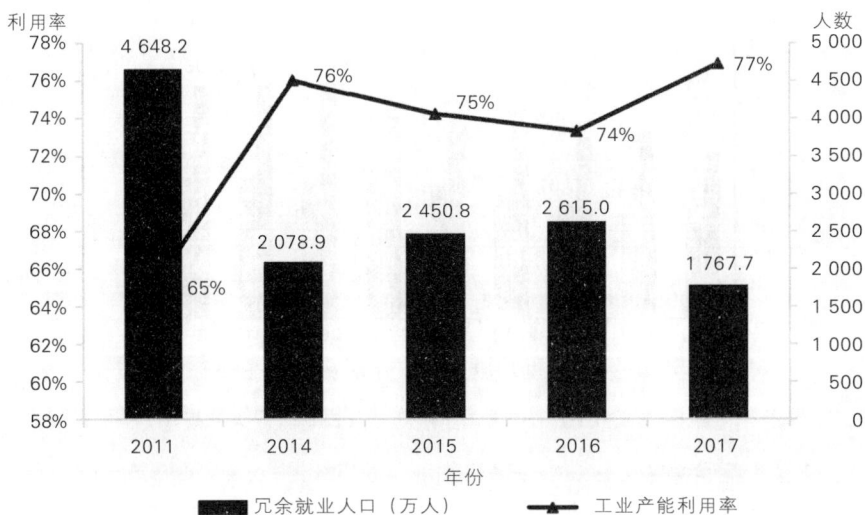

图 2-14　2011—2017 年工业产能利用率与冗余就业人口

注：2012—2013 年数据未在图中体现。

资料来源：2011 年产能利用率参见曲玥（2014）的估计，2014—2017 年产能利用率来自国家统计局.

育为主，总体受教育程度不高。官方数据显示（如图 2-15 所示），与 2011 年相比，2018 年中国高中、大学专科、大学本科及研究生学历就业人员占比都有所提升，但总体仍然较低，初中文化就业人员占比仍高达 43.4%，大学本科及以上学历就业人员仅占 8.8%。同年，《中国劳动力动态调查：2017 年报告》显示，中国初中文化劳动人口所占比重高达 49%，大学本科及以上学历劳动人口所占比重仅有 3.94%。另外，值得注意的现象是，根据《中国劳动力动态调查：2017 年报告》，中国劳动人口的平均受教育年限呈逐年下降趋势，从 2012 年的 9.76 年下降至 2016 年的 9.02 年，同时高技术人才（high-skilled employment share）不足的问题尤其突出。《2017 年全球人力资本报告》显示，2016 年，中国 25～64 岁就业人口中，高技术从业人员占比仅有 11.9%，在全球排名第 97 位；高等学历人口就业率为 43.4%，在全球排名第 61 位。人力资源和社会保障部 2018 年的数据显示，中国共有技能劳动者1.65亿人，仅占就业人员总量的21.3%，其中高技能人才有4 791万人，仅占技能劳动者总数的29%。

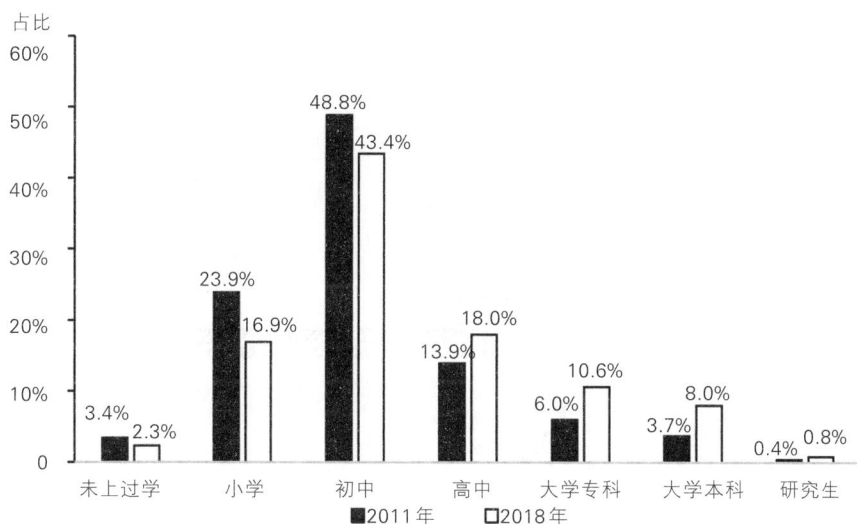

图2-15　2011年、2018年城镇就业人员受教育程度占比情况

资料来源：2011年、2018年《中国劳动统计年鉴》.

另一方面，性别、城乡及地区之间的人力资本差异突出。中国劳动力动态调查数据显示，2016年，男性、非农业户及东部地区劳动人口平均受教育年限分别比女性、农业户、中部及西部地区长0.8、3.1、0.98、1.13年（见表2-3）。

表2-3　2016年劳动人口平均受教育年限性别、城乡及地区差异　　　　单位：年

组别	性别组		户籍组（城乡组）		地区组		
	男性	女性	非农业户	农业户	东部	中部	西部
中国劳动力动态调查	9.4	8.6	11.3	8.2	9.63	8.65	8.50
中国人力资本指数报告	—	—	11.2	8.5	—	—	—

资料来源：《中国劳动力动态调查：2017年报告》《中国人力资本报告2018》.

其中，城乡差距尤为明显。中央财经大学中国人力资本与劳动经济研究中心估计，"十二五"以来，中国城乡人力资本差距呈不断拉大的趋势，特别是农村地区，其劳动人口平均受教育年限、大专及以上学历人口占比、高中及以上学历人口占比以及人均人力资本存量都呈显著的下降趋势，与城镇之间的差距日益凸显。2016年，城镇上述指标较农村分别高出2.7年、25%、37.2%和30.05万元（如图2-16所示）。

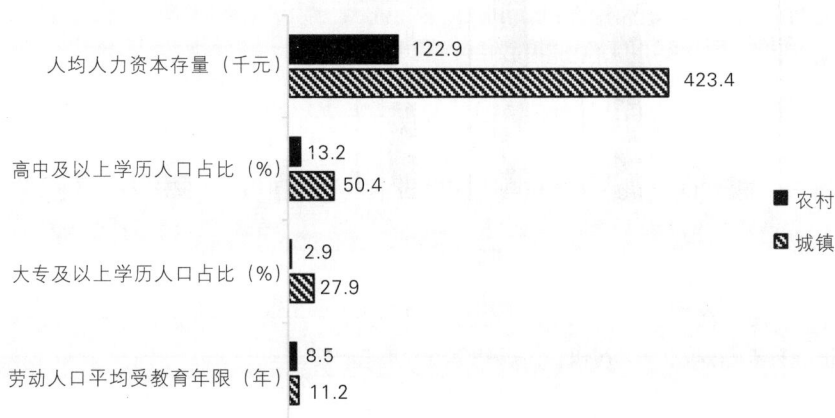

图2-16 2016年城镇与农村人力资本质量比较

资料来源：《中国人力资本报告2018》.

2.3.3 新业态用工亟待规范

数字经济的蓬勃发展不仅加速了技术创新，也对劳动力资源的组织、协调与管理产生了深远的影响。特别是近年来，以滴滴出行、美团外卖等为代表的服务型共享平台兴起，在促进就业的同时，其以业务分包（cloud work）和在线工作（online work）为主要形式的新型用工模式也给现行劳动用工与社会保障制度带来了新的挑战（吴清军、杨伟国，2018）。

服务型共享平台与传统雇佣组织在劳动用工上的主要差异在于"劳动控制"（平台管理者通过互联网技术及算法控制平台从业者的劳动过程，对其发布指令甚至实施惩罚）与"劳动自由"（就业形式灵活化、碎片化、去组织化，拥有一定的工作自主权）并存（吴清军、杨伟国，2018）。在这种情况下，虽然平台从业者不具有法律意义上的"雇员"身份，但平台管理者通过"劳动控制"实实在在地扮演着"雇主"角色。这种新型的用工关系与基于传统"雇主-雇员"关系框架所制定并执行的各项劳动标准、社会保险及权益保障（包括法定的工作时间、最低工资标准、失业保险领取资格、雇员福利等）之间存在日益突出的"兼容"困境。

根据一份基于138家服务型共享平台涉及的与劳动关系确认有关的158例案件的分析结果，2016年以来，劳动关系确认类案件大幅增长（如图2-17所示）。从案件类型来看，绝大部分属于"因第三人受损引起的纠纷"，但涉及网约工权益的"网约工受伤"类案件在2016年开始出现并逐年增加。在具体的案件审理中，从平台对劳动关系的主张来看，不承认存在劳动关系的有125例，占总数的79.1%，承认存在劳动关系的只有不到20%。从法院对劳动关系的认定来看，法院最终认定平台公司与个人双方之间不存在劳动关系或者雇佣关系的占61.4%，法院认定双方存在劳动关系的为35%。特别是在网约工受伤的8例案件中，法院认定双方不存在劳动关系的有7例之多。

面对越来越多游走于现行劳动用工与社会保障制度保护范围之外的网约工群体，如何在不断鼓励发展新就业形态的同时，更好地改革劳动用工与社会保障制度无疑成为当前亟待解决的重要议题。这不仅依赖于决策者能够根据伴随新经济与新业态出现的新需求与新问题，依据审慎包容监管与增强劳动力市场灵活性的原则，推动完善劳动法律法规，及时改进适应新就业形态的劳动用工制度，切实维护劳动者合法权益；更需要着力强化社会保障管理与服务体系，在保障范围与内容上，积极推动实施

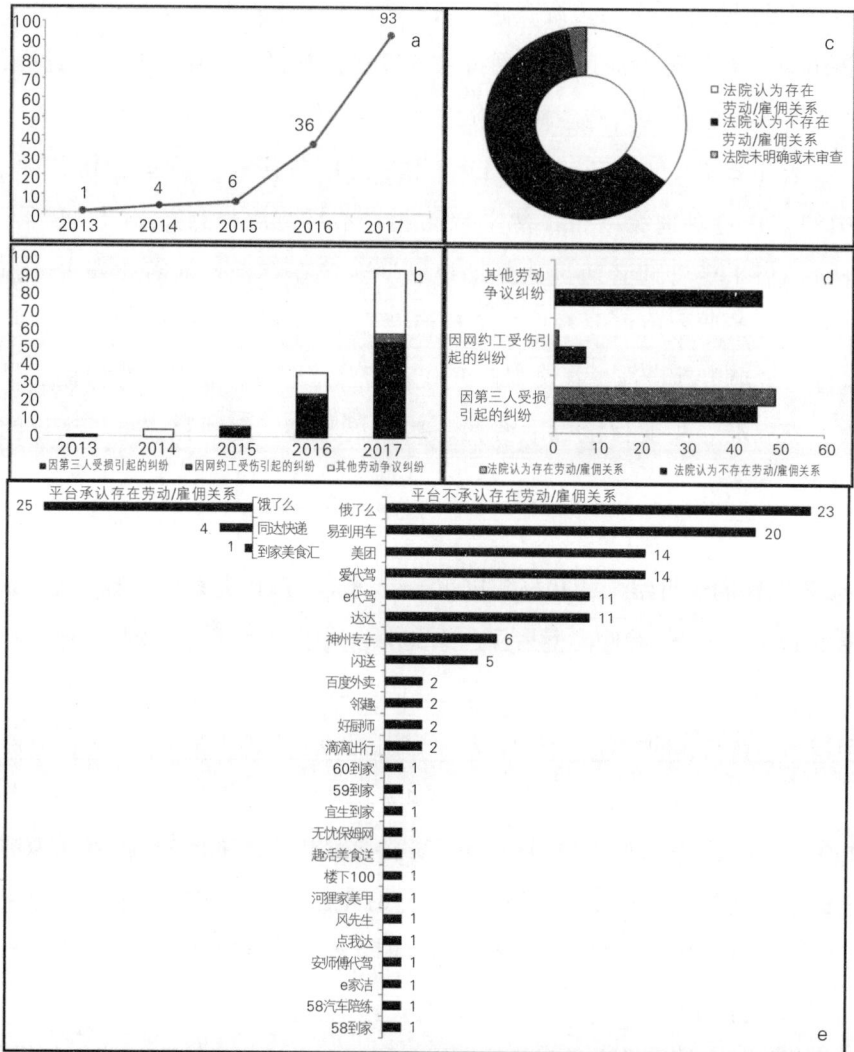

图2-17　O2O平台针对劳动关系的主张情况

注：a为案件数量；b为案件类型；c为法院对劳动关系的确认；d为不同类型案件法院确认劳动关系的情况；e为平台主张。

资料来源：北京极光律师事务所.各地法院如何认定O2O平台相关劳动关系？[EB/OL].[2021-04-25]. http://m.sohu.com/a/243386293_170807.

全民参保计划，将依托互联网平台实现灵活就业人员充分纳入社会保障覆盖范围，拓宽失业保险覆盖范围与保障内容，积极发挥失业保险保生活、防失业、促就业功能作用，在保障服务上，适应数字经济新就业形态发展要求，创新社会保险经办服务管理模式，推进"网上社保"，建立全国统一的社会保险公共服务平台。

2.3.4 劳动力供给能力减弱

就业市场供求矛盾的出现，除了有产业结构调整因素外，人口结构的变化实际上是根本原因。一方面，人口结构转型使"人口红利"加速消退，快速老龄化使得中国面临更加严峻的劳动力供给减少与老化的挑战。中国目前正经历着新一轮的人口转型，伴随总和生育率的持续下降与预期寿命的不断延长（2015年中国平均预期寿命达76.3岁，较改革开放初期增加了10岁多），人口老龄化将大大加速中国人口结构从"生产型"向"负债型"（消费人口大于劳动人口）的不可逆的转变，"人口红利"逐渐消退。中国人口与发展研究中心预测结果显示（如图2-18所示），未来30年，人口结构转型将给中国的劳动力带来两方面影响：其一，劳动年龄人口持续下降。"十三五"正好处在中国15~64岁劳动年龄人口的绝对规模下降期。预计2018—2026年间，中国劳动年龄人口的降幅处在较小区间，劳动力总量仍维持在9.8亿人以上，但随着老年人口增长高峰的到来，劳动年龄人口规模从2027年开始进入快速下行通道，以年均780万人的速度缩减，到2049年降至8亿人，减少近2亿人，占总人口比重降至58.1%，略高于同期发达国家平均水平。

其二，劳动年龄人口趋于老化。预计年龄中位数将从2017年的39岁上升至2049年的43岁。随着第三次生育高峰期（1970—1990年）出生人口进入壮年，45~64岁高龄劳动人口占劳动年龄总人口的比重呈持续升高的趋势，预计在2045年前后达到46.1%，较2018年上升5.7个百分点（如图2-19所示）。

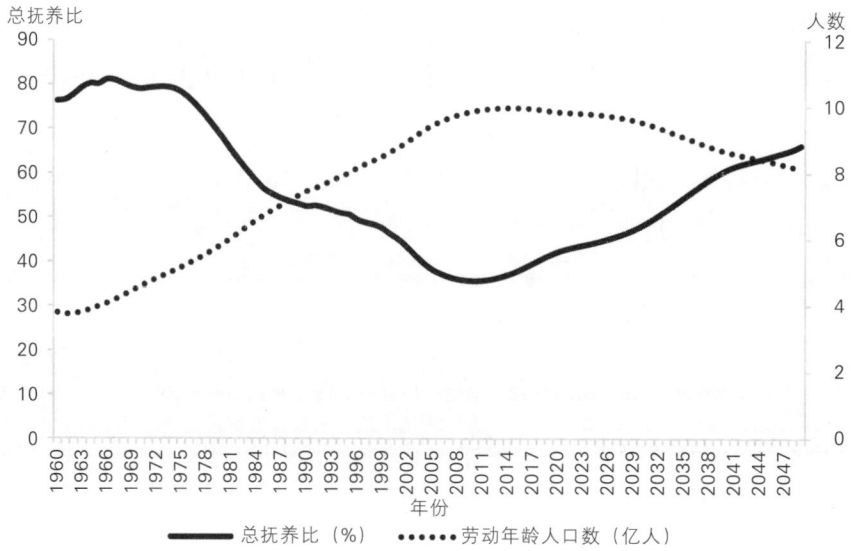

图 2-18　1960—2049 年中国人口结构变化

资料来源：1960—2017 年数据来自 Population Estimates and Projections（World Bank Group）.

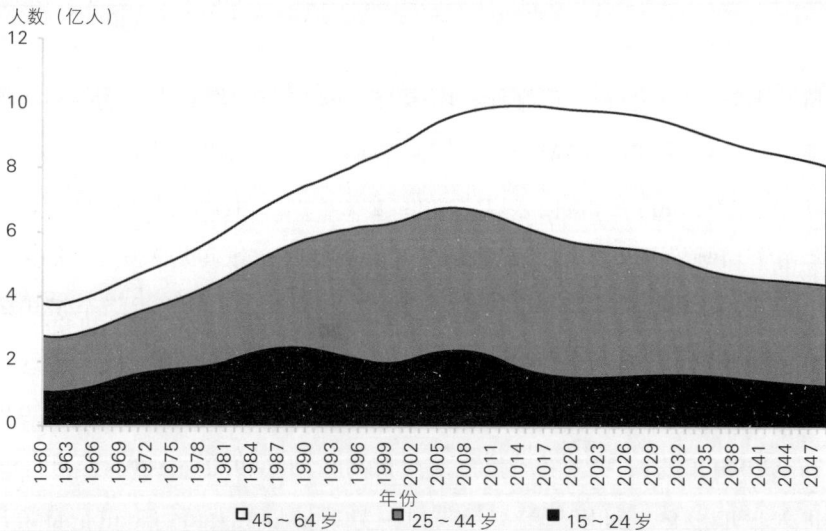

图 2-19　1960—2049 年中国劳动年龄人口年龄结构及规模预测

资料来源：1960—2017年数据来自Population Estimates and Projections（World Bank Group）.

这一点也反映在中国劳动力动态调查数据中。如图2-20所示,2016年调查的劳动人口年龄分布,同2014年相比,不仅整体往右移了一个年龄组,而且50岁以上高年龄段劳动力的比例明显上升。

另一方面,劳动参与率持续下降。国际劳工组织数据显示,中国劳动参与率(劳动人口占15～64岁劳动年龄人口比重)从20世纪90年代初期的约85%持续下降至2018年的75.9%。其中,女性劳动参与率显著低于男性,其下降幅度更大,2018年女性劳动参与率仅为68.6%,较男性低14.2个百分点。中国劳动力动态调查数据也显示,2012—2016年三轮数据对比发现,无论分城乡、分性别、分地域还是限制年龄组,劳动参与率均呈现出下降趋势。中国劳动参与率不断降低,使传统上认为的我国劳动参与率显著高于世界其他地区的状况逐渐消失。

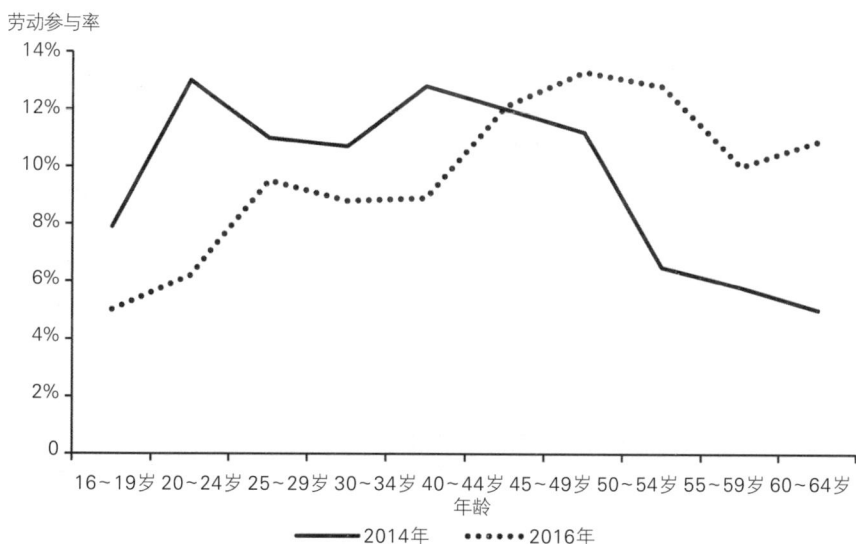

图2-20 2014年、2016年中国劳动参与率年龄分布

资料来源:①蔡禾.中国劳动力动态调查:2015年报告[M].北京:社会科学文献出版社,2015.②蔡禾.中国劳动力动态调查:2017年报告[M].北京:社会科学文献出版社,2017.

尽管劳动年龄人口数量的减少在一定程度上能够缓解就业压力，但与之相伴随的劳动年龄结构的日益老化，无疑会引发更多的问题。劳动年龄人口的老化会增加潜在的失业人口数量与风险。通过比较中国劳动力动态调查数据发现，在受访者失业后没有找到工作的众多原因中，"太老"的比重不仅最高，而且呈现显著上升趋势，见表2-4。

表 2-4　　　　　　　　　失业后未能再就业的原因　　　　　　　单位：%

没有找到工作的原因	2016年	2014年	没有找到工作的原因	2016年	2014年
没有合适的	9.21	9.52	照顾小孩	18.33	17.19
找不到	3.12	3.49	照顾他人	11.36	13.34
缺乏学历/技能/经验	2.80	4.15	上学/培训	11.98	12.25
太年轻	3.53	3.02	健康问题	12.11	12.32
太老	27.08	24.13	准备创业	0.43	0.55
歧视	0.05	0.02			

资料来源：①蔡禾.中国劳动力动态调查：2015年报告［M］.北京：社会科学文献出版社，2015.②蔡禾.中国劳动力动态调查：2017年报告［M］.北京：社会科学文献出版社，2017.

第3章

专题评估

3.1 新经济促进就业

重视新经济、新动能对就业的带动和促进作用是《"十三五"规划》的一个基本方向。该规划指出，"坚持就业优先战略，既要以大众创业、万众创新和新动能培育带动就业，也要保护和改造提升能带动就业的传统动能，引导劳动密集型企业向中西部和东北地区转移，大力发展制造业和服务业，通过创造多样化需求带动就业，在新旧动能接续转换中促进就业"。

3.1.1 总体效果

"十三五"期间，中国新动能、新产业与新业态总体保持快速增长的势头。国家统计局数据显示，2018年，全年规模以上工业中，战略性新兴产业[①]增加值比上年增长8.9%。高技术制造业[②]增加值增长11.7%，占规模以上工业增加值的比重为13.9%，较上年上升1.2个百分点。全年规模以上服务业中，战略性新兴服务业营业收入比上年增长14.6%。网上零售额达90 065亿元，比上年增长23.9%。

[①] 工业战略性新兴产业包括节能环保产业、新一代信息技术产业、生物产业、高端装备制造产业、新能源产业、新材料产业、新能源汽车产业等七大产业中的工业相关行业。
[②] 高技术制造业包括医药制造业，航空、航天器及设备制造业，电子及通信设备制造业，计算机及办公设备制造业，医疗仪器设备及仪器仪表制造业，信息化学品制造业。

新经济的快速发展对就业起到了良好的促进作用，以高技术企业就业为例（如图3-1所示），从2011年的1 147万人（小微企业就业规模为193.3万人，大中型企业就业规模为953.7万人），增长至2016年的1 342万人（小微企业就业规模为270万人，大中型企业就业规模为1 072万人）。

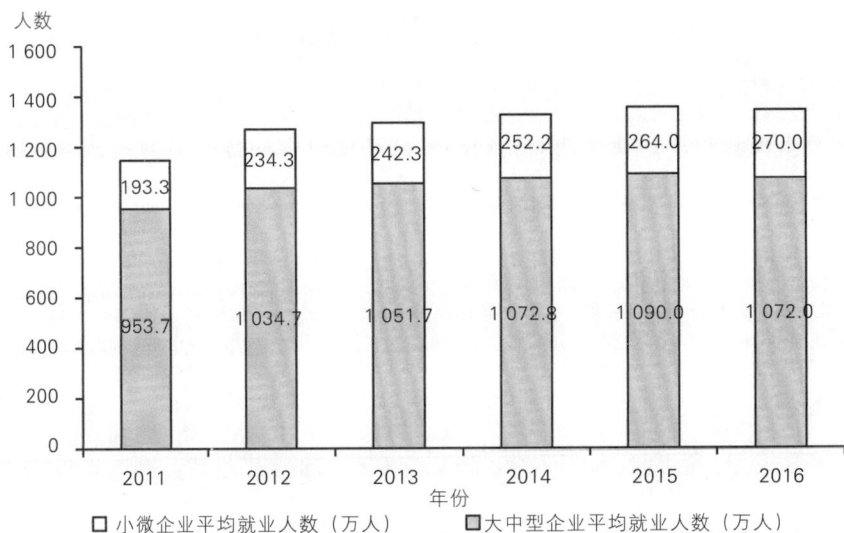

图3-1　2011—2016年高技术企业就业规模

资料来源：国家统计局社会科技和文化产业统计司.中国高技术产业统计年鉴（2017）[M]. 北京：中国统计出版社，2017.

特别是以数字经济为代表的新经济发挥着日益重要的就业促进作用。所谓数字经济，主要是指以数字化的知识和信息为关键生产要素，以数字技术创新为核心驱动力，以现代信息网络为重要载体，通过数字技术与实体经济深度融合，加速重构经济发展与政府治理模式的新型经济形态（中国信息通信研究院，2019）。"十三五"以来，以互联网、云计算、大数据、物联网、人工智能等为代表的数字技术创新推动数字经济蓬勃发展，使数字经济规模大幅增长，相关数字产业融合度不断提升，成为推动经济发展的主要动力之一。

根据中国信息通信研究院的计算，2016年，中国数字经济总量达到22.6万亿元，2017年，中国数字经济总量达到27.2万亿元（数字经济融合部分达到21.02万亿元），同比名义增长率超过20.3%，占GDP比重达到25.4%，同比提升2.6个百分点（如图3-2所示），仅次于美国，居全球第二位，GDP贡献率达55%。根据波士顿咨询公司的估计，2015年以后，中国数字经济将以不低于6%的年增速快速增长，预计2035年数字经济累计就业容量将达到4.15亿人，市场规模将达到16万亿美元（如图3-3所示）。

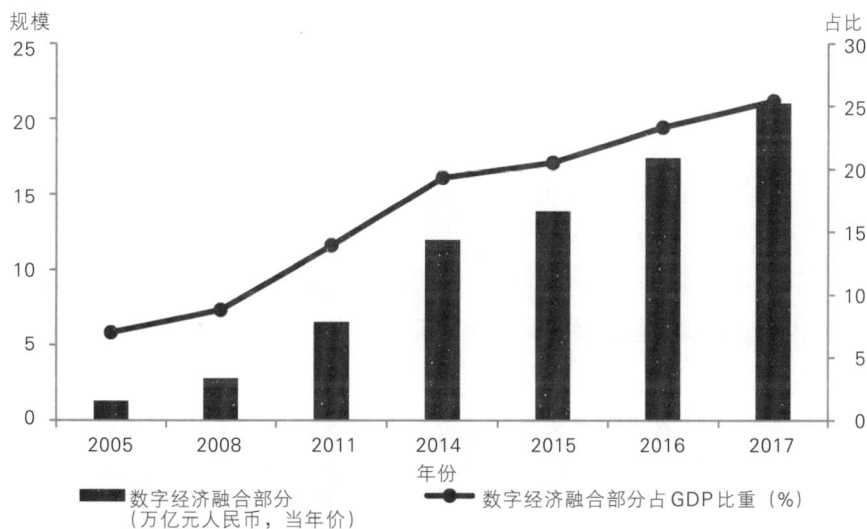

图3-2　2005—2017年信息产业与数字经济规模及占比情况

资料来源：中国信息通信研究院.

数字经济的快速发展对就业产生了深刻的影响：一方面，数字经济催生新业态，扩大就业容量。《中国数字经济发展和就业白皮书（2018

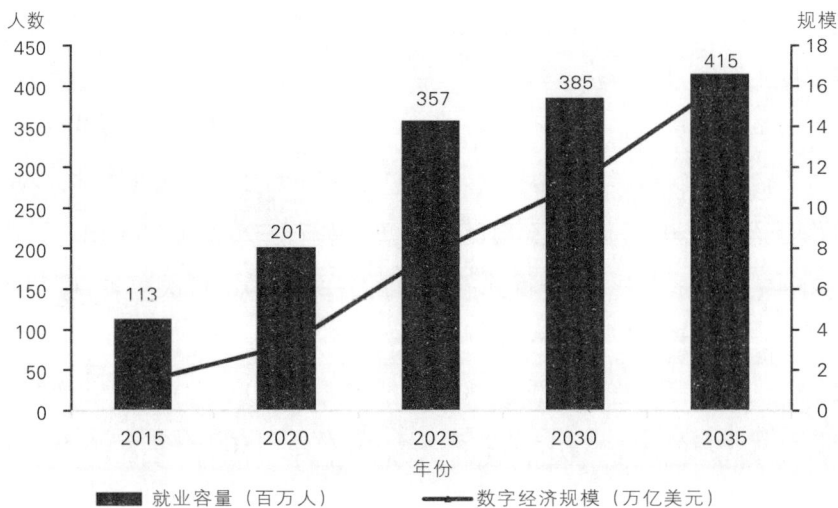

图3-3 2015—2035年中国数字经济规模（e-GDP）及就业容量预测

资料来源：波士顿咨询公司.

年）》显示，2017年我国数字经济领域就业人数达到1.71亿人，占当年总就业人数的比重为22.1%，同比提升2.5个百分点。到2018年，在全国总就业规模略有缩小的情况下，中国数字经济领域累计创造就业岗位1.91亿个，占全年总就业人数的24.6%，同比增长11.5%。预计到2035年，中国数字经济的就业容量将达到4.15亿人。

从就业岗位的产业分布来看，服务业数字化转型成为数字经济拉动就业的主要途径。数字经济对就业的拉动包括直接拉动和间接拉动两部分。其中，直接拉动主要来自与数字经济直接相关产业（信息技术产业）的发展，间接拉动则来自数字经济影响下的传统产业的数字化转型与融合。2018年，第三产业数字化转型就业岗位约为13 426万个（如图3-4所示），占第三产业总就业人数的37.2%。"产业数字化转型/融合"对就业的拉动作用强劲，特别是技术门槛相对较低的服务业，通过数字化转型吸纳的就业岗位最多、增长最快，已成为中国稳定就业的重要渠道。

就业规模（万人）

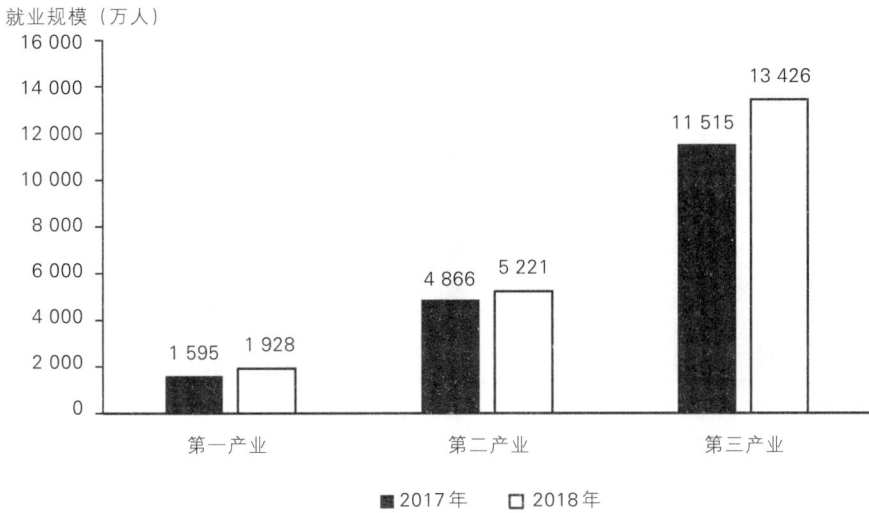

图 3-4　2017—2018 年三次产业数字经济就业规模

资料来源：中国信息通信研究院．中国数字经济发展与就业白皮书（2018年）［R］．北京：中国信息通信研究院，2018．

　　此外，根据夏炎等（2018）的估计，数字经济对技术密集型制造业就业及生产型服务业就业的双重带动效应同样显著。2016年，数字经济带动的技术密集型制造业的就业占制造业总就业的51.1%，增速达12.8%；相关生产型服务业就业占服务业总就业的75.3%，增速达20.9%。同时，数字经济带动的制造业就业年均增速为12.8%，其影响的服务业就业的增速已经高达20.9%。从数字经济影响的从业人员年龄分布与教育情况来看，年轻化、中低学历化特征明显。如图3-5所示，16～34岁的非农就业群体是数字经济拉动的主体，占数字经济拉动的非农就业群体的53.5%，超出同年龄段全国非农就业占比（43.4%）约10个百分点。特别是25～29岁年龄段的非农就业群体，在数字经济拉动的非农就业群体中占比高达17.3%。与此同时，34岁以上非农就业人群的占比也有所提升，这不仅说明中年群体对数字经济的接纳与适应度不断提高，也体现数字经济对全人群的渗透和融合度逐步加深。

占比

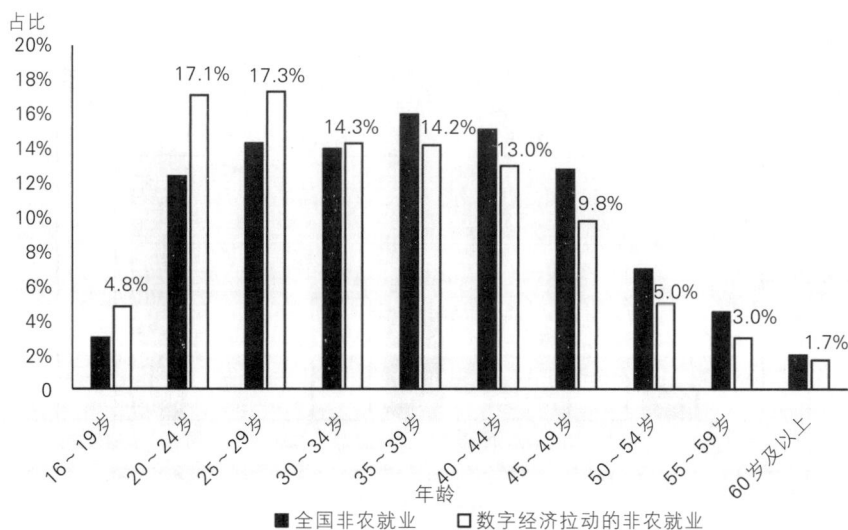

图3-5 2016年不同年龄段数字经济拉动的非农就业占比与全国非农就业占比的比较

资料来源：夏炎，王会娟，张凤，等.数字经济对中国经济增长和非农就业影响研究——基于投入占用产出模型［J］.中国科学院院刊，2018（7）：707-716.

　　尽管如此，从数字经济影响的从业人员的学历分布来看，初高中比例达到60%以上，仍以中低学历为主。这说明，我国的数字经济目前更多的还是通过推进餐饮、批发零售、交通运输等"传统服务业"的数字化转型（如共享经济等）吸纳中低学历人群就业，对软件等高新技术行业的高等教育群体的影响力虽有所提升，但受劳动力质量的限制，高技术端的需求并没有得到充分满足。

　　从地方的发展来看，东部地区优势更加明显。中国信息通信研究院的研究显示，在就业规模上，2018年，山东、广东数字经济领域就业岗位最多，分别达到2 159万个和2 088万个，河南、江苏、浙江、四川、河北、湖北、安徽等就业大省，数字经济领域就业岗位也超过了1 000万个，福建、湖南、广西、江西、云南、上海、辽宁、北京、贵州等省、自治区、直辖市，数字经济领域就业岗位超过了500万个，而西部的宁夏、青海，数字经济领域就业岗位较少，分别仅为84万个和68万个。在就业增速上，2018年，贵州省发展数字经济吸纳劳动力的增速最快，达到18.1%，福建、江苏紧随其后，增速分别达到13.8%和13.0%，重庆、浙江、新疆、天津、上海、广东、山东、北京、江西等省、自治区、直辖市，数字经济领域就业岗位的增速也较快，均超过10%，青海、内蒙古、黑龙江、甘肃等省、自治区数字经济领域就业岗位增速较慢，分别仅为2.5%、2.2%、1.4%和1.1%。在就业占比上，2018年，上海数字经济领域就业岗位占总就业人数的比重最高，为47.2%，北京次之，为44.1%，天津、浙江、福建、广东、山东、重庆、江苏、湖北数字经济领域就业岗位占比也超过三成，甘肃数字经济领域就业岗位在总就业人数中比重最低，仅为19.1%，其余省、自治区、直辖市数字经济领域就业岗位占比均超过20%（如图3-6所示）。

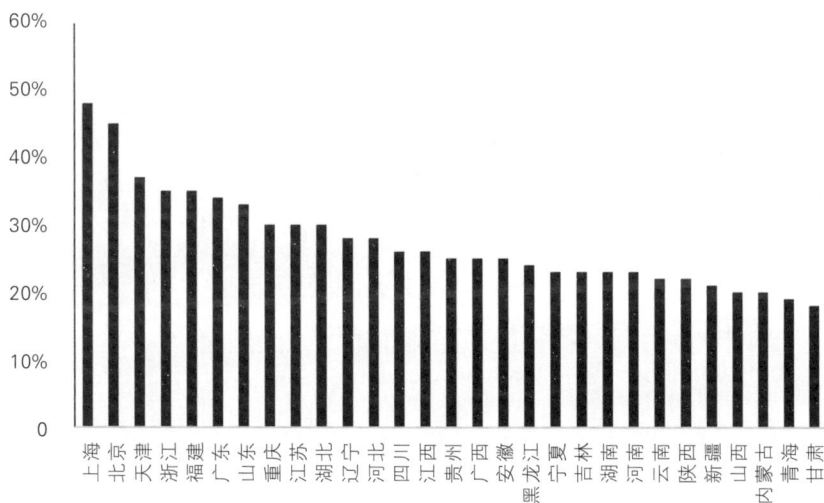

图3-6　2018年各省、自治区、直辖市数字经济就业占比

注：由于海南和西藏的数据缺失，故未纳入分析。

资料来源：中国信息通信研究院.

从就业形态来看,数字经济催生了更加灵活的新型就业模式。平台经济、共享经济、"众包"、"众创"等数字经济新模式、新业态的快速发展,除了产生传统的雇佣就业外,还催生了包括自主创业、自由职业、兼职就业等多种形态的灵活就业模式,成为吸纳就业的重要途径。其中,以共享经济平台与网络零售平台尤为突出。

(1) 共享经济平台

《中国共享经济发展年度报告(2019)》显示,2018年中国共享经济交易规模达29 420亿元,比上年增长41.6%。其中,生活服务、生产能力、交通出行三个领域共享经济交易规模位居前三,分别为15 894亿元、8 236亿元和2 478亿元。从发展速度来看,生产能力、共享办公、知识技能三个领域增长最快,分别较上年增长97.5%、87.3%和70.3%(见表3-1)。共享经济参与者达7.6亿人,参与提供服务人数约为7 500万人,同比增长7.1%。平台员工数为598万人,同比增长7.5%。

表3-1　　　　　　　　　　共享经济发展情况　　　　　　　　金额单位:亿元

领域	2017年	2018年	增长率
交通出行	2 010	2 478	23.3%
共享住宿	120	165	37.5%
知识技能	1 382	2 353	70.3%
生活服务	12 924	15 894	23.0%
共享医疗	56	88	57.1%
共享办公	110	206	87.3%
生产能力	4 170	8 236	97.5%
总计	20 772	29 420	41.6%

资料来源:国家信息中心.中国共享经济发展年度报告(2019)[R].北京:国家信息中心,2019.

在稳定和扩大就业方面，共享经济的快速发展不仅创造了大量新的就业岗位，还深刻地改变着传统就业方式，提供了丰富多样的就业机会。人们可以根据自己的兴趣、技能、时间和拥有的资源，更加灵活自主地参与到共享经济活动中。灵活就业机会和收入渠道将随着共享经济的发展而显著增加，共享经济在就业方面的"蓄水池"和"稳定器"的作用日益凸显。

美团研究院发布的《城市新青年：2018外卖骑手就业研究报告》显示，2017年，外卖平台交易规模达到2 969亿元，较2015年（1 348亿元）增长了1倍多。2018年，270万名骑手在美团外卖获得收入，较2017年增加50万人。滴滴政策研究院发布的《2017年滴滴出行平台就业研究报告》显示，2016年6月至2017年6月，共有2 108万人（含专车、快车、顺风车车主，代驾司机）在滴滴平台获得收入。此外，共享经济平台也为社会特定群体提供了就业渠道。例如，截至2017年，滴滴出行平台网约车司机中，建档立卡的贫困人员占6.7%，有393万人是去产能行业职工，超过178万人是复员、转业军人，还有133万失业人员和137万零就业家庭人员。2018年，美团骑手中77%来自农村，有67万人来自贫困县（中国劳动和社会保障科学研究院，2019）。

（2）网络零售平台

2018年，中国继续保持全球最大网络零售市场地位。网络零售环境不断改善，网络零售加速渗透，区域结构不断优化，跨境电商、社交电商、二手电商等快速发展。网络零售在当前中国消费转型升级进程中扮演着日益重要的角色（如图3-7所示）。"十二五"以来，中国网上零售销售额大幅提升，2011年不到1万亿元，2018年增长到9.01万亿元，同比增长23.9%（如图3-8所示）。2017年，中国实物商品网上销售额为5.08万亿元，同比增长28%，对全国社会消费品零售总额贡献率达15%。

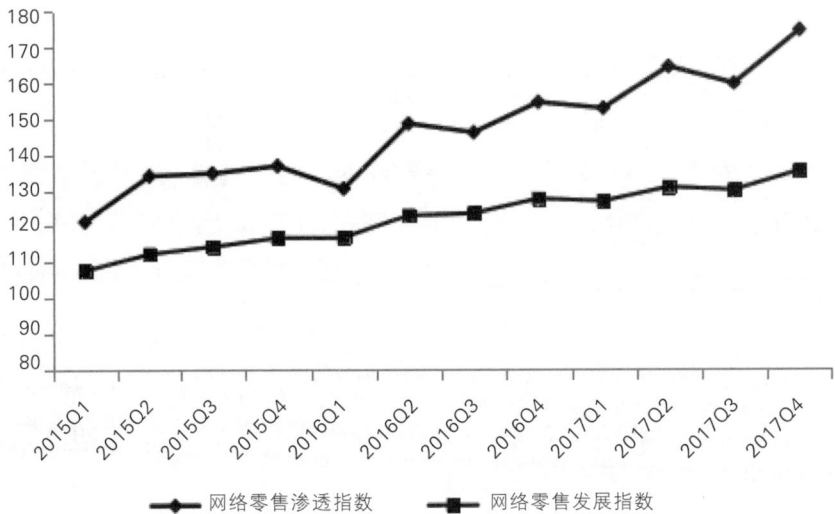

图3-7　2015Q1—2017Q4中国网络零售指数变化趋势

资料来源：商务部.中国零售行业发展报告（2018/2019年）[R].北京：商务部，2019.

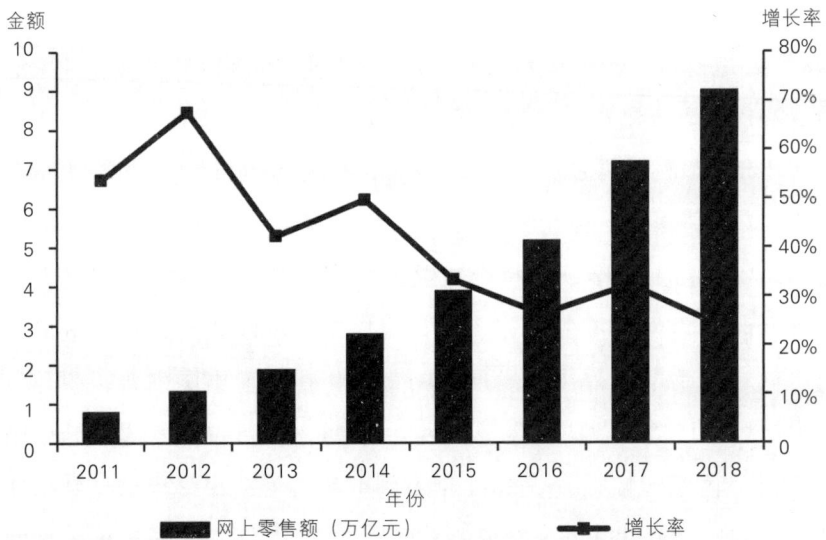

图3-8　2011—2018年中国网上零售销售额及增长率

资料来源：①商务部.中国零售行业发展报告（2018/2019年）[R].北京：商务部，2019.

②国家统计局.2018年国民经济和社会发展统计公报[R].北京：国家统计局，2019.

网上零售平台的发展日益体系化，不仅在消费端创造了大量的就业机会，还提升了生产制造、流通和销售各个环节对就业岗位的供给能力。以中国最大的网上零售平台阿里巴巴为例，根据《阿里巴巴零售平台就业机会测算与平台就业体系研究报告》的估计，2018年阿里巴巴零售平台总体上为中国创造了4 082万个就业机会，其中包括1 558万个交易型就业机会、2 524万个带动型就业机会；在阿里巴巴零售平台的26个经营类目中，服装鞋帽针纺织品类（409万个）、日用品类（284万个）、家用电器和音像器材类（162万个）带动的交易型就业机会数位居前三。在农村地区，2018年，全国有3 202个淘宝村，年销售额达2 200亿元，淘宝村活跃网店有66万家，创造就业机会180万个（中国人民大学劳动人事学院课题组，2019）。

3.1.2 制度保障

"十三五"期间，中央及地方政府根据《"十三五"规划》总体部署，推出一系列旨在促进新经济、扩大和提升创新创业的就业带动规模和能效的政策法规，不断优化制度环境与保障措施（详见表3-2、表3-3）。一方面，围绕"新方向"（互联网产业，信息技术、高端装备、新材料、生物、新能源汽车、新能源、节能环保、数字创意等战略性新兴产业，以及现代制造业、服务业及农业）与"新主体"（小微企业），有针对性地制定产业促进与企业发展政策，特别注重从公共服务、融资、财税以及产权等方面优化营商环境；另一方面，面向高技术人才采取一系列激励与保障措施，以更好地引导高技术人才投入创新创业领域。

表 3-2   "十二五"至"十三五"期间创新驱动就业主要政策汇总

类别		评估内容	负责部门
新方向	新兴产业	信息技术、高端装备、新材料、生物、新能源汽车、新能源、节能环保、数字创意等战略性新兴产业	国家发展改革委、科技部、工业和信息化部等按职责分工负责 2011.12.30-国务院-《关于印发工业转型升级规划（2011—2015年）的通知》 2012.04.06-工业和信息化部-《软件和信息技术服务业"十二五"发展规划》 2012.05.07-工业和信息化部-《高端装备制造业"十二五"发展规划》 2016.12.18-工业和信息化部-《关于印发软件和信息技术服务业发展规划（2016—2020年）的通知》 2016.12.19-国务院-《关于印发"十三五"国家战略性新兴产业发展规划的通知》 2017.06.28-科技部-《关于印发〈落实《中长期青年发展规划（2016—2025年）》实施方案〉的通知》 2017.06.29-科技部-《关于印发〈国家科技企业孵化器"十三五"发展规划〉的通知》 2018.09.18-国家发展改革委、教育部、科技部等-《关于发展数字经济稳定并扩大就业的指导意见》
	互联网产业	创造更加宽松的环境，加快发展平台经济等新经济形态，催生更多微经济主体，培育更多跨界融合、面向未来的就业创业沃土，开发更多新型就业模式；促进共享经济健康发展	国家发展改革委、国家市场监督管理总局、工业和信息化部、商务部、人力资源和社会保障部等按职责分工负责 2015.05.04-国务院-《关于大力发展电子商务加快培育经济新动力的意见》 2015.07.01-国务院-《关于积极推进"互联网+"行动的指导意见》
	现代服务业	开展加快发展现代服务业行动，不断拓展服务业发展广度和深度，鼓励发展就业容量大、门槛低的家政护理等生活性服务业	国家发展改革委负责 2013.09.06-国务院-《关于加快发展养老服务业的若干意见》 2013.10.14-国务院-《关于促进健康服务业发展的若干意见》 2015.10.23-国务院-《关于促进快递业发展的若干意见》
	现代制造业	推动传统制造业由生产型向生产服务型转变，延伸产业链条，增加就业岗位	国家发展改革委牵头，工业和信息化部、科技部按职责分工负责 2016.05.13-国务院-《关于深化制造业与互联网融合发展的指导意见》 2018.11.14-工业和信息化部-《关于公布2018年制造业"双创"平台试点示范项目名单的通知》(9个项目：①企业级"双创"资源汇聚平台；②产业链级"双创"资源汇聚平台；③基于互联网的研发设计能力开放平台；④基于互联网的制造能力开放平台；⑤基于互联网的孵化能力开放平台；⑥"双创"平台+研发设计模式创新；⑦"双创"平台+组织管理模式变革；⑧"双创"平台+生产制造模式变革；⑨"双创"平台+区域合作)

类别		评估内容	负责部门
新方向	现代农业	职业农民	农业农村部、国家发展改革委、国家林业和草原局、文化和旅游部等按职责分工负责 2015.02.01-中共中央、国务院-《关于加大改革创新力度加快农业现代化建设的若干意见》 2015.03.30-农业部-《关于加强农民创新创业服务工作促进农民就业增收的意见》 2015.12.03-国家发展改革委、工业和信息化部、财政部等-《关于结合新型城镇化开展支持农民工等人员返乡创业试点工作的通知》 2016.11.29-国务院-《关于支持返乡下乡人员创业创新促进农村一二三产业融合发展的意见》 2017.11.30-农业部-《关于印发〈"互联网+"现代农业三年行动实施方案〉的通知》 2017.11.28-农业部-《关于实施国家现代农业示范区十大主题示范行动的通知》（10个主题活动：①粮食绿色高产高效创建主题示范；②畜牧业绿色发展示范县创建主题示范；③水产健康养殖主题示范；④主要农作物生产全程机械化主题示范；⑤"互联网+"现代农业主题示范；⑥农业经营体系升级主题示范；⑦新型职业农民培育主题示范；⑧农村一二三产业融合主题示范；⑨农产品质量安全提升主题示范；⑩财政支农资金统筹使用主题示范） 2018.07.16-农业农村部、财政部-《关于2018年批准创建国家现代农业产业园的通知》（21个产业园） 2019.02.11-农业农村部、国家发改委、科技部等-《关于印发〈国家质量兴农战略规划(2018—2022年)〉的通知》
新主体	小微企业	优化小微企业融资环境，增强其吸纳就业能力	中国人民银行、银保监会负责 2012.04.19-国务院-《关于进一步支持小型微型企业健康发展的意见》 2013.08.08-国务院-《关于金融支持小微企业发展的实施意见》 2014.10.31-国务院-《关于扶持小型微型企业健康发展的意见》 2019.01.22-国务院-《关于有效发挥政府性融资担保基金作用切实支持小微企业和"三农"发展的指导意见》

表3-3　　"十二五"至"十三五"期间创业带动就业主要政策汇总

类别		评估内容	负责部门
创业引导与激励	高校科研院所人员	加快落实高校、科研院所等专业技术人员离岗创业政策;探索符合科创企业发展需求的金融服务模式,促进更多科技人才就业创业	国家发展改革委、教育部、科技部、人力资源和社会保障部、中国人民银行等按职责分工负责 2017.03.10-人力资源和社会保障部-《关于支持和鼓励事业单位专业技术人员创新创业的指导意见》
	海外人才	进一步放宽外国人才申请签证、工作许可、居留许可和永久居留证的条件,简化开办企业审批流程,加大创业启动资金支持力度,完善子女入学、医疗、住房等配套政策	国家外专局、人力资源和社会保障部牵头,外交部、公安部、国家市场监督管理总局、教育部、国家卫健委、住房和城乡建设部等按职责分工负责 2012.09.28-中共中央组织部、人力资源和社会保障部等-《关于为外籍高层次人才来华提供签证及居留便利有关问题的通知》
	返乡农民工	结合新型城镇化开展支持农民工等人员返乡创业试点	国家发展改革委牵头,工业和信息化部、财政部、人力资源和社会保障部、自然资源部、住房和城乡建设部、交通运输部、农业农村部、商务部、中国人民银行、国家林业和草原局等按职责分工负责 2015.06.17-国务院-《关于支持农民工等人员返乡创业的意见》 2016.11.18-国务院-《关于支持返乡下乡人员创业创新促进农村一二三产业融合发展的意见》 地方:2017.10.24-国家发展改革委-《关于同意河北省大名县等135个县(市、区)结合新型城镇化开展支持农民工等人员返乡创业试点的通知》
公共服务	环境/服务	建设"双创"示范基地、创业孵化基地和创业园区、小微企业创业创新基地、创业服务平台、创业型城市	国家发展改革委、科技部、工业和信息化部牵头负责 2016.06.02-工业和信息化部-《关于印发〈国家小型微型企业创业创新示范基地建设管理办法〉的通知》 2018.09.18-国务院-《关于推动创新创业高质量发展打造"双创"升级版的意见》 2018.10.29-国务院-《关于聚焦企业关切进一步推动优化营商环境政策落实的通知》 地方:2018.02.15-河北省-《关于在全省开展"双创双服"活动的实施意见》
	融资	拓宽创业投融资渠道,管好用好创业担保贷款,合理增加贴息资金投入,扩大担保基金规模,规范发展区域性股权市场,为创业企业提供直接融资服务	人力资源和社会保障部、国家发展改革委、财政部、中国人民银行、银保监会等按职责分工负责 2016.04.15-银监会、科技部、中国人民银行-《关于支持银行业金融机构加大创新力度开展科创企业投贷联动试点的指导意见》 2017.01.20-国务院-《关于规范发展区域性股权市场的通知》
	产权	推进知识产权交易,加快建设全国知识产权运营公共服务平台	证监会、国家知识产权局、科技部等按职责分工负责 2016.12.30-国务院-《关于印发"十三五"国家知识产权保护和运用规划的通知》 2018.05.08-财政部、国家知识产权局-《关于2018年继续开展知识产权运营服务体系建设工作的通知》

特别是中国数字经济的蓬勃发展正是得益于这一时期政策环境的持续优化与完善。从"互联网+""数字经济"到"智能+"，中国政府高度重视推进以互联网、云计算、大数据、物联网、人工智能为主要内容的数字经济的深入发展。伴随越来越多的经济主体参与到数字经济的市场活动中去，数字经济领域就业加速增长，新就业形态不断涌现。国务院、国家发展改革委等先后发布《关于推动实体零售创新转型的意见》（国办发〔2016〕78号）、《关于促进分享经济发展的指导性意见》（发改高技〔2017〕1245号）等文件，大力推进数字经济快速发展，强化其在稳定并扩大就业上的积极作用。

数字经济对中国就业的拉动效应以及数字人才供给不足、适应劳动者流动性和就业方式多样化的就业服务及用工管理制度缺位等问题，日益引起中国政府的重视。2018年，国家发展改革委就业司发布《关于发展数字经济稳定并扩大就业的指导意见》（发改就业〔2018〕1363号），从需求（加快培育数字经济新兴就业机会）、供给（持续提升劳动者数字技能）、环境（服务环境——大力推进就业创业服务数字化转型；政策法律环境——劳动用工、社会保险、薪酬激励等）等方面推动形成适应数字经济发展的就业政策体系，提升数字化、网络化、智能化就业创业服务能力，拓展就业创业新空间。特别值得注意的是，该意见对数字经济生态下新型就业形态非常重视，不仅提出"按照审慎包容监管、增强劳动力市场灵活性的要求"，推动完善新就业形态下的劳动用工政策和法律法规建设，切实维护劳动者合法权益，还提出继续完善适应新就业形态的社会保险参保缴费政策和管理服务机制，包括：全面实施全民参保计划，推动将依托互联网平台实现灵活就业人员纳入社会保障覆盖范围；积极发挥失业保险保生活、防失业、促就业功能作用，拓宽失业保险覆盖范围；适应数字经济新就业形态发展要求，创新社会保险经办服务管理模式，推进"网上社保"，建立全国统一的社会保险公共服务平台。

3.1.3　问题与挑战

数字经济的蓬勃发展不仅加速了技术创新，也对劳动力资源的组织、协调与管理产生了深远的影响。特别是近年来，以滴滴出行、美团外卖等为代表的服务型共享平台兴起，在促进就业的同时，其以业务分包和在线工作为主要形式的新型用工模式也给主要建立在传统雇佣关系基础上的劳动者权益及保障制度带来严峻挑战。

结合国际经验，平台经济高速增长对平台从业人员的消极影响可以概括为以下几方面：第一，报酬过低，缺乏基本保障。国际劳工组织相关调查显示，几乎所有平台都没有最低工资标准的限制，这事实上损害了大部分平台工作者获得合理报酬的权益（周畅、李琪，2017）。第二，工作时间与休息时间之间的界限越来越模糊。平台工作的特性使得"劳动自由"与"劳动控制"并存，平台工作者一旦接受任务就要遵循平台的规则，其工作时间完全由订单客户的需求决定。模糊的工作与生活边界在很大程度上损害了平台工作者的休息权，极大地增加了他们的工作强度与压力。第三，平台工作者的职业健康状况令人担忧。随着大数据算法以及人工智能等技术在平台上的广泛应用，平台对工作人员的劳动控制也达到前所未有的程度，看似平等的"平台式"自由劳动关系下，实际上是"强平台-弱员工"的不对等合作。平台一方面通过"新技术"严密地控制平台工作者的工作行为与实时绩效，另一方面通过"用户导向"的满意度考评机制，对违反平台规则（用户需求）的工作者做出罚款、降低信用分（减少派单）等惩罚。在这种事实上不对等的工作关系下，高强度的工作环境加上有限的工作权益保障，难免会对平台工作者的身心健康产生持久的伤害。国际研究也显示，互联网平台发达地区往往也是各种职业病特别是精神性疾病高发地区，平台工作者的健康权益的保障与改善日益成为国际社会关注的热点（Nizami & Prasad，2013；Siegrist & Wahrendorf，2016）。

除此之外，新经济对就业促进的挑战还表现在以下几个方面：

一是机器换人风险加剧。近年来，中国工业机器人产量呈现上涨的趋势，仅在 2018 年上半年，全国工业机器人累计产量达 73 849.1 套，同比增长 23.9%。智能机器设备的运用使得厂家能够更加从容地应对人工流失率高、交货周期短、安全问题等多方面的挑战，但这也引发了人们对失业的担忧。例如，美国 Work Fusion 公司的智能管理平台将众包模式与自动化结合，几乎能完全管理和执行以往需要大量劳动力的企业项目。夏季达沃斯论坛发布的《2018 未来就业》(The Future of Jobs 2018)报告预测，未来自动化技术和智能科技的发展将取代 7 500 万份工作。我国制造业处在全球价值链中低端，主要从事的是生产组装等常规工作，就业者只需要具备较低技能即可，被机器替代的可能性极大，一旦被机器大规模替代，将面临巨大就业压力。

二是生产效率提升引发的失业风险。数字经济大幅降低交易成本，导致专业化分工日趋精细化、精准化，产业分工、产品分工、模块分工日趋深化。实体经济通过融合数字经济，将分散的生产实体组织在一起，相互配合、协调一致地工作，以完成单一实体不能完成的或单独完成不经济的任务，实现总体效益优于单独效益之和。在劳动需求不变的前提下，劳动者效率的提升使得企业对劳动者个体的需求数量大大降低。

三是新旧业态更替带来的结构性失业风险。近年来，以数字技术为代表的创新加速向多领域群体性突破，实体经济融合数字经济的广度和深度不断增加，新模式、新业态持续涌现，个别传统领域面临严重的冲击，相关产业人群失业风险加剧。在批发零售领域，阿里巴巴、京东、拼多多等电子商务企业取得了巨大的成功，同时传统商品交易市场逐步走向衰落。2013—2018 年间，亿元以上商品交易市场数量逐年递减，截至 2018 年底累计减少数量超过 10%，成交额平均增速不足 4 个百分点，增速约为网络零售的 1/10。在生活文化领域，在线媒体、电子书的发展冲击着传统纸媒。截至 2018 年底，我国报纸种类相比 2002 年的峰值下降超过 11 个百分点，期刊总印数相比 2012 年的峰值下降超过 25 个百分点。业态间的新老交替，一方面会创造新的就业机会，另一方面在一些受冲击较大且不易调整的部门则会出现失业。在生产制造领域，新一代信息技术与制造业深度融合，正在引发产业变革，形成新的生产方式、产业形态、商业模式和经济增长点，各国都在加大科技创新力度，推动制造领域的深层次、高质量发展。这就要求我们全面增强从业人员的信息技术应用能力，培养具有创新思维和创新能力的领军人才以及掌握共性技术和关键工艺的专业人才。据《制造业人才发展规划指南》（教职成〔2016〕9号）的预测，到2025年，我国新一代信息技术产业、高档数控机床和机器人等行业人才缺口将分别为950万人和450万人，提高人才素质、填补人才缺口也成为我国应对结构性失业的重要途径之一。

四是产业结构转型升级带来的结构性失业风险。数字经济推动我国经济社会加快转型发展，服务业逐步成为我国主导产业。我国人才供给结构的调整滞后于产业结构的变化，信息传输、计算机服务和软件业、制造业、金融业、房地产业、租赁和商务服务业、批发和零售业等行业人才需求巨大。

3.2 人力资源市场及服务业发展

3.2.1 人力资源市场

"十二五"到"十三五"期间，中央政府在推动人力资源市场发展方面制定了一系列政策法规。"十二五"期间，人力资源和社会保障部（以下简称"人社部"）先后发布《关于加强统一管理切实维护人力资源市场良好秩序的通知》《关于加强人力资源服务机构诚信体系建设的通知》《关于加快推进人力资源市场整合的意见》，积极推动建立统一开放、竞争有序的人力资源市场，推进人力资源市场信用体系和标准体系建设，加大法律监管力度。进入"十三五"时期，2018年出台的《人力资源市场暂行条例》进一步提高了人力资源市场发展规范的立法层级。该条例作为改革开放以来中国人力资源要素市场领域第一部行政法规，主要着眼于解决市场体系的统一性、市场要素的流动性、市场运行的规范性、市场主体的公平性和市场监管的强制性等五个方面的问题，对健全完善人力资源市场体系，推动人力资源服务业健康发展，促进人力资源自由有序流动和优化配置有着十分重要的意义。此外，为进一步落实中共中央《关于深化人才发展体制机制改革的意见》，2019年，人社部发布《关于充分发挥市场作用促进人才顺畅有序流动的意见》，从畅通人才流动渠道、规范人才流动秩序、完善人才流动服务体系三大方面着手健全人才流动配置机制，充分发挥市场决定性作用，更好发挥政府作用，加快建立政府宏观调控、市场公平竞争、单位自主用人、个人自主择业、人力资源服务机构诚信服务的人才流动配置新格局。

3.2.2 人力资源服务

人力资源服务业是为劳动者就业和发展职业、为用人单位管理和开发人力资源提供相关服务的专门行业，主要包括人力资源招聘、职业指导、人力资源和社会保障事务代理、人力资源培训、人才测评、劳务派遣、高级人才寻访、人力资源外包、人力资源管理咨询、人力资源信息软件服务等多种业务形态。

2014年，人社部等发布首个《关于加快发展人力资源服务业的意见》，提出到2020年，建立健全专业化、信息化、产业化、国际化的人力资源服务体系，并实现从业人员达到50万人，产业规模超过2万亿元的发展目标。2017年，人社部出台《人力资源服务业发展行动计划》，不仅进一步提出实施骨干企业培育、领军人才培养、产业园区建设和"互联网+"人力资源服务行动、诚信主题创建行动、"一带一路"人力资源服务行动等一系列行动计划，而且将发展目标提高到2020年行业从业人员达到60万人，领军人才达到1万名左右，培育形成100家左右在全国具有示范引领作用的行业领军企业。

截至2019年底，全国共设立各类人力资源服务机构39 568家，从业人员达674 836人，全年营业收入达到19 553亿元，共帮助2.55亿人次实现就业和流动。

（1）公共就业服务状况

近年来，公共就业服务不论在规模上还是在效果上都有待提高。从服务规模来看，"十二五"期间，公共就业服务规模持续下降，单位登记招聘人数与登记求职人数分别从2011年的7 116万人、5 125万人下降至2015年的5 233万人、4 045万人。与此同时，供求缺口也不断缩小。2018年，单位登记招聘人数升至5 653万人，求职规模却降至3 888万人，供求缺口呈持续扩大的趋势（如图3-9所示）。

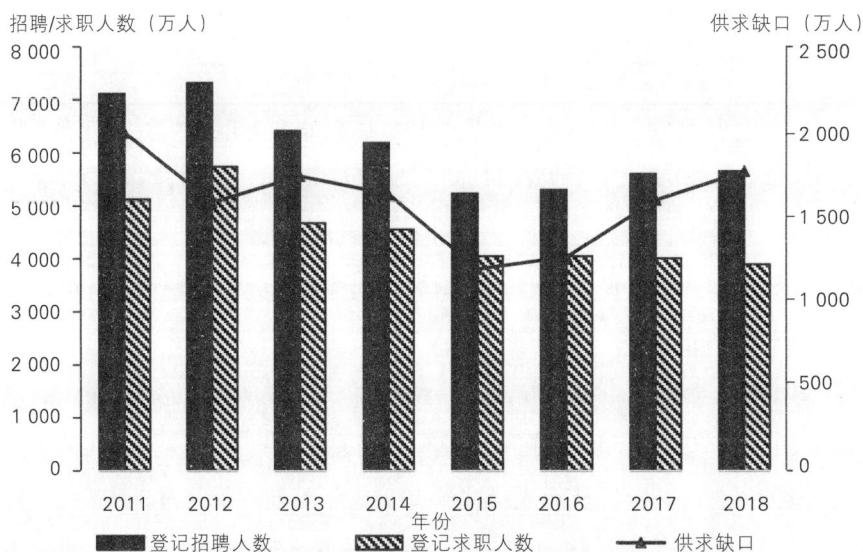

图3-9　2011—2018年公共就业中心服务规模

资料来源：2011—2018年《中国劳动统计年鉴》.

公共就业服务以城镇登记失业人员、农村劳动者为主，二者平均占比分别达到25%、39%。值得注意的是，农村劳动者接受公共就业服务的数量出现较大幅度的下降，2016年为1 470万人，较2011年下降了720万人。相比之下，创业服务人数增长较快，2016年达到409万人（如图3-10所示）。

人数（万人）

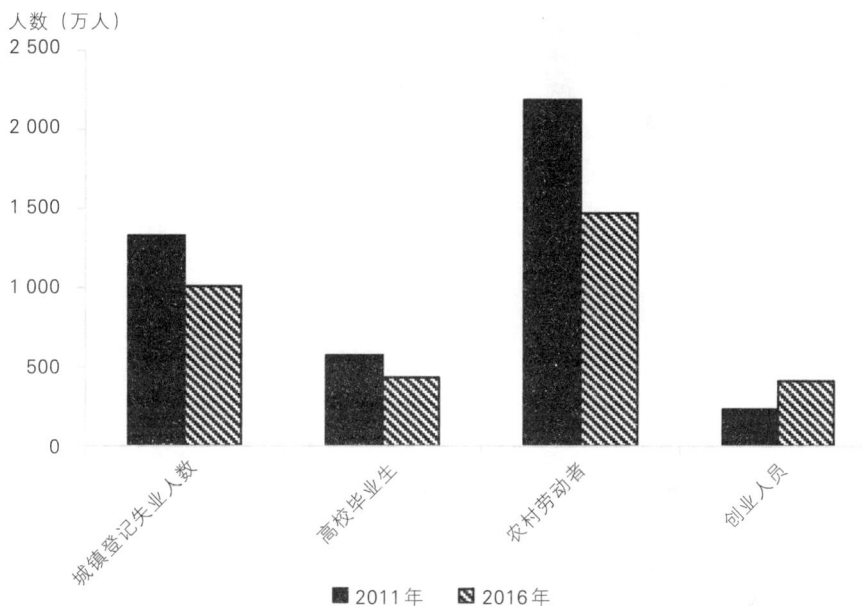

图3-10　2011年、2016年公共就业中心服务对象

资料来源：2011年和2016年《中国劳动统计年鉴》.

从公共就业服务效果来看，"十二五"至"十三五"中期，所有登记求职人员中接受公共就业服务指导的人数呈持续下降的趋势，即从2011年的2 363.9万人降至2017年的1 639.4万人。接受公共就业服务指导人员占登记求职人员的比重也从2011年的46.1%降至2017年的41%。到2018年，情况有了一定的变化，接受公共就业服务指导的人员规模有所提升，就业服务指导率也有了较大幅度的提升，达到47%（如图3-11所示）。

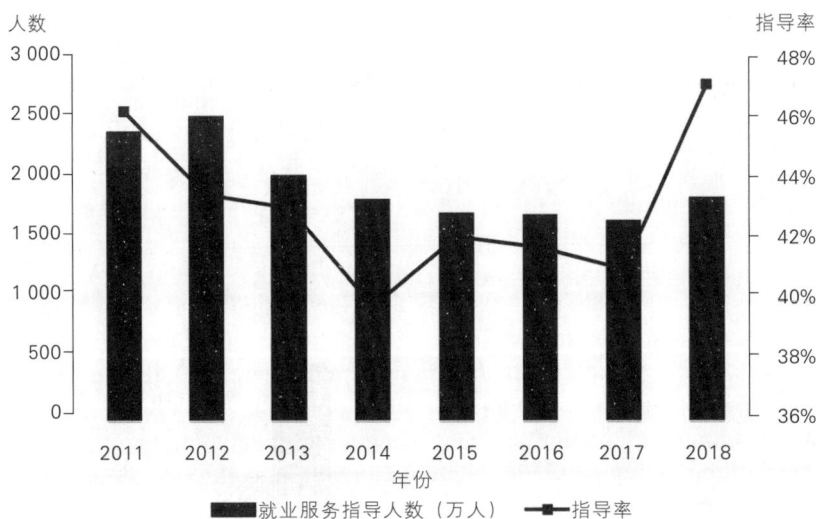

图3-11 2011—2018年公共就业服务中心就业服务指导人数及指导率

注：指导率=接受指导人数/登记求职人数×100%

资料来源：2011—2018年《中国劳动统计年鉴》.

此外，公共就业服务中心介绍就业的成功率总体保持在中等水平。城镇登记失业人员与农村劳动者的平均就业成功率分别为50%、48%，高校毕业生就业成功率经历短暂下降后，从2015年开始有所上升，2016年达到43.9%（如图3-12所示）。

（2）人力资源服务产业化

自2014年人社部《关于加快发展人力资源服务业的意见》出台以来，中国的人力资源服务产业进入了快速发展阶段。中国人力资源服务市场的规模由2013年的约1 584亿元增至2017年的3 436亿元，复合年增长率为21.9%，预期于2022年增至8 427亿元（如图3-13所示）。其中，中高级人才寻访市场发展迅速，年薪10万元及以上的中高级人才寻访市场规模从2013年的405亿元增长至2017年的969亿元，预计到2022年达到2 437亿元（如图3-14所示）。

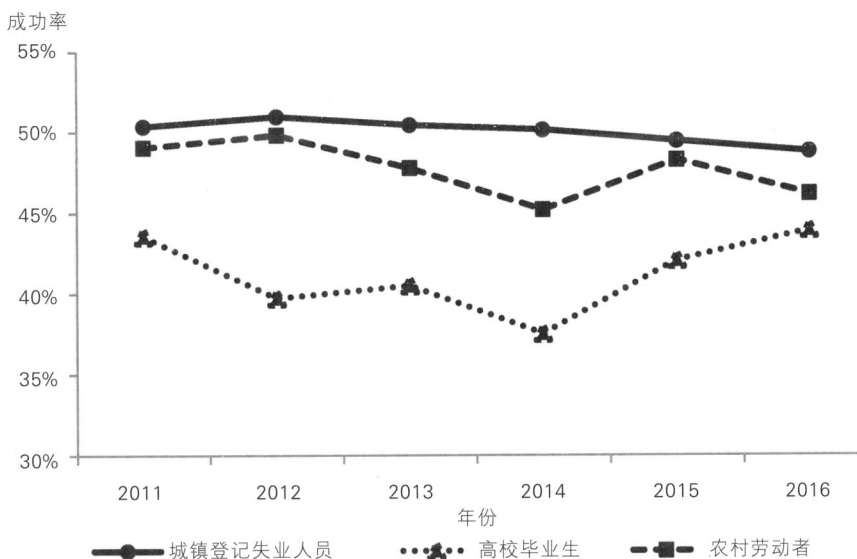

图3-12 2011—2016年公共就业服务中心介绍就业成功率

注：成功率=介绍成功人数/登记求职人数×100%

资料来源：2011—2016年《中国劳动统计年鉴》.

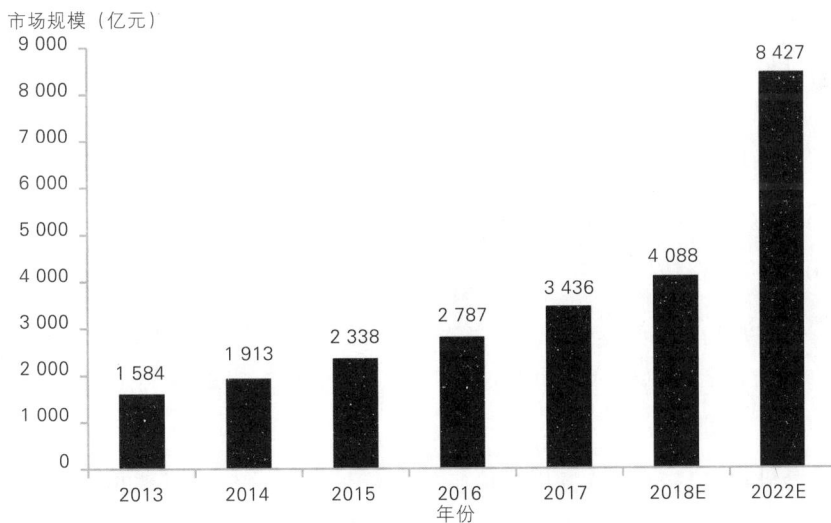

图3-13 2013—2022年中国人力资源服务市场规模

资料来源：中商产业研究院大数据库.

市场规模（亿元）

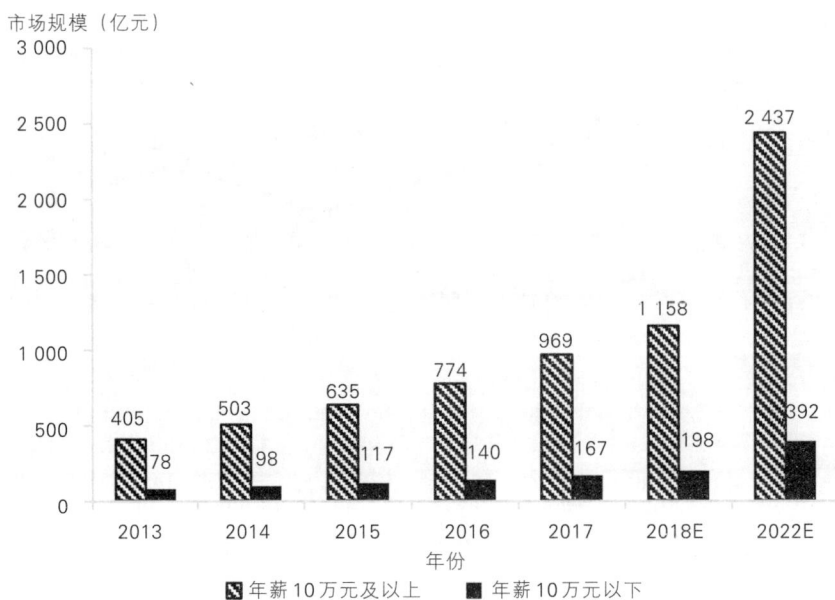

图3-14 2013—2022年中高级人才寻访市场规模

资料来源：中商产业研究院大数据库．

截至2019年底，全国共设立各类人力资源服务机构39 568万家，全年营业收入达到19 553亿元，服务用人单位4 211万家次，帮助2.55亿人次实现就业和流动。各类人力资源服务机构共举办现场招聘会30.26万场，提供招聘岗位的信息达11 870万条，参会求职的人员超过10 920万人次，通过网络发布岗位招聘信息40 448万条（人力资源和社会保障部，2020）。人力资源服务产业从业人员规模也从2012年的33.5万人增至2019年的67.48万人。

此外，全国以"人力资源服务"为主要营业范围的各类企业有30多万家。特别是2014年《关于加快发展人力资源服务业的意见》出台后，该类企业规模进入高速发展阶段，年均增长率超过50%，到2018年年增长规模达到9.63万家。从省际分布来看，广东、山东、江苏的人力资源服务类企业规模较大，西部地区相对滞后（如图3-15、图3-16所示）。

企业数
12

10

8

6

4

2

0

增长率
80%

70%

60%

50%

40%

30%

20%

10%

0

0.74   0.81   0.96   1.67   2.60   3.97   6.35   9.63

2011   2012   2013   2014   2015   2016   2017   2018
年份

▨ 企业数（万家）   ■— 增长率

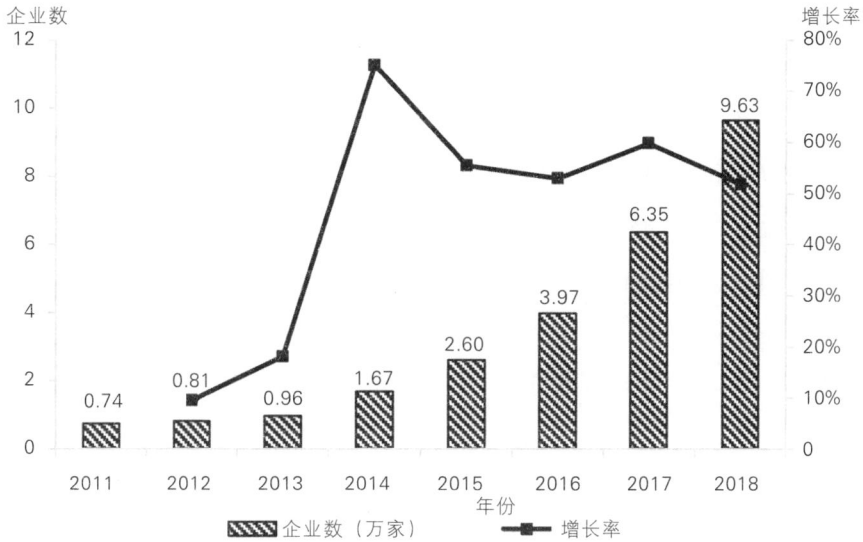

图3-15   2011—2018年人力资源服务类企业注册数

资料来源：整理自企查查数据.

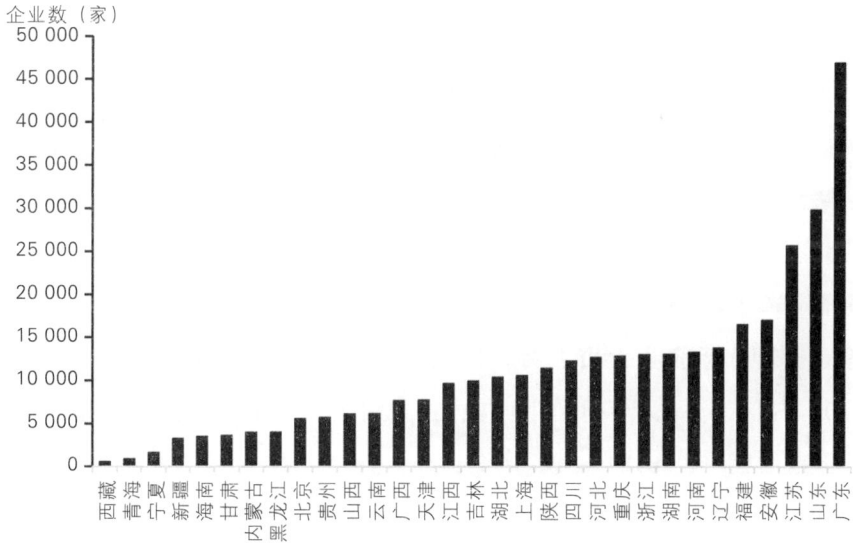

企业数（家）
50 000

45 000

40 000

35 000

30 000

25 000

20 000

15 000

10 000

5 000

0

西藏 青海 宁夏 新疆 海南 甘肃 内蒙古 黑龙江 北京 贵州 山西 云南 广西 天津 江西 吉林 湖北 上海 陕西 四川 河北 重庆 浙江 湖南 河南 辽宁 福建 安徽 江苏 山东 广东

图3-16   人力资源服务类企业省际分布

资料来源：整理自企查查数据.

政府产业支撑与诚信建设不断加强。中央及地方政府积极推进人力资源服务产业园建设，增强产业集聚与辐射效应，提升和扩大政府对人力资源服务业的产业支撑效果和规模。据不完全统计，截至 2018 年 5 月，全国已获批复建立的国家级人力资源服务产业园共有 11 家（14%），省级人力资源服务产业园共有 35 家（31%）。已建、在建和筹建的人力资源服务产业园已达到 80 余家，其中国家级人力资源产业园建设情况见表 3-4。但是，在实际建设过程中，仍然存在跟风盲目建设、产业园定位不清、产业链多而短、同质性较高、园区服务能力薄弱等问题。与此同时，各地市场管理部门积极推进以"诚信服务树品牌、规范管理促发展"为主题的创建活动。2018 年，人社部经各省（自治区、直辖市）推荐、专家组审核，评出 128 家人力资源服务机构为"全国人力资源诚信服务示范机构"。

行业结构进一步优化。中国人力资源服务产业体系化、专业化、国际化程度有了明显的提升，服务行业结构更加合理，服务主体进一步多元化，服务业态更加丰富（如图 3-17 所示）。从服务机构构成类别来看，民营人力资源服务机构发展迅速，成为市场主体。据统计，2016 年，民营性质人力资源服务企业有 18 859 家，占人力资源服务机构总量的 70.6%；县级以上地方政府人力资源和社会保障部门（含其他行业管理部门）共设立公共就业和人才服务机构 5 262 家，占 19.7%；国有性质人力资源服务企业有 1 493 家，占 5.6%；外资及我国港澳台资性质的服务企业有 227 家（其中，港资、澳资、台资性质的服务企业分别为 103 家、2 家、4 家），占 0.9%；民办非企业等其他性质的服务机构有 854 家，占 3.2%（前瞻产业研究院，2018）。

表3-4　中国国家级人力资源产业园建设情况

园区名称	规划面积(万平方米)	营收(亿元)	税收(万元)	招商数量(家)	投资金额(万元)	资产总额(万元)	园区企业集聚数量(家)	当地人力资源服务机构数(家)	当地人力资源服务从业人员(人)
中国重庆人力资源服务产业园	32	31.34	8648	78	200000	200000	67	1044	—
中国中原人力资源服务产业园	23.3	—	—	—	36000	—	50	—	—
中国苏州人力资源服务产业园	22.9	280	—	—	446000	—	290	2000	27000
中国海峡人力资源服务产业园	3	—	—	—	20000	—	18	—	—
中国烟台人力资源服务产业园	3	13.2	1763	34	20000	20000	38	270	5000
中国成都人力资源服务产业园	11.4	—	—	—	—	—	88	1930	—
中国长春人力资源服务产业园	4.88	—	—	—	—	—	27	158	6000
中国南昌人力资源服务产业园	5.7	80	—	—	28000	—	70	—	7000
中国西安人力资源服务产业园	14	—	—	—	—	—	100	500	—
江苏苏州高新区人力资源服务产业园(分园)	5.5	39.9	4000	51	3500	62000	89	1023	20000
中国杭州人力资源服务产业园(分园)	7.9	65	10632	90	6000	3500	91	400	15000
浙江宁波人力资源服务产业园	3	4.5	8070	66	1500	16500	66	930	—
江苏南京江口人力资源服务产业园	21	25	6800	186	—	—	85	—	—
江苏盐城人力资源服务产业园	1.9	30	66	18	15000	20000	30	550	5000
杭州智谷国家级人力资源服务产业园(分园)	15	—	12000	—	25000	24500	105	—	—
山东潍坊人力资源服务产业园	8.6	4	1000	32	25000	24500	32	84	1451
江苏无锡新区人力资源服务产业园	4.5	10	2500	35	6000	2500	35	380	4200
佛山人力资源服务产业园	4	4	1000	14	450	—	—	250	6000
江苏无锡人力资源服务产业园	5.5	6.6	441	20	3000	5000	13	335	6000
江苏吴江人力资源服务产业园(分园)	3.2	20	1254	32	400	89	36	138	1489

资料来源：中智现代人力资源管理研究院 2018中国人力资源服务业产业园研究报告［R］. 北京：中智现代人力资源管理研究院，2018.

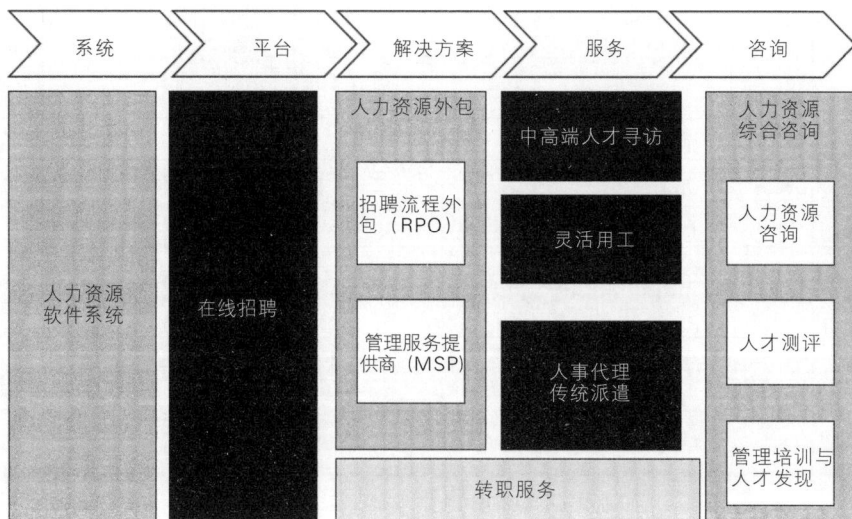

图3-17　人力资源服务产业生态图

表3-5梳理了我国近年来实施的人力资源市场与服务发展政策。

表3-5　　　　　　　　　人力资源市场与服务发展政策梳理

类别	评估内容	负责部门
规范市场秩序	①加快建立统一开放、竞争有序的人力资源市场体系,打破城乡、地区、行业分割和身份、性别歧视,完善市场运行规则,规范招人用人制度,消除影响平等就业的制度障碍②增强劳动力市场的灵活性,促进劳动力在地区、行业、企业之间自由流动,推进人力资源市场信用体系和标准体系建设,加强人力资源市场管理信息平台建设	人力资源和社会保障部牵头负责2011.02.22-人力资源和社会保障部-《关于加强统一管理切实维护人力资源市场良好秩序的通知》2012.08.23-人力资源和社会保障部-《关于加强人力资源服务机构诚信体系建设的通知》2013.03.08-人力资源和社会保障部-《关于加快推进人力资源市场整合的意见》2016.03.21-中共中央-《关于深化人才发展体制机制改革的意见》2018.09.06-人力资源和社会保障部-《关于学习贯彻〈人力资源市场暂行条例〉的通知》2019.01.11-人力资源和社会保障部-《关于充分发挥市场作用促进人才顺畅有序流动的意见》
提高匹配效率	实施人力资源服务业发展推进计划	人力资源和社会保障部牵头,国家发展改革委、工业和信息化部按职责分工负责2014.12.25-人力资源和社会保障部、国家发展改革委、财政部-《关于加快发展人力资源服务业的意见》2017.09.29-人力资源和社会保障部-《关于印发人力资源服务业发展行动计划的通知》

3.3 劳动者素质提升

缓解结构性就业矛盾的关键在于不断提升劳动者素质，加快培育高技能劳动者队伍。"十三五"期间，中国政府主要从"提升人才培养质量"与"提高劳动者职业技能"两方面着手，在劳动力供给侧发力，提升劳动者素质。

第一，在提升人才培养质量上，重点推进教育教学体制改革与终身学习服务体系建设。教育教学体制改革的重点在于提升人才培养与新时代劳动力市场需求的衔接与匹配效率；强调以市场需求为导向，引导高校构建与学校定位和办学特色相匹配的学科专业体系，增设经济社会发展和民生改善急需专业，优化人才培养结构，加强应用型师资队伍建设，加大高技术人才的培养力度；完善终身学习服务体系，为全体社会成员提供多次选择、多种路径的终身学习机会。2011年，教育部与财政部批准包括"高等学校继续教育示范基地建设""终身学习公共服务平台模式研究及示范应用""高等学校继续教育课程学分标准及质量内涵和学分转移制度与机制的研究及应用""普通高等学校继续教育数字化学习资源开放服务模式的研究及应用"在内的一系列"终身学习服务体系的建设与示范"项目，积极推进终身学习服务体系建设。2014年，教育部等七部委发布《关于推进学习型城市建设的意见》，进一步通过推动全国各类城市广泛开展学习型城市创建工作，全面推进在全国各地建设终身教育体系。"十三五"期间，各地陆续出台学习型城市建设规划。

第二，在提高劳动者职业技能上，重点推进针对知识型、技能型、创新型劳动者的技能培训，不断提升职业技能培训质量与能效。

"十三五"期间，相关部门先后出台《技工教育"十三五"规划》（第一个关于技工教育的五年规划）、《提升公共职业技能培训基础能力的指导意见》、《关于全面推行企业新型学徒制的意见》、《技能人才队伍建设实施方案（2018—2020年）》、《关于推行终身职业技能培训制度的意见》和《公共实训基地建设中央预算内投资专项管理办法》，积极推动职业培训转型升级，扩大培训规模，建立健全以企业、职业院校和各类培训机构为依托，以就业技能培训、岗位技能提升培训和创业培训为主要形式，覆盖全体、贯穿终身的培训体系。

从实际效果来看，职业培训机构蓬勃发展，规模不断扩大，以民营机构为绝对主力。2011年以来，由政府主办的各级就业训练中心（隶属各级人力资源和社会保障部门）不论从机构数量、师资规模还是培训规模上来看都呈逐年下降的趋势。2018年，全国就业训练中心大约有2 200家，年培训人数达290多万人，相比之下，民办职业培训机构有较快的发展，达到2.15万家，师资规模达32万人，年培训规模达1 229万多人（见表3-6）。

表3-6　2011—2018年中国就业训练中心及民办职业培训机构规模

年份	机构数（万家）		全职教师数（万人）		培训人数（万人）	
	公办	民办	公办	民办	公办	民办
2011	0.41	1.93	4.01	17.63	832.85	1 253.78
2012	0.39	1.89	4.01	18.96	850.51	1 353.86
2013	0.30	1.90	3.03	17.96	645.02	1 244.35
2014	0.26	1.91	2.40	18.15	560.94	1 214.06
2015	0.26	1.89	2.48	18.15	476.03	1 186.93
2016	0.27	1.95	2.50	19.63	459.71	1 212.02
2017	0.25	2.04	3.54	32.58	362.41	1 239.39
2018	0.22	2.15	3.03	32.00	291.21	1 229.64

资料来源：2011—2018年《中国劳动统计年鉴》.

根据企业信息网站提供的第三方数据估计，中国各类职业培训机构规模要远远大于官方统计数据，特别是在2014—2016年期间出现快速增长，其中民营机构占到99%以上，但到2018年总体规模出现了较大幅度的下降，总计大约有13.4万家（如图3-18所示）。

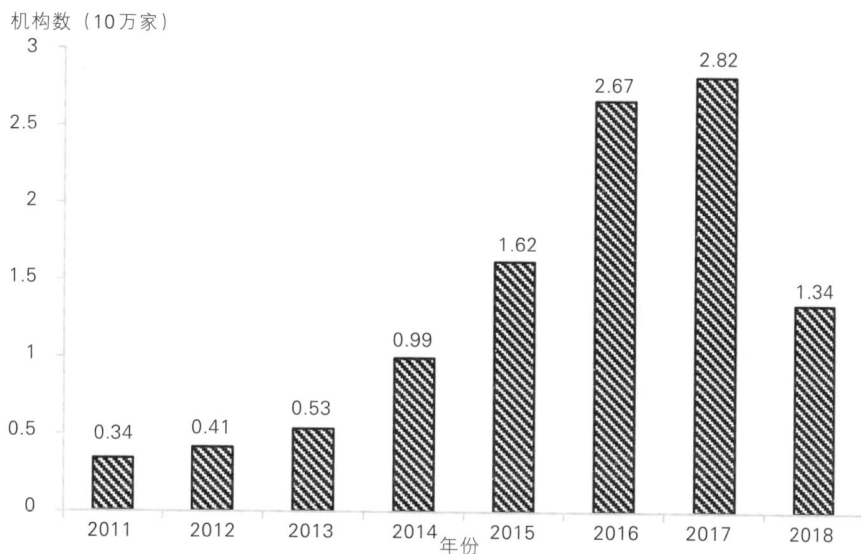

机构数（10万家）

图3-18　2011—2018年中国各类职业培训机构规模

资料来源：整理自企查查数据.

　　尽管劳动力培训机构有了快速的发展，但不论是受训比重还是资质获取情况都处在较低水平，培训形式仍以短期培训（6个月以下）与初、中级资格培训为主。《中国劳动力动态调查：2017年报告》数据显示（见表3-7），2016年，中国劳动力参加过（至少5天的）专业技术培训的比例约为10.5%。其中，男性劳动力参加过培训的比例为13.1%，女性劳动力仅为7.8%；45～64岁高龄劳动力占比（6.0%）明显低于中、低龄劳动力（11.9%、13.44%）；中、西部地区劳动力（均为9.0%）明显低于东部地区劳动力（12.6%）；农业户口劳动力（7.5%）明显低于城镇户口劳动力

（20.2%）。中国劳动力获得专业技术资格证书（执业资格）的比例为13.2%。其中，男性劳动力的占比为15.7%，女性劳动力仅为10.7%；45～64岁高龄劳动力占比（9.5%）明显低于中、低龄劳动力（16.5%、13.8%）；中、西部地区劳动力（9.6%、9.3%）明显低于东部地区劳动力（18.5%）；农业户口劳动力（8.6%）明显低于城镇户口劳动力（27.8%）。

表 3-7 调查劳动力受训及获得资格证书情况

年份	参加过至少5天的专业技术培训的比例	获专业技术资格证书的比例
2012	14.9%	16.9%
2014	9.1%	11.8%
2016	10.5%	13.2%

资料来源：蔡禾.中国劳动力动态调查：2017年报告［M］.北京：社会科学文献出版社，2017.

从具体培训情况来看，以民办职业培训机构为例（公办就业培训机构情况类似），2011年以来，所有接受就业培训的人员中，平均受训时间少于6个月的占总人数的86%以上，且呈逐年上升趋势，2018年达到89.8%（如图3-19所示）。受训时间在6个月到1年的占比仅为5.1%，在1年以上的占比不到3%。从受训人员最后的资质获取情况来看，比较2011年、2016年的数据可知（如图3-20所示），获得初级、高级职业资格以及技师和高级技师资格人员的比重都有所上升，获得中级职业资格人员的比重有所下降，但总体来看，仍以初、中级职业资格为主，2016年占总人数的比重为40.3%，高级职业资格的获取比重不到6%。

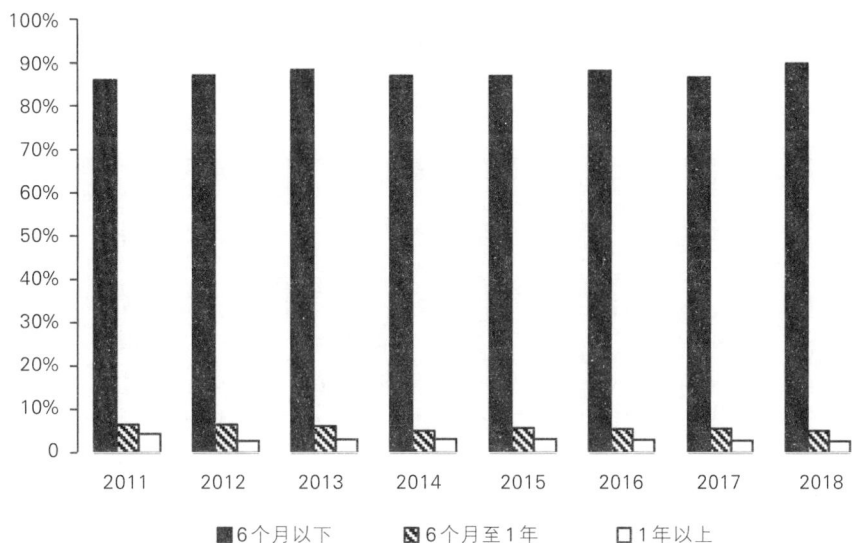

图3-19　2011—2018年民办职业培训机构受训人员平均受训时间占比情况

资料来源：2011—2018年《中国劳动统计年鉴》.

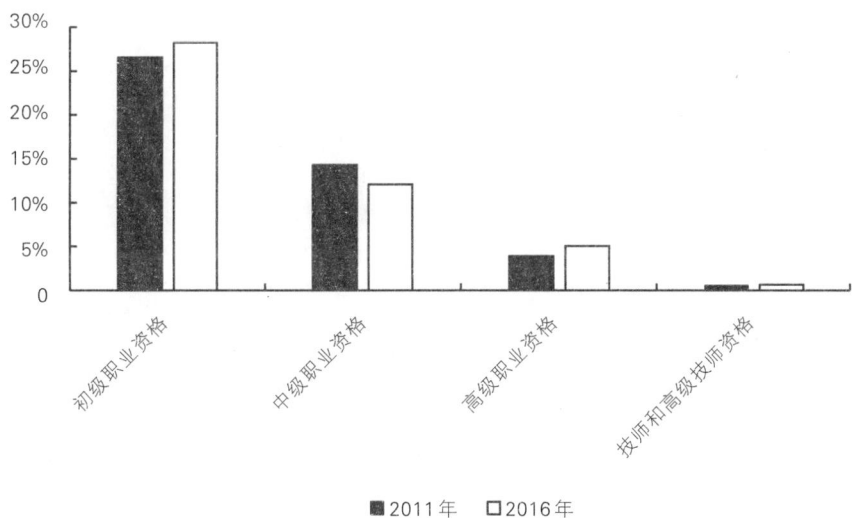

图3-20　2011年、2016年民办职业培训机构受训人员获取职业资格证书占比情况

资料来源：2011、2016年《中国劳动统计年鉴》.

表3-8梳理了近年来我国实施的劳动者素质提升政策。

表3-8　　　　　　　　　劳动者素质提升政策梳理

类别		评估内容	负责部门
提升人才培育质量	专业匹配	构建与学校定位和办学特色相匹配的学科专业体系,优化人才培养结构,充分发挥行业组织作用,建立专业设置、学生就业与重点产业人才需求相衔接的预测预警机制	教育部牵头,人力资源和社会保障部、国家发展改革委按职责分工负责
			2011.01.28-教育部-《关于批准"终身学习服务体系的建设与示范"系列项目的通知》
			2012.06.14-教育部-《关于印发〈国家教育事业发展第十二个五年规划〉的通知》
		加快建立高等学校分类体系,统筹研究型、应用型、复合型等各类人才培养,鼓励具备条件的地方普通本科院校向应用型转变,培养更多技术技能型人才	2014.05.02-国务院-《关于加快发展现代职业教育的决定》
			2014.08.11-教育部等-《关于推进学习型城市建设的意见》
		建立全国高校继续教育质量报告制度;加强教材规划、管理和审查,推动课程内容与职业标准、教学过程与生产过程有效对接,强化实践教学;充分发挥各级各类学校的优势,加强终身教育制度建设	2014.12.23-人力资源和社会保障部-《关于推进技工院校改革创新的若干意见》
			2015.05.04-国务院-《关于深化高等学校创新创业教育改革的实施意见》
			2017.01.10-国务院-《关于印发国家教育事业发展"十三五"规划的通知》
	国家资助	健全国家资助政策体系	财政部牵头,国家发展改革委、教育部、人力资源和社会保障部按职责分工负责
			2015.11.25-国务院-《关于进一步完善城乡义务教育经费保障机制的通知》
			2016.10.18-教育部等四部门-《关于印发〈普通高中建档立卡家庭经济困难学生免除学杂费政策对象的认定及学费减免工作暂行办法〉的通知》
			2016.12.06-财政部、教育部、人力资源和社会保障部-《关于印发〈中等职业学校国家助学金管理办法〉的通知》
			2017.03.28-财政部、教育部、中国人民银行等-《关于进一步落实高等教育学生资助政策的通知》
			2018.10.30-教育部等六部门-《关于做好家庭经济困难学生认定工作的指导意见》
			2019.12.31-财政部、教育部-《关于印发〈支持学前教育发展资金管理办法〉的通知》

类别	评估内容	负责部门
提升职业培训技能	技能培训	①研究建立终身职业技能培训制度,加快推行工学一体、企业新型学徒制、"互联网+"等培训模式 ②创新职业培训方式,实行国家基本职业培训包制度,规范管理,提高补贴标准,增强职业培训的针对性和有效性 ③完善职业技能培训财政资金补贴方式 ④探索建立重点产业职业技能培训需求指导目录制度,加大对指导目录内培训项目的补贴力度 ⑤建立国家职业资格目录清单管理制度,清单之外一律不得许可和认定职业资格,清单之内除准入类职业资格外一律不得与就业创业挂钩	人力资源和社会保障部牵头负责 2016.12.09-人力资源和社会保障部-《关于印发技工教育"十三五"规划的通知》 2018.05.03-国务院-《关于推行终身职业技能培训制度的意见》 2018.09.30-国家发展改革委、教育部、科技部等-《关于提升公共职业技能培训基础能力的指导意见》 2018.10.12-人力资源和社会保障部、财政部-《关于全面推行企业新型学徒制的意见》 2018.10.16-人力资源和社会保障部-《技能人才队伍建设实施方案(2018—2020年)》
	实训基地	建设若干区域性大型实训基地、一批地市级综合型实训基地和县级地方产业特色型实训基地,不断提升公共实训能力	国家发展改革委、人力资源和社会保障部牵头负责 2017.11.08-国家发展改革委-《关于印发〈公共实训基地建设中央预算内投资专项管理办法〉的通知》 地方:2018.03.16-青岛市教育局-《关于公布2018年职业教育生产性公共实训基地建设单位的通知》

3.4 重点群体就业

3.4.1 农村劳动力

根据《"十三五"规划》要求,要积极拓宽农村劳动力转移就业渠道,建立健全城乡劳动者平等就业制度,引导农村劳动力外出就业、就地就近就业;同时,积极推进农村劳动力转移就业示范基地建设,结合推进新型城镇化建设,合理引导产业梯度转移,创造更多适合农村劳动力转移就业的机会，并加强部分行政村劳动力转移就业监测。

农民工监测调查与农民工市民化进程动态监测调查结果显示[①]，"十三五"期间，我国农村劳动力就业呈现以下特征：第一，就业规模持续扩大，增速趋缓。截至2019年，全国农民工总数[②]达2.91亿人，较2011年增长了3 729万人。尽管如此，"十二五"以来，农民工增长速度持续下降，"十三五"中后期更是进一步降至1%以下的低增长水平。2019年比上年增加241万人，增长率仅有0.8%（如图3-21所示）。

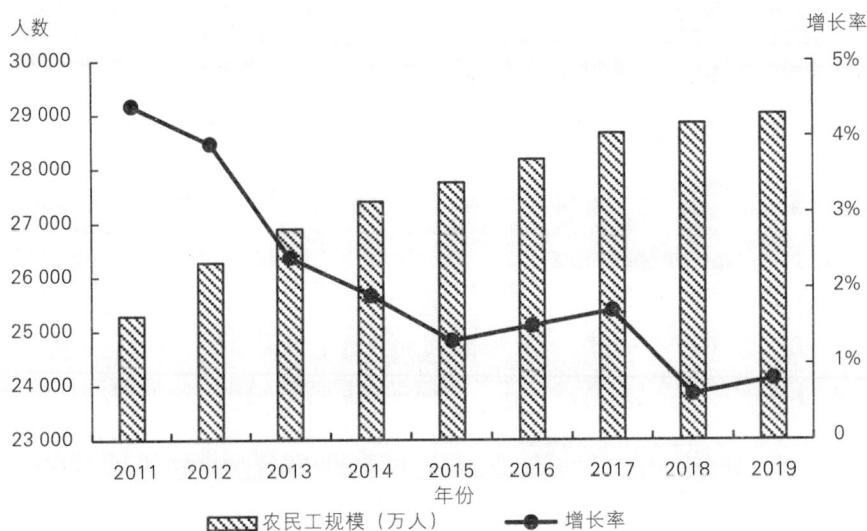

图3-21　2011—2019年农民工总量增长情况

资料来源：2011—2019年《农民工监测调查报告》.

---

① 农民工监测调查制度形成于2008年，旨在准确把握全国农民工规模、流向、分布等情况。此项调查采取入户访问调查的形式，按季度进行。样本覆盖全国31个省（自治区、直辖市）的农村地域，涵盖1 587个县（区）的8 490个村和22.6万名农村劳动力。农民工市民化进程动态监测调查制度（简称农民工市民化调查）形成于2015年，旨在把握在新型城镇化建设中农民工在城镇的就业生活、居住状况和社会融合等基本情况。调查覆盖全国31个省（自治区、直辖市）的城镇地区的4.08万户进城农民工样本。

② 年度农民工数量包括年内在本乡镇以外从业6个月及以上的外出农民工和在本乡镇内从事非农产业6个月及以上的本地农民工两部分。

第二，就近就业人数所占比重有所上升，地区差异明显。从农民工地区分布及构成来看（见表3-9），同"十二五"末（2015年）相比，"十三五"后期（2019年）农村劳动力中外出务工人员（指在户籍所在乡镇地域外从业的农民工）所占比重仍然稳定在60%左右，其中中西部地区输出农村劳动力的规模较大。外出农民工总体以省内流动为主，2019年在省内就业的农民工有9 917万人，比上年增加245万人，增长2.5%；跨省流动农民工有7 508万人，比上年减少86万人，下降1.1%。省内就业农民工占外出农民工总体的56.9%，比上年提高0.9个百分点。分地区来看，中部及西部地区农民工跨省流动比重较高，特别是中部地区2019年跨省流动比重达到59.2%，超过省内流动。东部及东北地区农民工省内流动规模占绝对多数。

表3-9 农民工地区分布及构成 单位：万人

按输出地分	2015年外出务工规模	2019年外出务工规模	跨省流动	省内流动
合计	16 884（61.8%）	17 425（60%）	7 508（43.1%）	9 917（56.9%）
东部地区	—	4 792	821（17.1%）	3 971（82.9%）
中部地区	—	6 427	3 802（59.2%）	2 625（40.8%）
西部地区	—	5 555	2 691（48.4%）	2 864（51.6%）
东北地区	—	651	194（29.8%）	457（70.2%）

第三，从事第三产业农民工比重稳步上升。从农民工产业分布来看，在农村劳动力传统就业领域——建筑业、制造业，农民工就业比重逐年下降（如图3-22所示）。2017年，农民工第二产业就业比重为51.5%。其中，从事制造业的农民工比重为29.9%，从事建筑业的农民工比重为18.9%。到2019年，农民工第二产业就业比重降至50%以下，从事制造业的农民工比重为27.4%，较2017年下降2.5个百分点；从事建筑业的农民工比重为18.7%，较2017年下降0.2个百分点。相比之下，从事第三产业的农民工比重持续上升，2019年达到51%，比上年提高0.5个百分点。其中，从事交通运输、仓储和邮政业以及住宿和餐饮业的农民工比重均为

6.9%，分别比上年提高0.3和0.2个百分点。

农民工就业比重（%）

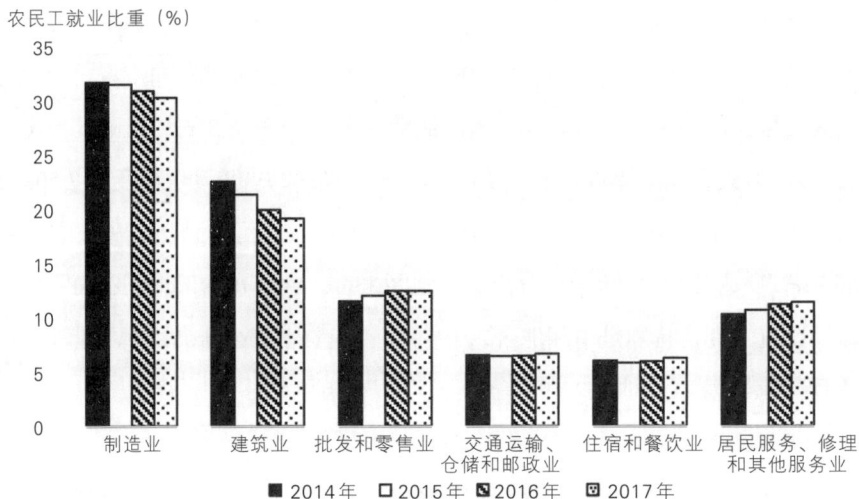

图3-22　2014—2017年农民工就业主要行业分布

资料来源：2014—2017年《农民工监测调查报告》.

　　第四，农民工收入水平稳步提升，外出农民工及东北地区农民工的收入增长较快。同2014年相比，2019年农民工月均收入为3 962元，增加1 098元，增长38.3%，农民工集中就业的六大行业月均收入均稳定增长（如图3-23所示）。其中，建筑业以及交通运输、仓储和邮政业农民工工资增长幅度较大，前者2019年达到4 567元，较2014年增长1 275元，增长38.7%；后者2019年达到4 667元，较2014年增长1 366元，增长41.4%。外出农民工月均收入为4 427元，比上年增加320元，增长7.8%；本地农民工月均收入为3 500元，比上年增加160元，增长4.8%。此外，2019年，外出农民工月均收入比本地农民工多927元，增速比本地农民工高3个百分点。分区域看，尽管东部及中部地区农民工月收入增速整体较快，分别达到6.8%、6.3%，但呈现回落趋势，西部及东北地区农民工月收入增长加速，分别较上一年提升0.6和3.8个百分点。

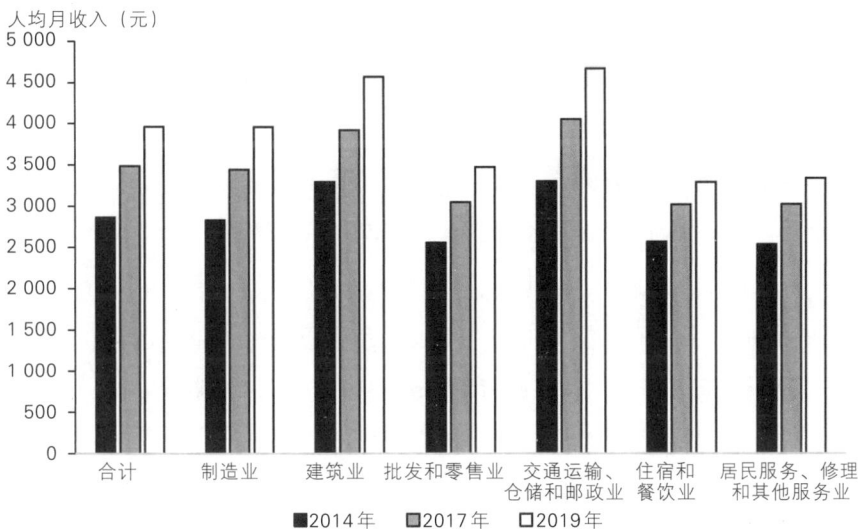

图 3-23　2014年、2017年、2019年分行业农民工人均月收入

资料来源：2014年、2017年、2019年《农民工监测调查报告》.

第五，农民工社会融入水平不断提升。随着新型城镇化建设的推进以及全民社会保障体系的不断完善，进城务工的农村劳动力的社会融入水平不断提升，具体体现在以下几个方面：其一，从个体务工（人家分离）向举家迁移逐步转变。有配偶的农民工占比提高，2019年，在全部农民工中，有配偶的占80.2%，比上年提高0.5个百分点。其中，外出农民工有配偶的占68.8%，比上年提高0.7个百分点；本地农民工有配偶的占91.3%，比上年提高0.5个百分点。随迁儿童入学比例升高，其中3～5岁随迁儿童入园率（含学前班）为85.8%，比上年提高2.3个百分点。入园儿童中，25.2%在公办幼儿园，比上年下降0.8个百分点；35.7%在普惠性民办幼儿园，比上年提高0.5个百分点。义务教育阶段儿童在校率进一步提高，2019年达到99.5%，比上年提高0.6个百分点，其中80%以上就读于公办学校。其二，对融入地的社会认同感和参与度不断提升。2019年，40%的受访进城务工者认为自己是所居住城市的"本地人"，比上年提高

2个百分点。从进城农民工对本地生活的适应情况来看，80.6%的受访进城务工者表示对本地生活非常适应和比较适应，其中，20.8%表示非常适应，比上年提高1.2个百分点；仅有1.1%表示不太适应和非常不适应。此外，有27.6%的受访进城务工者参加过所在社区组织的活动，比上年提高1.1个百分点，其中，3.9%经常参加，23.7%偶尔参加。加入工会组织的进城农民工占已就业进城农民工的比重为13.4%，比上年提高3.6个百分点。在已加入工会的农民工中，参加过工会活动的达到84.2%。

当然，"十三五"期间农村劳动力就业仍然面临不少挑战：

一方面，在新生代农民工占据主力的同时，年龄结构"老化"趋势开始加强。1980年及以后出生的新生代农民工逐渐成为农民工主力，占全国农民工总量的50.5%，比上年提高0.8个百分点。受农村人口结构变化、各年龄段特别是50岁以上农村劳动力非农劳动参与程度提高、农民工就地就近转移人数增加的影响，农民工平均年龄不断提高，50岁以上农民工所占比重提高较快。"十二五"以来，50岁以上高龄劳动者的比重持续上升，从2013年的15.2%上升至2019年的24.6%，增长了近10个百分点。长远来看，农村劳动力快速老龄化不仅会给未来农村劳动力就业促进工作带来更大的压力，伴随劳动力老龄化而出现的医疗、养老及住房等社会保障问题也将对当前我国仍然薄弱的农村社会保障体系带来更为严峻的挑战（见表3-10）。

表3-10　　　　　　2013—2019年农民工年龄结构变化　　　　　单位：%

年龄	2013年	2014年	2015年	2016年	2017年	2018年	2019年
16～20岁	4.7	3.5	3.7	3.3	2.6	2.4	2.0
21～30岁	30.8	30.2	29.2	28.6	27.3	25.2	23.1
31～40岁	22.9	22.8	22.3	22.0	22.5	24.5	25.5
41～50岁	26.4	26.4	26.9	27.0	26.3	25.5	24.8
50岁以上	15.2	17.1	17.9	19.1	21.3	22.4	24.6

资料来源：2013—2019年《农民工监测调查报告》.

另一方面，农民工整体受教育水平仍然偏低，技能培训短板凸显。"十三五"期间，尽管全部农民工中拥有大专及以上学历的比重从2016年的9.4%上升至2019年的11.1%（其中，外出农民工中拥有大专及以上学历的比重更是达到14.8%，超出本地农民工近一倍），但一半以上的农民工仍然仅有初中学历，只有小学学历的比重在2019年甚至出现了一定幅度的上升，达到15.3%（见表3-11）。

表3-11　　　　　　2016—2019年农民工学历结构变化水平　　　　　　单位：%

学历	农民工合计			外出农民工			本地农民工		
	2016	2017	2019	2016	2017	2019	2016	2017	2019
文盲	1.0	1.0	1.0	0.7	0.7	—	1.3	1.3	—
小学	13.2	13.0	15.3	10.0	9.7	—	16.2	16.0	—
初中	59.4	58.6	56.0	60.2	58.8	—	58.6	58.5	—
高中	17.0	17.1	16.6	17.2	17.3	—	16.8	16.8	—
大专及以上	9.4	10.3	11.1	11.9	14.5	14.8	7.1	7.1	7.6

资料来源：2016—2019年《农民工监测调查报告》.

农民工职业技能培训覆盖水平仍然不高。2017年，接受过农业或非农职业技能培训的农民工占32.9%，与上年持平（见表3-12）。其中，接受非农职业技能培训的占30.6%，比上年下降0.1个百分点；接受农业技能培训的占9.5%，比上年提高0.8个百分点。

表3-12　　　　　　2016年、2017年农民工技能培训情况　　　　　　单位：%

务工类型	接受农业技能培训		接受非农职业技能培训		接受农业或非农职业技能培训	
	2016年	2017年	2016年	2017年	2016年	2017年
合计	8.7	9.5	30.7	30.6	32.9	32.9
本地农民工	10.0	10.9	27.8	27.6	30.4	30.6
外出农民工	7.4	8.0	33.8	33.7	35.6	35.5

资料来源：2016年、2017年《农民工监测调查报告》.

当前，农民工群体整体劳动力素质不高的现状与社会经济转型升级以及数字经济的快速兴起之间的矛盾无疑将给未来农民工就业促进工作带来更多机遇与挑战，切实提高农民工劳动技能与受教育水平、适应新经济发展需求势必将成为未来促进农村劳动力转移就业工作的重点。

3.4.2　高校毕业生

高校毕业生就业促进工作一直是我国就业促进工作的重点，"十三五"期间，国家主要从"拓展高校毕业生就业领域""引导和鼓励高校毕业生到基层就业""增强高校毕业生就业服务能力"三方面展开高校毕业生就业促进工作：既结合当前经济转型升级与高质量发展的战略需求，拓展适合高校毕业生的高质量就业岗位，又通过政府购买基层公共管理和社会服务等途径，开发基层岗位，引导和鼓励高校毕业生到城乡基层、中西部地区、中小微企业就业；此外，深入实施高校毕业生就业创业促进计划，通过"互联网+"等技术手段提升就业创业服务能力，加强就业市场供需衔接和精准帮扶。

"十二五"以来，高校毕业生不论从规模还是增长速度上都呈现逐年上升的趋势。"十三五"前期，高校毕业生增幅显著上升，2016—2017年增速达4.5%，2017年毕业生总数达735.8万人，但此后增速显著回落，降至0.7%（如图3-24所示）。

"十三五"期间，高校毕业生就业情况总体稳定。2017届大学生毕业半年后的就业率（91.9%）与2016届、2015届（分别为91.6%、91.7%）基本持平。其中，2017届本科生毕业半年后的就业率为91.6%，与2016届（91.8%）基本持平，比2015届（92.2%）略低。从就业去向来看，近80%毕业生半年后受雇于全职工作，但该比重呈下降趋势，3%左右选择自主创业，继续读研深造的意愿不断增强（10%左右），在一定程度上分流就业，促进了就业率的整体稳定。从未就业情况来看，大学生毕业半年后失业率在8%左右，总体平稳。

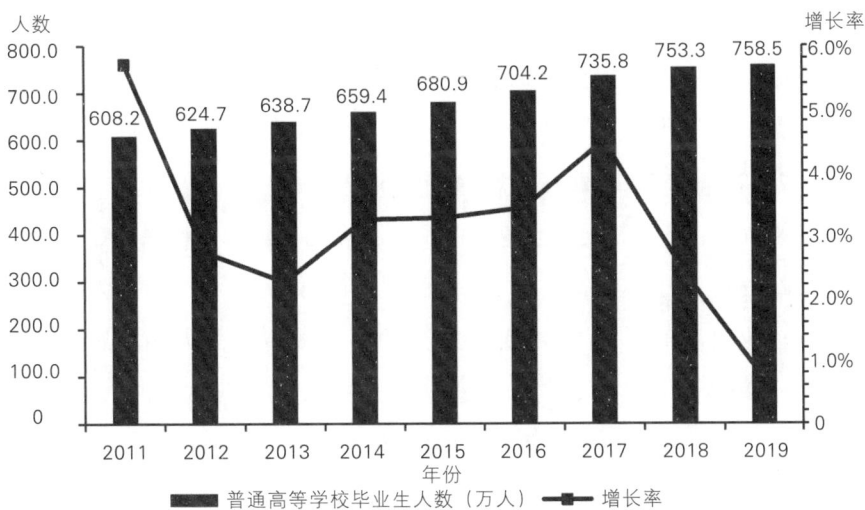

图 3-24　2011—2019年普通高等学校毕业生人数及增长率

资料来源：国家统计局.

在产业梯度转移的影响下，中西部地区对毕业生的就业吸纳能力显著上升，东部地区制造业就业人数下降与中西部地区服务业（教育、医疗、公共管理）就业人数上升趋势明显。伴随着城市化进程的深入以及中西部地区的发展，高校毕业生在中西部地区就业的比例逐渐上升，中西部地区对毕业生的吸纳能力不断增强。

教育行业成为吸纳高校毕业生就业的重要"蓄水池"。本科毕业生就业量最大的行业是教育业，且就业比例呈现持续上升的趋势，从2013届的10.0%上升到了2017届的14.7%，其中有六成左右集中在中小学教育机构。从就业状况来看，毕业生呈现"就业满意度高、专业相关度高、稳定性强"的特点。

数字经济为拉动高校毕业生就业提供新动力。媒体、信息及通信产业对本科毕业生的吸纳能力整体呈上升趋势，毕业生薪资优势明显，职业发展空间大。具体来看，在就业数量方面，毕业生在这类行业就业的比例从2013届的8.7%上升到了2017届的10.3%；在薪资方面，在这类行业就业的毕业生短期（2017届毕业半年后月收入为5 634元）、中期（2014届毕业3年后月收入为9 019元）月收入在各行业中均处于领跑地位；在职业发展方面，在这类行业就业的毕业生3年内获得职位晋升的比例逐届上升，从2012届的57%上升到了2014届的61%。

专业教学与市场技能需求直接匹配的程度仍待提升（特别是在非"双一流"院校）。以技能性较强、总体就业状况较好的工科毕业生为例，工科本科毕业生从事的工作与专业相关度呈现下降趋势，从2013届的73%下降到了2017届的71%，与非工科毕业生（从2013届的65%上升到了2017届的70%）相比优势逐渐缩小；从不同类型院校来看，一流理工科院校工科毕业生从事的工作与专业相关度（2017届为76%）明显高于其他本科院校的工科毕业生（2017届为69%）。

创新创业教育需要更加突出实践性，强调市场需求导向。激励毕业生创业要从片面强调规模向注重长期效果转化。数据显示，2014届本科生毕业半年后自主创业的比例为2.0%，毕业3年后上升到了4.1%，可见毕业中期自主创业人数增长明显。当然值得注意的是，毕业半年后自主创业的2014届本科毕业生中，有46.9%在3年后仍在继续创业，即3年内有超过半数的创业人群退出，创业失败的风险不容忽视。可见，引导学生创新创业，需更好地关注其创新能力的培养和提升。

3.4.3　过剩产能职工安置

积极稳妥化解过剩产能是全面深化改革的关键。2013年10月，国务院下发《关于化解产能严重过剩矛盾的指导意见》（国发〔2013〕41号），开始重点开展钢铁、水泥、电解铝、平板玻璃和船舶五大产能严重过剩行业的化解过剩产能工作。化解过剩产能成为我国经济调整与转型升级中的重要议题。2016年2月1日，国务院下发《关于钢铁行业化解过剩产能实现脱困发展的意见》（国发〔2016〕6号）和《关于煤炭行业化解过剩产能实现脱困发展的意见》（国发〔2016〕7号），对化解钢铁、煤炭行业过剩产能做出了全面部署。

化解过剩产能必须面对"人"的问题，即职工就业安置，因为在这一过程中不可避免地会产生职工转岗、失业、再就业等诸多难题。实现职工的平稳分流和妥善安置是化解过剩产能工作顺利推进的基本前提，也是事关社会稳定与和谐发展的关键因素。做好化解过剩产能中的职工分流安置和再就业工作是促进就业工作的重点和难点。

"十三五"期间，根据国务院化解过剩产能的方案，到2020年估计直接影响180万名职工就业，其中钢铁行业约50万人，煤炭行业约130万人。2016年，全国去产能涉及职工83.1万人，实际分流职工72.6万人，其中转岗安置和内部退养合计占55.8%（国家发展改革委等六部门《关于做好2018年重点领域化解过剩产能工作的通知》（发改运行〔2018〕554号）。以山西省为例，2016年去产能需要分流安置职工3.17万人，主要分布在大型国有煤炭和钢铁企业，实际安置率高达99.97%，其中转岗安置和内部退养两大渠道合计占87.5%。再如河北省，2016年妥善安置职工5.8万人，安置率为99.5%，其中企业转岗分流、内部退养和企业转型分别安置3.25万人、0.48万人、0.24万人，合计占比为68.4%。

从各地政府在化解过剩产能中安置企业职工的政策落实情况来看，总体呈现以下特点：一是保障政策覆盖面，即保证去产能企业的在职职工和失业人员能够切实享受相应的就业扶持政策；二是实施分类治理，即综合运用内部安置、鼓励创业、内退托底等多种政策工具，多渠道分流职工：①鼓励企业吸纳就业和内部安置，实施失业保险按规定支持企业稳定岗位政策，积极发挥失业保险预防失业、促进就业的功能；②有意愿创业的去产能企业职工和失业人员，均可享受创业扶持政策，成功促进创业带动就业；③实施内退和公益性岗位托底帮扶政策，使许多年龄大、体弱多病、就业困难的职工得到兜底帮助（见表3-13）。

表 3-13　　　　　　　　　　地方去产能企业安置职工的措施举例

企业	措施
河北开滦煤炭集团	借助资金及政策,大力发展煤化工、现代物流、文化旅游等"非煤"产业,大大提高企业分流安置职工的能力
唐山钢铁集团	转变企业经营战略,进行人力资源优化;同时加快非钢产业的发展,使其总收入占比在 2014 年就达到 60% 以上,较好地实现职工的内部转岗安置
杭州钢铁集团	明确"尽可能货币化、市场化走人,尽可能让职工有岗位"的指导思想
武钢集团	实行企业内部转岗安置、自愿离岗待退休、鼓励离岗歇工另谋出路和协调解除劳动关系等四种措施,取得了积极效果

目前,我国在过剩产能职工安置上仍然面临很多问题:

第一,从安置主体来看,去产能企业安置职工普遍存在"四偏一单一高"问题,即年龄偏大、文化程度偏低、学习能力偏差、跨区域就业意愿偏低、技能单一、就业安置期望高,就业安置难度较大。总体来看,去产能企业职工年龄普遍偏大,平均年龄在 45 岁左右,有的煤炭企业甚至接近 50 岁;以低学历为主,学习能力较差,且由于长期从事某一项工种,造成技能单一,难以满足新岗位的技能要求;多为本地户籍人员,受家庭及社交圈子的影响,跨区域就业的意愿普遍较低。以东北某国有煤企为例,2016—2017 年其关闭退出 4 个煤矿,共安置职工近 8 000 人,其中 40 岁以上占比 74%、45 岁以上占比 49%、50 岁以上占比 20%,初中及以下学历占比 73%(刘燕斌,2019)。由于工作环境问题,很多一线职工深受职业病困扰,体弱多病、家庭负担较重,转岗转业、就业创业极为困难。不少国企职工对企业还有比较严重的心理依赖,对国有身份有较高预期,对分流安置的岗位有较强的攀比心态,积极主动意识较差。这一系列基本特征,都严重阻碍了去产能企业职工通过市场化方式实现再就业,加大了就业安置的难度。

第二,从地区分布来看,去产能重点地区大多产业结构单一、经济发展动力不足，不仅就业渠道窄、承载能力有限，而且政府和企业面临沉重的资金压力。具体来说：一是去产能重点地区其他产业普遍萧条，分流职工缺乏就业渠道，一些职工在企业内处于隐性失业状态，补助水平低，家庭生活困难。二是地方财政收入减少或增速下降，直接影响地方政府的一般公共预算支出，造成政府安置职工能力下降，难以安排足够的去产能职工安置配套资金去支持企业转型发展、职工安置、组织开展技能培训等工作。三是去产能企业在生产经营中普遍面临人多岗少、债多利少、费多钱少的问题，企业自身安置职工的资金压力较大。

第三，从政策落实情况来看，政府对去产能企业的就业安置激励不足、政策资金落实不到位等问题比较突出。当前政策更强调"稳岗"，将"企业内部安置"放在更加突出的位置。尽管相关政策鼓励企业吸纳受化解过剩产能影响的职工，但企业只有吸纳了受影响职工中的就业困难人员才可以享受相应的社保补贴，因此这些政策对企业的吸引力不强。从政策资金上看，职工安置资金筹措不足和专项奖补资金使用困难的问题比较突出。根据现行职工安置政策，职工安置经费一般由中央财政、省级财政、市（县）级财政和企业自筹四个方面筹集。在实际操作过程中，中央财政资金保障有力、拨付及时；省级配套资金的拨付差异较大，有的省份因财力困难难以安排配套资金；重点去产能市（县）级配套资金往往存在数量少和到位难的问题，有的地方，特别是在一些钢城、煤城和资源枯竭型城市，甚至没有设立专项配套资金；去产能企业由于经营状况不佳，普遍存在自筹经费困难的问题。因此，企业职工安置实际所需的经费与实际筹集到的资金之间的缺口巨大。

第4章

评估结论

4.1 总体定位

《"十三五"促进就业规划》是在新时代全面深化改革的战略背景下制定并实施的,呈现以下特征:在民生("最大的民生")与经济发展("经济发展最基本的支撑")层面赋予就业更加重要的战略意义;更加注重强调创新(数字经济)创业对就业的拉动作用;更加突出市场的决定性作用,政府职能转向服务、协调与监管;更加注重劳动力素质与就业质量的全面提升。

4.2 目标达成

4.2.1 就业规模与质量

就业规模稳步增长,增速回升。截至2019年,累计城镇新增就业人数达5 378万人,超过规划预期目标(5 000万人以上);城镇登记失业率降至3.6%,低于5%的目标值。就业结构持续优化,第三产业从业人员比重稳步上升,达到47.4%;城镇就业人员所占比重不断提高,达到57.1%。就业质量进一步改善,企业劳动合同签订率稳定保持在90%以上。《中国劳动力动态调查:2017年报告》显示,雇员阶层劳动者权益整体达到"合格"水平,但在劳动报酬、社会保障、工会组织、劳动自主方面有待进一步提升。

4.2.2 人力资源结构与劳动力素质

人力资源结构有所优化，2018年中国技能劳动者达 1.65 亿人，高技能人才达 4 791 万人，占技能劳动者总数的 29%。劳动力素质提升，劳动年龄人口平均受教育年限从 2011 年的 9.56 年提高到 2016 年的 10.01 年。中国人力资本指数评分为 67.72，在全球 130 个国家和地区里排名第 34 位。

4.2.3 创新创业的就业促进效果

地方政府高度重视强化创新创业的就业带动作用，不断优化政策环境（2016—2019 年，地方出台就业促进政策 1 100 多条，与创新创业相关的高达 40%，仅公共就业服务机构服务创业人员就达 410 万人）。创新驱动下新业态岗位创造力不断提升，特别是以"共享经济平台"（2017 年，中国共享经济平台企业员工数约为 716 万人，参与提供服务者人数约为 7 000 万人，例如，美团 2018 年吸纳就业 270 万人，滴滴 2016—2017 年吸纳就业 2 108 万人）与"网络零售平台"（阿里巴巴零售平台 2018 年创造就业机会 4 082 万人）为代表的数字经济新业态的就业促进效果明显。大众创业势头依然强劲，2018 年，新增私营企业及个体工商户 1 066.5 万户，新增就业人数 3 247.9 万人。

4.2.4 人力资源市场发展情况

一是市场规范化程度不断提升。政府更加重视通过制度建设消除阻碍人力资源有效配置的诸多分割因素，强化市场机制。

二是产业化程度不断提升。自 2014 年人社部《关于加快发展人力资源服务业的意见》出台以来，中国的人力资源服务产业进入快速发展阶段，逐步形成形式多样、内容完备的产业生态。

三是产业规模迅速扩大。中国人力资源服务市场的规模由 2013 年的约 1 584 亿元增至 2017 年的 3 436 亿元，复合年增长率为 21.9%，从业人员规模在 2017 年达到 58.37 万人（目标值为 60 万人）。

4.3 主要问题

"十三五"期间，我国就业促进工作主要存在以下问题：

就业难、招工难并存的结构性矛盾仍然突出。劳动力市场岗位需求缺口在 2016 年二季度之后出现大幅度增长，到 2018 年一季度达到 107.9 万人。特别是，高级工程师和高级技师求人倍率超过 2.0。国家统计局公布的调查失业率及国际劳工组织估计的标准失业率均为 5%～6%，呈总体上升趋势，女性与低教育群体失业问题更加突出。基于调查数据估计的拓展失业率超过 10%。

在新旧动能转化背景下，劳动力素质短板日益凸显，劳动力素质仍有很大的提升空间。2016 年，中国初中文化就业人员比重仍高达 43%，拥有大学本科及以上学历的就业人员占 8.5% 左右。高技术从业人员占比较低，全球排名第 97 位；高等学历人口就业率不足 50%，全球排名第 61 位（世界经济论坛，2017）。劳动力素质的城乡、地域、性别差异仍然十分突出，特别是城乡差异呈扩大趋势。2016 年，城镇劳动力人口平均受教育年限、大专及以上学历人口占比以及人均人力资本存量较农村分别高出 2.7 年、37.2% 和 30.05 万元。

新就业人员劳动权益、司法救济及社会保障亟待完善。数字经济影响下的新就业所采用的诸多新型用工模式大大超出传统用工范畴，随之而来的劳动权益及司法救济问题也日益突出。此外，面对越来越多游走于现行劳动用工与社会保障制度"保护范围"之外的网约工群体，亟待建立起适应新就业形态的劳动用工与社会保障制度。

公共就业与培训服务供给水平与服务效能有待提升。公共就业服务在规模和效能上并没有明显的提升。"十二五"以来，在失业率没有显著下降的情况下，公共就业服务规模呈下降趋势。统计显示，所有登记求职人员中接受公共就业服务指导的人数从2011年的2 363.9万人降至2016年的1 684.6万人，公共就业服务指导率在40%左右。劳动力不论是受训比重还是资质获取情况都处在较低水平，培训形式仍以短期培训与初、中级资格培训为主。

重点人群特别是去产能企业职工安置与保障政策的落实有待加强。安置主体年龄高、技能低，安置企业经济效益不佳，安置地区经济动力与财力不足等问题普遍存在。政府对去产能企业的就业安置激励不足，政策资金落实不到位等问题比较突出。

4.4　应对思路

面对"十三五"期间我国就业促进工作所取得的成就以及存在的问题，接下来的就业促进工作的应对思路可以从以下几个层面展开：

4.4.1　战略定位层面

在战略定位上，对当前及未来中国就业的新形势与国际就业促进战略新经验，可以从"一个背景""三个趋势""三个维度"去把握：

一个背景是指，数字技术兴起、数字经济蓬勃发展的新背景。中国数字经济规模持续扩大，产业数字化成为数字经济增长主引擎，数字经济内部结构优化。数字经济的蓬勃发展给就业领域带来了深远影响：数字技能成为基本就业技能；就业方式越来越弹性化；数字技术与实体经济的深度融合催生出许多新产业、新业态和新模式，继而创造大量的就业机会；产业就业结构和区域就业结构受到显著冲击，第三产业的就业比例将持续上升；非标准就业（nonstandard employment）群体的整体就业质量较差，在劳动力市场中处于相对弱势的地位。

三个趋势包括：其一，就业政策定位从具体领域的社会政策向服务于宏观调控升级。2018年12月召开的中央经济工作会议明确了以"稳就业、稳金融、稳外贸、稳外资、稳投资、稳预期"为重要方面和主要内容的总目标。2019年3月，李克强总理在政府工作报告中提出首次将就业优先政策置于宏观政策层面，这意味着就业目标以及劳动力市场各类信号将同财政、货币及金融等政策一样，被纳入宏观经济政策中予以考量、决策和执行。

其二，就业主导产业从劳动密集型制造业、建筑业向劳动密集型服务业转变。2013年，制造业就业人口见顶下滑，产业结构转型推动服务业快速发展，服务业发挥越来越重要的就业"稳定器"功能。"十二五"至"十三五"期间，服务业就业人口年均新增1 309万人，吸纳了大量制造业流出的劳动力。尽管劳动密集型服务业在吸纳就业方面发挥日益重要的作用，但是，一方面，在经济发展水平尚不高的情况下，制造业就业人口的过早过快下滑现象值得警惕；另一方面，服务业就业仍以劳动密集型服务为主，其吸纳就业能力的稳定性值得警惕。以近年来吸纳就业人口较多的平台经济领域为例，许多互联网企业仍处于亏损和"烧钱"阶段，相关就业岗位有"虚高"的成分；互联网金融、网络直播、网约车等行业都曾因宽松的监管吸纳大量就业人口，但随着监管收紧，其就业人口增长的不确定性加大。

其三，人口老龄化加速劳动人口结构转变。人口结构转型加速，快速老龄化使得中国面临更加严峻的劳动力供给减弱与老化挑战。与此同时，无论分城乡、分性别、分地域还是限制年龄组，劳动参与率均呈现出下降趋势，传统上认为的我国劳动参与率显著高于世界其他地区的状况正在消失。

三个维度指的是"促进高质量工作机会蓬勃发展的环境"（more and better jobs）、"防止劳动力市场排斥并保护个人免受劳动力市场风险的影响"（resilience and adaptability）、"建设具有更强适应性与包容性的劳动力市场"（labour market inclusiveness）。这三个评估就业政策实施效果的维度已经成为国际社会应对就业挑战的普遍共识。

近来，包括"数字经济对就业的正（促进就业）反（非标准工作挑战雇佣关系、加剧就业极化）效应""工资增长乏力与不平等加剧（中等工资和中等技能工作逐渐消失）""老龄化对劳动力供给及劳动力市场的挑战""加强就业领域的社会安全网（social safety nets）建设""就业中的性别不平等"等议题引起国际社会的高度重视，特别是数字经济对就业的影响及其应对，成为近期讨论的热门话题。

欧盟各国高度重视数字经济下的新就业形态，特别是以平台工作（platform work）为代表的非标准工作（non standard work）。面对新就业形态的影响，欧盟委员会呼吁欧盟各国提升劳动力市场的灵活性，并考虑为其中一些新的就业形式提供新的法律框架（或加强现有的法律框架），以保护就业关系中谈判能力较弱的一方。英国、德国、美国更注重提升劳动力市场包容性，消除就业差距。为了缩小不同群体的就业差距，提升弱势群体的就业技能，各国均出台了多项措施或法案。提升就业的数量和质量是法国政府近年来关注的重点。法国新劳动法在失业保障、员工培训、简化劳资谈判程序等方面做出了详细规定。国际劳工组织在减少劳动力市场中的两性不平等以及激活老龄化劳动力的适应能力方面提出了政策建议，如建议各国颁布促进男女平等分担照料责任的政策、鼓励老年工人参加培训和技能更新计划等。

4.4.2 框架和工作内容规划层面

首先，从接下来就业促进工作的总体设计框架来看，应强化与国家中长期战略规划的衔接，这不仅对明确"十四五"规划的基本方向与内容有着重要的意义，也是建立就业促进长效机制的根本依据。从国家中长期战略规划相关内容来看，最重要的内容就是人才培养与建设，这是解决就业结构性矛盾、为经济转型提供人力资本支撑的根本。具体来说，在方向上，健全多层次人才培养体系、加强制造业人才发展统筹规划和分类指导是主线；在措施上，深化教育体制改革是根本。与此同时，应致力于建成服务全民终身学习的现代教育体系，形成全社会共同参与的教育治理新格局。

在基本原则的制定上，除了强调"质与量""供与需""政府与市场"之外，建议注重"兼顾短期就业平衡与劳动力市场长期发展之间的关系"，既要避免由"目标导向"（target setting）带来的地方短视行为（过度运用行政化命令），又要提高与国家中长期发展战略规划的有效衔接，促进劳动力市场机制更好地发挥作用。

在结构的设计上，建议在围绕"供给、需求及市场"三个基本维度进一步明确规划内容布局的基础上，增加"就业保护"（就业权益保障）部分的内容。与《"十二五"规划》相比，《"十三五"规划》主要围绕"就业岗位需求"（增强经济发展创造就业岗位能力、提升创业带动就业能力）、"劳动力供给"（强化劳动者素质提升能力）以及"人力资源市场"（提高人力资源市场供求匹配能力）三方面展开，结构性更强。

在对新形势与新趋势的反映与预判上，建议从各个方面体现对"数字经济"就业促进（培育新经济、新业态）、保障（新就业形态——非标准就业）以及人才培养（数字技术人才）内容的重视。

其次，在接下来就业促进工作的内容设计上，建议从以下方面着眼：

推进建设与数字经济发展相适应的、更具包容性与灵活性的劳动用工及社会保障制度。重视在数字经济推动下，劳动世界转变的新趋势（从岗位市场、劳动力市场、劳动关系转向工作市场、人力资本市场、人力资本关系）。按照审慎包容监管、增强劳动力市场灵活性的要求，切实落实《关于发展数字经济稳定并扩大就业的指导意见》，推动完善劳动法律法规，及时完善新就业形态下的劳动用工政策与社会保障体系，切实维护劳动者合法权益，推动"全民参保计划"。

在推进创新创业拉动就业即需求侧继续发力的同时，更加注重从提升劳动力质量、发掘劳动力工作潜能、积极开发老年人力资源等方面增加劳动力的有效供给。重视劳动力年龄老化的趋势，加强和完善高龄劳动力素质提升与就业环境改善措施，通过退休（灵活退休制度）、生育（全面放开生育）制度改革，以及依靠技术进步，建立更加多样、稠密的工作市场，提升劳动参与率。

推动建设更加公平可及的公共就业与培训服务体系。提高公共就业服务与培训效能，特别是加强对农民的职业教育与技能培训，引导人力资源服务产业向农村"进军"，缩小城乡间人力资本差距。充分利用现代移动互联网技术，提高劳动力职业教育与培训服务的可及性，缩小人力资本的地区差距。

防范新旧动能转化过程中因就业极化、摩擦性失业等问题引发的新的社会风险。加强"工作保护型"社会安全网建设，通过向劳动者提供更加丰富的"就业指导与培训服务包"，以及不断增强劳动力流动性等途径，切实提升个体应对失业风险与成功再就业的能力。此外，注重增强更加适应新经济下就业形态的就业监控与预测能力。

4.4.3 政策执行层面

一方面，考虑到就业政策定位的升级（同财政、税收、货币等政策一样成为宏观经济调控的重要工具），建议在规划中（保障体系与组织实施部分）突出建立完善就业促进协同机制的重要性。其一，突出建立劳动力市场综合数据采集与指标监测机制的重要性与迫切性（强调就业指标作为宏观经济调控的主要瞄准指标的重要性）。其二，在加强数据监测与数据联动的基础上，理顺各个相关部门，特别是宏观经济综合管理部门与劳动力市场运行与管理部门之间的职能划分，充分发挥"就业部际联席会议"的作用，切实加强部门间的协同。其三，在理顺部门职能划分与强化协作的同时，注重发挥就业促进政策制定与实施过程中的协同效应。

另一方面，突出建立就业政策实施效果科学评估机制，不断提高就业政策实施的精准性。其一，完善就业促进公共财政支出的绩效评估。其二，明确失业性质，实施分类管理，提高政策瞄准精度。按照形成机制的不同，失业可以分为总需求不足产生的周期性失业、经济结构调整产生的结构性失业以及劳动力市场运行不畅导致的摩擦性失业。根据测算，当前中国经济的潜在增长水平在6.2%左右，与实际增长水平接近，总供给与总需求大体保持平衡，失业率水平与自然失业率水平接近。因此，总体来看并没有出现明显的周期性失业（不排除局部地区出现周期性失业），不必以刺激短期需求的方式维持劳动力市场平衡。由于当前的实际失业率水平与自然失业率接近，失业的主要构成仍以结构性失业和摩擦性失业为主，特别是结构性失业问题最为显著。

结合当前的经济形势，造成结构性失业的原因主要有两个方面：一是实施供给侧结构性改革，推动经济结构的调整和升级，使劳动力成本上升，企业根据要素价格的变化重新配置资源等主动的结构性调整，可能会产生局部或区域性的结构性失业；二是外部环境冲击和不确定性的增加，可能对部分企业和行业的生产经营产生影响，造成产出的波动，并导致就业岗位的损失。因此，在就业促进政策的规划中，应该注重从提高劳动力素质、增加高技术劳动力供给等长效机制，应对结构性失业问题；通过强化劳动力市场机制、消除劳动力市场流动性障碍以及积极推动人力资源服务业等途径，提高劳动力供需匹配效率，降低摩擦性失业风险。与此同时，财政、货币等宏观经济政策，可在刺激需求、应对周期性就业方面发挥积极的作用。

下 篇

促进就业政策展望：趋势、方向与重点工作

第5章

迈向新的工作世界 —— 全球趋势与国内现状

5.1 全球就业驱动因素

放眼全球，我们的"工作世界"（working world）正发生深刻的变化。技术进步与数字化转型、全球经济贸易一体化、人口老龄化，以及新的商业组织模式和日益多样的工作偏好，如同"双刃剑"一般，在"创造"与"破坏"中不断重塑着传统的劳动关系与劳动力市场。它们不仅构成了我们理解当下乃至未来工作世界发展趋势的基本视角，也是各国政府制定和实施就业促进政策必须面对的关键问题与挑战。

5.1.1 技术进步

在过去的二三十年里，技术进步正以前所未有的速度渗透到我们的工作世界中（OECD，2019）。其中，工业机器人与信息和通信技术（ICT）在工作（生产）场所的快速普及尤具代表性。国际机器人联合会（International Federation of Robotics，IFR）的数据显示（如图5-1所示），2001—2017年，工业机器人的订单增加了5倍（IFR，2017）。这一趋势不仅预计将进一步加速，而且开始向制造业之外大范围蔓延（Browne，2018）。此外，1995—2007年，全球的信息和通信技术服务规模增长1倍以上。匈牙利、日本和斯洛文尼亚，ICT水平在此期间增长了150%，荷兰、德国的增幅高达300%，美国、英国更是超过350%（OECD，2019）。

供应量（千台）

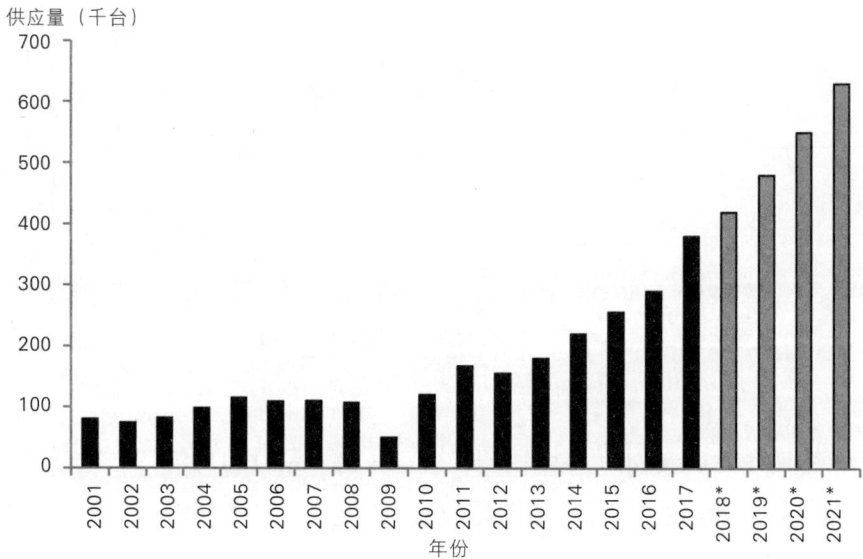

图 5-1　全球工业机器人年供应量

* 表示预测值。

技术进步的浪潮引发了人们对技术替代甚至破坏就业的普遍担忧。实际上，这种担忧由来已久，早在20世纪30年代，凯恩斯就曾发出过"技术失业"的警告。几十年后，美国前总统约翰·肯尼迪不仅在劳工部成立了自动化和人力资源办公室（Office of Automation and Manpower），更将"在自动化正在取代人工的时候保持充分就业"视为20世纪60年代联邦政府在国内面临的重大挑战之一。时至今日，技术进步的速度和强度早已今非昔比，人工智能的快速发展更是极大地拓展了机器可以执行的任务范围。在这样的背景下，诸如劳动力收入在国民收入中占比的普遍下降，资本向采用人工替代型自动化系统的"超级公司"集聚等迹象无疑让越来越多的人相信新一轮技术浪潮可能会对就业造成更具破坏性的后果（Brynjolfsson & McAfee，2011；Mokyr et al.，2015）。

尽管如此，国际主流政策及学术界在技术进步与就业关系的讨论上仍然普遍抱持审慎而积极的态度。他们认为，近年来，不论是发达国家还是发展中国家，就业规模不仅没有因为技术进步与大规模扩散而出现明显的下降，反而呈总体上升的趋势。因此，技术进步对就业绝不是单向替代，二者之间完全能够达成"加和"而非"零和"的关系（Autor & Salomons，2018；Acemoglu & Restrepo，2018；Acemoglu & Restrepo，2017；Bessen，2017）。

具体来说，在技术进步的推动下，经济的快速增长有助于创造更多的就业机会。一直以来，技术进步都被视为推动经济增长的关键动能。通过有效提升生产率，在技术进步的刺激下快速增长的商品和服务市场需求，是创造更多就业机会的重要前提。全球范围内平台经济的蓬勃发展就是一个技术刺激需求的典型例子。平台协调特定商品和服务的市场供应与消费者需求，通过算法技术为每笔交易提供即时价格。这种全新的技术模式提供了一种市场协调的高效替代形式，极大地刺激了市场对商品与服务的需求，由此衍生出的一系列新兴产业创造了大量的就业机会。例如，中国人民大学劳动人事学院课题组（2019）研究发现，2018年阿里巴巴零售平台创造了4 082万个就业机会，除了各类数字平台自身直接解决的就业量之外，还创造了服务新消费就业机会1 363万个，其中"线上劳务交易型"就业机会230万个（仅为1—6月通过接单在饿了么平台获得收入的注册骑手数量），"线上服务产品交易型"就业机会324万个，"商户展示关联型"就业机会792万个。不仅如此，从全产业链来看，通过提高生产率和降低价格，某些新技术在部署时会对其他行业的就业产生积极的"外部效应"。例如，自动化可以降低下游产业的投入成本，带动这些产业的产出和就业增长。消费品和大宗生产资料的供应商，通过在运输、包装、库存管理等方面引进自动化等新技术降低物流成本，使得下游企业能够降低自己的商品价格，商品需求增加，从而激励它们雇用更多的人（Autor & Salomons，2018）。

更重要的是，技术创新本身就能直接创造新的工作形态与岗位。例如，打车软件开发技术，既改善了司机和乘客之间的匹配过程，降低了打车服务成本，也创造了"网约车司机"这样的新岗位，相比于该技术对传统出租车行业的冲击，它所带来的对打车服务的额外需求无疑能够创造更多的工作岗位（Hathaway & Muro，2016）。莫雷蒂（Moretti）的研究也表明（2012，2010），信息和通信技术部门创造就业机会可以在当地劳动力市场产生巨大的乘数效应（例如，当地社区的一家高科技公司每增加1个就业机会，就会在同一社区创造5个高科技以外的额外就业机会）。近年来出现的诸如社交媒体经理、物联网架构师、人工智能专家、用户体验设计师等职业也是新技术应用与创新带来的结果。

当然，尽管技术进步能够通过上述途径对就业产生积极的促进作用，但这并不能掩盖"技术失业"风险的普遍存在。重要的是，由技术进步所创造的就业机会同它对人工的替代并不是对等的，这使得"技术失业"风险在国家、地区和人群之间的分布并不均匀。例如，工业机器人主要影响制造过程，它们所替代的通常是执行常规机械任务的工人（Autor，2015）。而新的就业机会更多出现在服务部门。可见，这种非对称的"创造"与"破坏"效应如果得不到有效的政策引导与保护，无疑会加剧劳动力市场的分化，这反过来将阻碍潜在的消费、生产力和经济增长（OECD，2015）。

5.1.2 数字转型

技术进步推动了全球社会经济形态的数字转型。数字经济给我们的工作世界带来了巨大的影响。以美国为例，近年来，数字经济对美国就业及薪资水平的拉动能力不断提升。自2011年以来，美国数字经济就业以每年平均3.7%的速度快速增长（经济增长率大约为1.7%）。到2017年，数字经济已经为美国510万个就业岗位提供支持，约占美国就业总数（1.521亿个就业岗位）的3.4%，与运输和仓储业相当。数字经济从业人员的平均年薪为13.2万美元，超出全美平均年薪水平（6.8万美元）近一倍（美国经济分析局（BEA），2019）。从各州的情况来看，数字经济的发展水平尽管参差不齐，但数字化程度与本州薪酬中位数之间呈现出强正相关性，数字化程度越高，薪酬中位数水平越高，劳动者掌握的数字技能越强，他们的薪酬也越高（布鲁金斯学会，2017）。

尽管不同行业的数字化程度不同，但服务导向型的就业趋势已经成为美国、欧盟等经济体数字经济就业的一大特征。特别是专业服务业、科学技术服务业、媒体、金融和保险业等数字化进程最快，诸如公共事业、油气开发和先进制造业等资本密集型行业次之。此外，许多原本数字化程度不高、劳动密集型的传统行业，诸如教育、交通、仓储和建筑业也开始大量快速采用数字技术。美国经济分析局2016年的报告显示，在所有数字经济从业者中，88.2%集中在以计算机系统设计及相关服务、电子商务零售、广播和电信为主的服务性行业。此外，计算机及电子产品制造业创造的数字经济工作岗位达到57.2万个（BEA，2018）。

数字经济使得行业"数字密集化"的趋势不断加强。原本高度数字化的职业变得更加数字化。原本中度数字化的职业开启数字化转型，其中很多甚至转为"数字密集型"职业，例如化学工程师、精算师、财务经理、一线的办公室管理人员和行政人员。原本数字化程度低的职业以及一些如家政服务员、焊工、卡车司机等不需要太多数字技能和教育背景的传统职业，逐步升级为中度甚至高度"数字密集型"的职业。

在这样的背景下，行业的"数字密集化"使得劳动力市场对数字技能人才的需求大幅提升。研究表明，数字革命对创造就业做出了重大贡献：在过去10年中，OECD国家每10个工作岗位中就有4个是在"数字密集型"行业创造的（OECD，2019）。在美国，2002—2016年间，数字技能人才需求迅速上升，其中高数字技能水平工作需求占总需求的比重从2002年的4.8%上升到2016年的23%；中等数字技能水平工作需求占比也从39.5%上升到47.5%。相比之下，不需要数字技能类工作需求呈下降趋势，从55.7%下降到29.5%。按绝对值计算，有3 200多万人受雇于高度数字化的工作，而另有近6 600万人从事中等数字化的工作，只有4 100万份工作需要低数字技能。换句话说，美国自2010年以来创造的1 300万个新就业岗位中，有近400万（30%）需要高水平的数字技能，近2/3的新工作需要高水平或中等水平的数字技能（BEA，2019）。

当然，数字经济对工作世界而言总归是把"双刃剑"。近年来，国际政策与学术界对数字经济负面效应的警惕与担忧也不断加强。一方面，数字技术的广泛应用很可能会加速工作的两极分化。例如，不少研究发现，数字技术的快速发展会加剧工资两极分化，即中等收入人群比例下降，低收入和高收入人群比例上升。中高收入工作对受过高等教育的工人需求越来越大，低收入工作也是如此。工人往往集中在工资分配的极端。"中等水平工资"的下降意味着工资水平的两极分化，而不是普遍的升级。另一方面，数字经济不断挑战传统劳动者权益保障体制。许多平台工作者是自雇者，很难根据平台工人的就业状况对其进行分类。因此，平台工作者可能不受目前的社会保障制度的保护，其不被视为雇员，且这种异质性也对现有监管框架提出了挑战。匮乏的社会保障制度，以及低工资水平，可能使平台工作者成为劳动力市场上最脆弱的群体之一。

不仅如此，数字经济带来的深层次影响在于它对"工作"本身的重塑。这具体表现在：其一，数字经济促进"岗位市场"向"工作市场"转变，即传统意义上每天工作8小时、签订固定或是无固定期限劳动合同的岗位市场，将在数字经济的影响下转变为分解程度更细化、工作时间更短（1小时甚至更短）的以工作契约或合作关系为主的工作市场。在工作市场中，岗位和人往往被拆开来分别加以考虑，人事分离状态被不断强化，地理或物理边界却被不断弱化。其二，"劳动力市场"向"人力资本市场"转变。劳动力市场通常指的是资本雇用劳动，这里的劳动力往往被认为是同质的，处于被动选择的状态。在数字经济影响下，人力资本市场更注重人力资本的异质性，个人主动选择成为就业新趋势，劳动者也可将自身的财产转化为某种程度上的资产，这些新转变都属于人力资本市场的重要特征。其三，"劳动关系"向"人力资本关系"转变。数字经济还将深刻地影响劳动关系的变革，数字技术的应用促使传统的劳动关系、雇佣关系转变为工作关系，再由工作关系转变为合作关系（例如平台经济里平台与平台从业者之间就是一种常见的合作关系），最后到合伙关系（杨伟国，2019）。

5.1.3 经济全球化

随着新技术的扩散与传播，全球经济一体化程度不断加深。近几十年来，不仅发达国家的国际贸易量持续上升，许多新兴经济体也成为世界市场的主要参与者。与此同时，国际工业生产日趋一体化，各国在生产领域中的协作与分工造就了密切联系的全球价值链。产品、服务、金融和技术市场的一体化进程从根本上影响着世界各地的劳动力市场。

经济一体化极大地推进了各国在"生产什么"和"如何生产"方面的专业化进程，从而直接影响劳动力市场对本国劳动者技能和工作类型的需求。这样的影响有积极的一面，如贸易全球化通过降低生产成本、提高产品质量和开拓新的海外市场创造更多的就业机会与更高的劳动收益。据估计，2014年OECD国家平均有42%的企业部门工作由外国的市场消费所支撑（OECD，2017b）。

当然，全球化对某些职业和地方劳动力市场的负面影响也不容忽视，这些影响往往与民众对自动化的恐惧交织在一起，成为反对全球化的重要理由（OECD，2017a）。例如，更高的贸易开放程度和全球价值链的一体化可能会增加由离岸外包造成的就业流失风险，即很多公司会利用全球价值链抛弃劳动标准较高的国内工人，并将生产转移到劳动标准较低的地区。不仅如此，为了在国际竞争中获得更好的比较优势，很多国家会采取"逐底竞争"（run to bottom）的策略，竞相降低本国社会保障水平，以减少企业成本，促进出口（Acemoglu & Autor，2010；OECD，2017b）。此外，当本国经济深深地嵌入在全球经济网络中时，势必将大大增加国际社会经济波动带来的危机与挑战，从而进一步加剧失业风险与福利保障的不确定性。

5.1.4 人口老龄化

随着技术进步与医疗卫生条件的不断改善，总和生育率持续下降、人均预期寿命不断延长，全球人口老龄化的进程加速。劳动力市场的转变也正是在发达经济体和一些新兴经济体人口迅速老龄化的背景下发生的。统计显示，OECD各国的出生时平均预期寿命从1965年的69岁增加到2015年的80岁。1980年，OECD国家平均每100名工作年龄（20~64岁）人口负担大约20名65岁及以上老人；到2015年，老年抚养比上升到28人，预计至2050年将几乎翻一番（OECD，2017c）。人口快速老龄化的挑战在希腊、意大利、日本、韩国、葡萄牙和西班牙以及中国尤为严峻。相比之下，诸如印度尼西亚、南非和印度等新兴经济体尽管仍可充分利用人口红利来促进经济增长，但也要为应对未来的老龄化挑战做好准备。

人口老龄化对劳动力市场的影响是多方面的。人口老龄化会直接影响劳动力的供给。在人口结构日益老化的国家，随着退休老人数量相对于新进入劳动力市场的青壮年数量更快地增加，劳动年龄人口的相对与绝对规模也将随之下降。事实证明，为了应对劳动年龄人口缩减导致的"用工荒"，一方面，技术创新与自动化将在生产和生活领域得到大规模的应用。Acemoglu & Restrepo（2017）研究发现，人口老龄化非但不会抑制，反而会刺激经济增长。这是因为，为了填补人口老龄化造成的人工缺口，越是老龄化速度快的国家就越倾向于在生产领域推动自动化等技术创新，从而使得生产率得到进一步的提升，促进经济发展。

另一方面，更为宽松的移民政策也将被广泛采纳以吸引海外工人。2017年，全世界约有2.58亿国际移民，其中约有一半生活在OECD国家（OECD，2018a）。为了填补技能短缺，2016年OECD国家总共引进400多万名临时外国工人，另有300多万名国际留学生进入高等教育机构就读。移民的加速流动可能会从根本上改变发达经济体人口与劳动力市场结构。

不仅如此，人口老龄化也会通过影响消费结构改变劳动力市场。当社会中老年人口越来越多的时候，消费需求就会从诸如汽车、房屋等耐用品逐渐转向医疗、护理、保健等服务。这种消费结构的变化，在刺激医疗等服务业领域就业增长的同时，也会对诸如汽车等传统耐用品生产制造业产生不利的影响，进而抑制这些领域的就业增长。高龄劳动者的就业问题也将随人口老龄化的加剧而日益凸显。劳动年龄人口日趋老化，45~64岁的高龄劳动者的比重不断增加。一方面，这一群体会面临更高的失业风险，而对他们来说，如何经过有效的再培训实现再就业无疑是一个巨大的挑战。另一方面，高龄劳动者的增加也对既有的工作环境、保障以及职能分工提出更高的要求（OECD，2005；OECD，2018b）。

5.2 全球就业趋势判断

5.2.1 技术进步会带来就业挑战，但危机不应被过分夸大

在技术创新与经济全球化进程日益加快的今天，人工智能和数字转型早已渗透到工作世界的方方面面。不少国际媒体和学者对全球就业前景表达出深深的忧虑，认为以人工智能与自动化为代表的新一轮技术进步可能会在未来几十年内摧毁全球近一半的工作岗位（Brynjolfsson & McAfee，2011；Mokyr et al.，2015）。尽管如此，过去的经验告诉我们，重大技术革命对就业影响的"净效应"始终是积极的。对于未来，几乎可以肯定的是，没有任何确切的迹象表明技术进步对就业的积极影响趋势会发生根本性的改变。虽然某些类型的工作正在消失，但新的工作形式也在新技术的刺激下不断涌现，全球就业规模持续增长的趋势并没有发生根本性的转变（OECD，2019）。

在欧洲，2017年有近2.36亿人就业，自2002年以来累计增加了1 950

万人，特别是女性和高龄劳动者的就业更是有了明显的增加（EU，2018）。OECD的数据也显示，尽管全球金融危机对就业的消极影响持续存在，但大多数OECD国家的就业率都处于历史高位，平均失业率已恢复到危机前的水平（Nedelkoska & Quintini，2018）。事实上，根据OECD的估计，未来在发达经济体中，大概有14%的现有工作岗位会面临完全自动化的风险，这并不像一些学者预测的那么悲观（如图5-2所示）。[1]

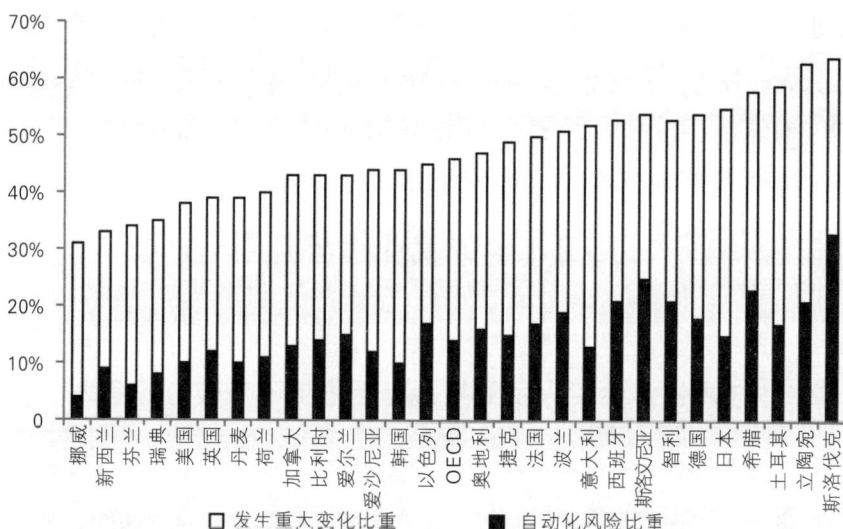

图5-2　OECD国家面临自动化风险的工作岗位比重

资料来源：OECD.

尽管如此，我们仍然需要正视挑战。特别是对新兴经济体而言，尽管多数学者认为，由于新兴经济体的生产结构仍然偏向于中小企业（SME），加之有相对充足的青年劳动力储备，因此大规模自动化带来的"技术失业"风险在这些国家仍然较低，但是随着工业机器人使用成本的持续下降

---

[1]　例如 Frey & Osborne(2017)估计，美国几乎一半(47%)的工作岗位在未来10到20年内面临被计算机或算法取代的风险。

和劳动力成本的上升，新兴经济体使用技术取代劳动力的"成本节约效应"也将越来越显著。根据波士顿咨询公司的预测，2025年工业机器人在韩国的成本节约率高达33%，在中国也将达到18%（如图5-3所示）。在这样的趋势下，自动化技术的引入很可能在未来给新兴经济体带来比发达国家更为严峻的"技术失业"风险（The Boston Consulting Group，2015）。

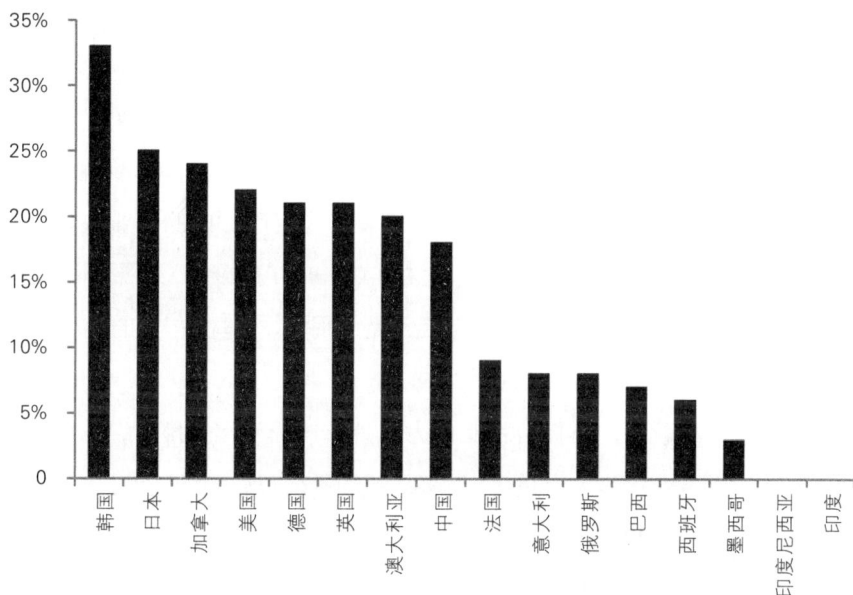

图5-3　2025年新兴经济体和发达国家通过引入工业机器人预计的人力成本节约率

资料来源：The Boston Consulting Group.

5.2.2　非标准就业的重要性日益凸显，机遇背后是对工作保障的新挑战

目前来看，全职工作仍然是国际社会主流的就业形态。从工人的角度来看，更稳定、更持久的就业安排提供了更高的确定性与更多的保障，允许他们在私人生活和职业生活中提前计划。从雇主的角度来看，长期合同有助于吸引和留住人才（降低了招聘和培训成本），并增加了投资于员工的未来回报率。

尽管如此，在服务业数字化导向不断强化的今天，受工作偏好改变、商业模式和工作组织创新等因素的影响，非标准就业在全球范围内的规模与比重正以前所未有的速度提升。根据 OECD 的界定，非标准就业指的是同与单一雇主签订的全职、无固定期限合同"标准"相背离的所有工作形式。它具体包括：平台就业，即工人通过在线平台提供服务；随叫随到或无固定时限工作（on-call and zero-hours work）；各种形式的自雇工作（self-employment）。统计显示，多数 OECD 国家的就业构成中，"短期兼职"（个人每周工作 20 小时或更少）呈现上升趋势。2017 年，兼职工作的占比在荷兰、丹麦、澳大利亚分别达到 21%、15%、13%。而像"随叫随到"和"无固定时限"这种完全没有最低工作时间保障的非标准就业，在一些国家的增长尤为迅速。例如，2016 年，英国有近 3% 的就业人员（约 90 万人）签订了无固定时限合同，比 2014 年增加了 29%（英国国家统计局，2017）。在澳大利亚，有 1/4 的工人是临时工，超过一半的临时工报告工作时间没有保证（Campbell，2018）。

相比于标准就业，非标准就业作为更具弹性的工作安排，它的优势主要体现在：服务业的雇主有更多回旋余地来调整劳动力和工作时间，以考虑到波动和不可预测的需求；员工相对有更多的自由，使工作与家庭责任或休闲相平衡。此外，非标准就业也为年轻人和低技能工人在找到合适的"标准"工作之前，提供了有效的就业过渡与经济缓冲。但是，大量出现的非标准就业给既有的劳动保障体系带来了不小的风险与挑战。事实上，绝大多数非标准就业者（特别是虚假自雇者①）面对雇主往往处于更加劣势的地位，他们在薪酬和工作条件方面几乎没有议价能力，大多难以获得平等的薪资待遇、培训机会、法律及就业保障。即便在劳动保障体系已经

———————

① 国际上，处于灰色地带的非标准就业人员——虚假自雇者——面临更为严重的就业保障难题。虚假自雇指的是，工作任务与强度同正式员工一样，但为了躲避劳动监管、税收等，将个人聘为自雇工人。

非常健全的发达国家，各项社会保障条款也通常难以很好地覆盖非标准就业群体，他们在失业期间获得救助的可能性比标准就业群体低40%～50%。正因为如此，强化对非标准就业的监测成为评估一个国家就业质量的关键。更重要的是，既有的社会保障体系需要做更多的调整，其中包括：①加大对虚假自雇等逃避监管的"套利行为"的监察与打击力度；②将现有社会保障制度的适用范围扩大，将非标准就业等新工作形式包括在内；③提高针对不同劳动群体的社会保险计划之间的兼容性；④完善对非标准就业群体的失业救助与保护措施；⑤保护非标准就业群体的培训权，针对此类群体的需求制订更为合理的成人学习计划。

5.2.3　经济波动与产业结构升级带来的不仅是失业，还有更普遍的就业不足

就业不足（under employment）指劳动者的工作时间少于预期，通常用非标准就业人员（每周工作时间低于30小时）报告无法找到全职工作的时长来衡量。2017年，OECD国家平均约有1/3的兼职工人就业不足，约占所有员工的5.5%。意大利、西班牙和澳大利亚有10%或更多的员工处于就业不足状态，这一现象在发展中国家更为普遍（World Bank，2019）。

就业不足与经济周期性波动密切相关。2008年金融危机之后，爱尔兰、意大利、希腊和西班牙的就业不足平均人数上升了6.2个百分点。更重要的是，产业结构的转型升级对就业不足的影响更加深远。美国等国家的证据显示，服务业比重的大幅上升使得低技能和不稳定的工作更加普遍，这种就业结构的转变可能会引发更高的就业不足。这是因为相比于制造业，服务业可能更倾向采用非标准的工作安排应对不可预测的需求变化（Euwals & Hogerbrugge，2006）。例如，2017年OECD国家住宿和餐饮服务业的未充分就业工人的比例约为12.2%，而制造业仅为1.8%。

近年来，因就业不足所引发的就业质量与工资水平下降等问题日益引起国际社会的关注（OECD，2018）。研究发现，就业不足现象不仅与低技能职业和非标准就业的比重快速上升相伴，而且更多地出现在女性、年轻人以及低学历等就业"弱势"群体中，这无疑将给未来的就业保护工作带来更大的挑战。

5.2.4 就业增长与就业质量下滑并存，未来的工作世界仍然充满变数

尽管就业总量仍然保持增长，但就业质量并没有明显的改进，未来面对的仍将是充满变数的工作世界。这具体表现为：

第一，工资增长乏力。即便在发达国家，名义薪资的年增长率也从2008年金融危机前的平均4.8%下降到最近几年的2.1%，同期实际薪资增幅减少1个百分点。低薪工作的大幅增长一直是薪资增幅整体下滑的关键推动因素。特别是与全职工作相比，非标准就业的平均收入情况明显恶化。不仅如此，劳动力收入在国民收入中的份额也呈现下降的趋势。一项针对24个OECD国家的追踪调查显示，在过去的20年里，国民收入中劳动力收入的份额从71.5%左右下降到68%。劳动力收入份额的下降更直接地反映在实际工资中位数和生产率之间日益脱钩上。近年来，后者的增长速度远远快于前者。这说明，经济增长所创造的财富并没有为所有工人带来普遍的工资增长（Schwell et al.，2017）。

第二，工作的稳定性明显不足。就业稳定是衡量劳动力市场安全的重要指标。如果不考虑老龄化趋势下高龄劳动者比重上升的影响，多数国家劳动力的平均工作年限总体是呈下降趋势的，这在受教育程度较低的群体中表现得尤为明显。研究发现，受新兴商业组织模式（如平台经济）的影响，越来越多的雇主倾向于维持短期雇佣关系而不是长期雇佣关系，从而造成工作稳定性的下降。显然，这种频繁的工作变动往往不是出于劳动者的自愿，它会导致工作不安全感的增加和劳动收入的波动。

第三，就业两极化加剧。在过去几十年中，受技术进步及经济全球化

等因素的影响，相对于高技能工作和低技能工作的比例，中等技能工作的比例普遍下降（Katz & Kearney，2006；OECD，2017b）。就业两极化加剧的背后是两个重要的趋势：其一，中等技能工作比例的下降，将更多受过中等技能教育的劳动者挤向低技能与低收入岗位（如图5-4所示）。一项来自OECD国家的调查显示，所有受过中等技能教育的劳动年龄男性从事低技能工作的比例从11.3%上升到15.4%，女性的比例从18.1%上升到28.0%。其二，中等技能岗位的减少，并没有导致中等收入比重的下降，这是高薪岗位"中低薪化"不断加强的缘故。调查显示，2017年OECD国家受过高等教育的年轻人中从事低薪岗位的比例高达21%，高出高薪岗位7个百分点（OECD，2017a）。

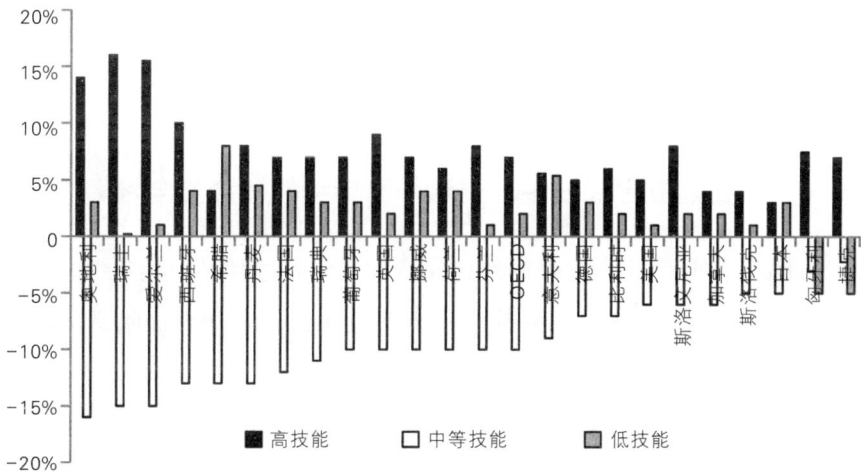

图5-4　1995—2015年OECD国家不同技能群体就业规模变化率

资料来源：OECD.

5.2.5　需要建立更加公平有效的终身（成人）学习机制来防止 "技术贬值"

新技术向工作世界的渗透不仅大大增加了低技能群体被"自动化"替

代的风险，也给中高技能群体提出了更多的技能要求与挑战。显然，技能学习不再局限于特定阶段（学校学习阶段），它将始终伴随劳动者职业生涯的全部周期。不仅如此，技能需求与培训（学习）内容实际存在的"倒挂"问题仍然十分普遍。由于培训内容过时，以及培训的动机、时间、资金或雇主支持不足等障碍，越是需要培训的低技能者、老人、失业者以及非标准就业群体，其培训参与率反而越低。即便在发达国家，自动化替代风险最高的低技能群体参与培训的比例比高技能群体低40个百分点。所以，建立更加公平有效的终身（成人）学习机制对防止技能贬值、促进低技能者从"衰退"部门向正在扩大的"新兴"部门转移有着十分重要的意义。这不仅需要进一步扩大和提高成人学习系统的覆盖面和可及性，以便为所有工人，特别是那些最容易受到未来变化影响的工人，在其职业生涯中提供足够的再培训机会，也需要使培训形式更加模块化和更具灵活性，以适应平衡工作日程和家庭责任的需要。此外，培训内容应当与劳动力市场需求保持一致，并定期评估其效果。

5.2.6 需要建立更加公平、灵活、可持续的社会安全网

面对工作世界正在经历的结构性变化与日益增加的不确定性，原本建立在"标准就业与雇佣关系"框架下的社会保障体系面临更大的改革压力，建立更加公平、灵活、可持续的社会安全网变得越来越迫切而重要。

一方面是全民社会保障体系的建设与定位问题。随着越来越多新的工作形态与劳动关系的出现，各国需要进一步扩大保障范围。在这个过程中，不论是目标人群的识别（比如，虚假自雇的界定问题），还是保障机制的衔接（比如，非标准就业与标准就业相互转换过程中社会保险的衔接问题），都需要做进一步的改革与完善。不仅如此，社会保障的功能定位也将面临更多的反思与变革，一味地强调为各种就业类型群体所遭受的社会经济和健康风险"兜底"势必会背上巨大的财政负担，政府在强调国家

保障义务的同时，更应该引导国民强化自我的保障责任，立足于发展型社会保障思路，采用更多以人力资本投资为导向的社会政策（成人学习补贴等）替代过去单一的无条件现金转移和救济项目。

另一方面是社会保障的筹资可持续性与公平性问题。老龄化的加速已经给多数国家的社会保险基金带来巨大的筹资压力，现在又要面对越来越多的新型就业人群的保障问题，例如，如何将非标准就业群体进一步纳入保障范围，并化解因扩大保障范围而增加的筹资负担，以及如何平衡那些"通过大规模引进机器人或人工智能以取代劳动力"的新兴部门与"很少使用自动化技术、仍然大量吸纳劳动力就业"的传统部门在社会保障上的权责分配关系。

5.3 中国的就业趋势和挑战

5.3.1 全球经济下行趋势下，我国就业总体形势不容乐观

当前我国总体经济形势严峻，下行压力不断增大。2019年后半年，GDP增速更是降至6.0%，较一季度下降0.4个百分点，较上年同期下降0.5个百分点。2019年全年GDP实际增长率为6.1%，较上年下滑0.5个百分点，创1991年以来的新低。诸如房地产销售额、土地购置面积、制造业采购经理指数（PMI）、企业中长期贷款占比、工业生产者出厂价格指数（PPI）及企业利润等经济先行指标纷纷下滑。在此背景下，就业总体形势不容乐观。到2020年，经济持续恢复，前三季度GDP增长率当季同比分别为-6.8%、3.2%和4.9%，逐步实现由负转正。国家统计局发布的《2020年国民经济和社会发展统计公报》显示，2020年中国GDP实际增速为2.3%，成为全球唯一实现经济正增长的主要经济体。

从就业规模来看，2017年以来，中国经济活动人口①见顶下滑，2018年降至8.06亿人，较上一年减少119万人。同年，就业人员降至7.76亿人，较上一年减少54万人（如图5-5所示）。

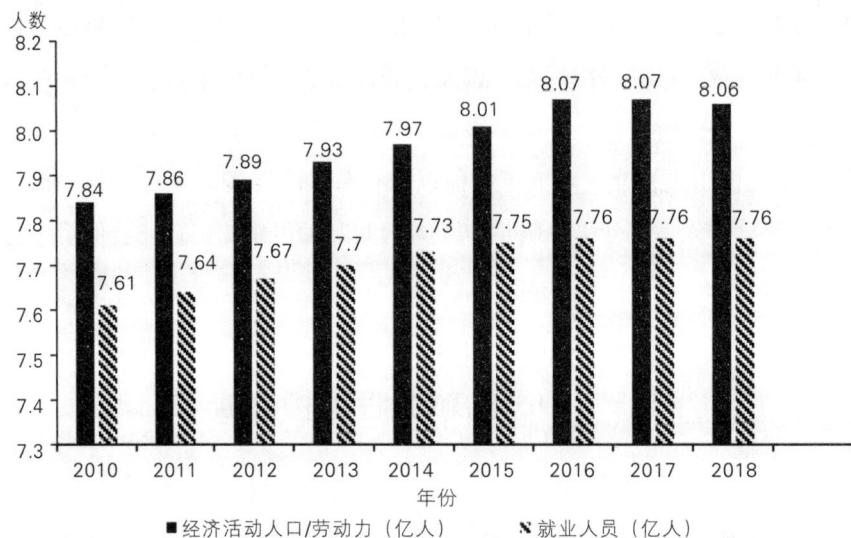

图5-5 2010—2018年中国经济活动人口与就业人员规模

资料来源：国家统计局.

城镇新增就业人员②累计同比增速在经历2017年一季度的大幅提升之后，也持续放缓（如图5-6所示）。2018年7月，城镇新增就业人员累计同比增速达到阶段性高点2.9%后开始下行；2019年初，城镇新增就业人员累计同比增速开始负增长，6月累计新增就业人员为747万人，同比减少2.0%，全年累计新增就业人员为1 352万人，较上年减少9万人。2020

---

① 经济活动人口指年龄在16周岁及以上、有劳动能力、参加或要求参加社会经济活动的人口，包括就业人员和失业人员。

② 城镇新增就业人员统计制度于2003年建立。城镇新增就业人员数=报告期内城镇累计新增就业人员数-自然减员人数。城镇新增就业人员在统计时不受户籍限制，且包含各类形式的就业，口径较广，但无法排除一年内某人多次频繁转换工作岗位的情况。

年1—9月，全国城镇新增就业人员898万人，较上年同期少增199万人，累计同比增长–18.1%。9月份全国城镇调查失业率为5.4%，较上年同期高0.2个百分点。其中，20～24岁的大专及以上学历人员调查失业率较上年同期上升4个百分点；外出务工劳动力较上年同期减少380多万人，下降2.1%。

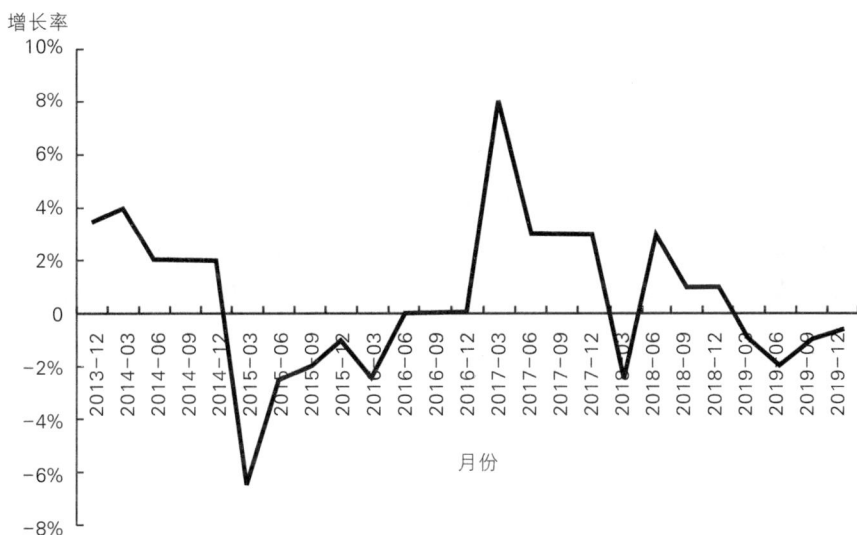

图5-6　2013—2019年城镇新增就业人数累计同比增速

资料来源：人力资源和社会保障部.

产业层面，由PMI从业人员指数所反映的企业对当前从业人员规模较上个时期的看法可知[①]，不论是制造业还是非制造业，从业人员均呈下滑态势。其中，制造业PMI从业人员指数在2017年3月以后连续27个月低于50%的标准线，到2019年6月降至46.9%，之后连续3个月下滑。非制

---

　　①　PMI从业人员指数是PMI五个分项指数中的一种，其中制造业PMI于2005年开始统计，样本为3 000家企业；非制造业PMI于2007年开始统计，样本为4 000家企业。50%为扩张与收缩的临界点，PMI从业人员指数小于50%，意味着更多的企业负责人认为目前生产经营人员数量比一个月前减少。

造业 PMI 从业人员指数从 2018 年 9 月开始持续低于 50%，2019 年 6 月降至 48.2%，之后连续 2 个月下滑。其中，建筑业 PMI 从业人员指数从 2019 年 3 月的 54.1% 开始迅速下滑，6 月降至 50.4%。服务业 PMI 从业人员指数 2014 年 7 月后持续低于 50%，2018 年 8 月从 49.7% 开始迅速下滑，2019 年 6 月降至 47.9%（如图 5-7 所示）。

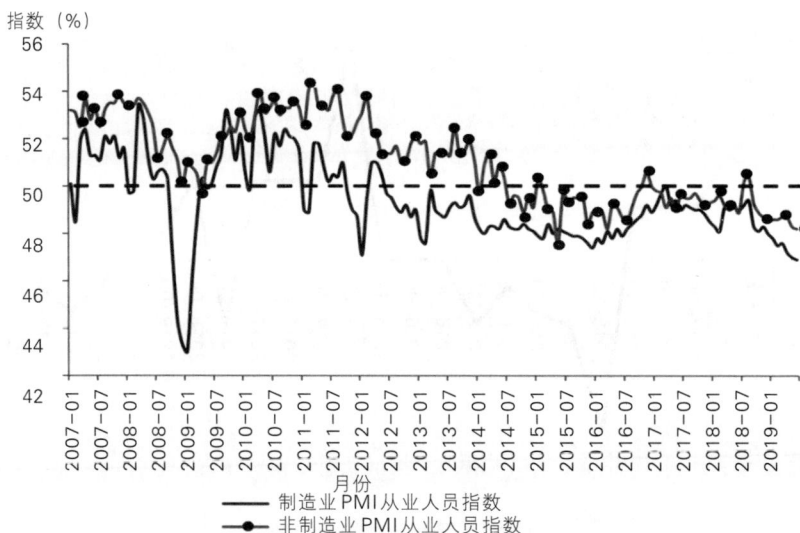

图 5-7　2007—2019 年制造业与非制造业 PMI 从业人员指数

资料来源：国家统计局、恒大研究院.

从劳动力市场供需关系来看，"招工难"（需求）与"就业难"（供给）并存的结构性矛盾仍然十分突出。一方面，中国人民大学中国就业研究所和智联招聘公布的中国就业市场景气指数（CIER 指数）①显示，2019 年四季度，招聘需求人数同比减少 0.07%，求职申请人数同比增加 9.22%，就业市场景气指数值处在 2016 年以来同期最低位。如果不考虑季节性波

---

① 该指数由"全部招聘需求人数/全部求职申请人数"得到，指数值大于"1"时表明就业市场中劳动力需求多于劳动力供给，就业市场竞争趋于缓和，就业市场景气程度高。

动（高校毕业季、招聘季），劳动力市场总需求持续放缓的趋势已经十分明显（如图5-8所示）。

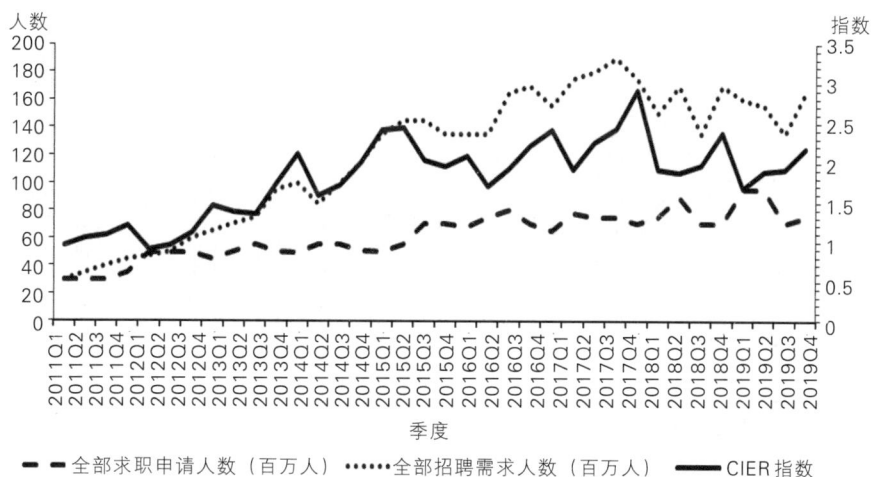

图5-8　季度求职申请人数、招聘需求人数和CIER指数的变动趋势

资料来源：中国人民大学中国就业研究所、智联招聘.

　　东部地区及一线城市就业压力因需求下降而显得更为突出。2019年就业市场景气指数呈现东部、中部、西部和东北地区依次递减的状况。与上年同期相比，东部和东北地区招聘需求人数分别减少3.67%和8.08%，CIER指数同比下降，而中部和西部地区招聘需求人数分别增加10.99%和4.44%，CIER指数同比上升。2019年四季度一线城市CIER指数仍相对较小（0.91），就业竞争激烈；二线城市（1.96）和三线城市（2.03）的CIER指数相对较大，就业市场相对宽松（如图5-9所示）。

　　在需求放缓的同时，供需矛盾仍然存在。根据人社部公布的数据，截至2019年，劳动力市场岗位需求缺口仍在90万人以上，显著高出"十二五"期间的平均水平。其中，企业急需的具有技术等级和专业技术职称的劳动力短缺问题突出，技能劳动者求人倍率近年一直保持在1.5以上。

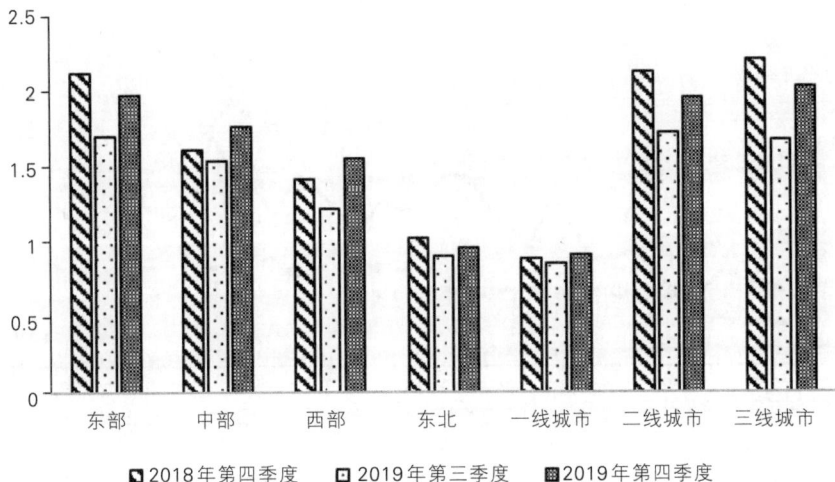

图5-9　CIER指数地区及城市层级变化

资料来源：中国人民大学中国就业研究所、智联招聘．

　　从失业情况来看，尽管登记失业率长期保持在4%左右，但根据国际劳工组织的估计，"十二五"以来中国失业率总体呈上升趋势，特别是女性失业率的上升幅度史为明显。如果将潜在失业人口也考虑在内，根据《中国劳动力动态调查：2017年报告》的估计，2012—2016年间，中国的拓展失业率①超过10%，特别是女性和受教育程度低的劳动者的潜在失业比例更高。

　　国家统计局从2018年开始公布城镇调查失业率。2019年全国城镇调查失业率较2018年有明显上升，达到5.2%左右。其中，31个城市城镇调查失业率的上升幅度更为明显（如图5-10所示）。

---

　　①　拓展失业率指的是标准失业人口和潜在失业人口占标准失业人口、潜在失业人口与在业人口之和的比重。

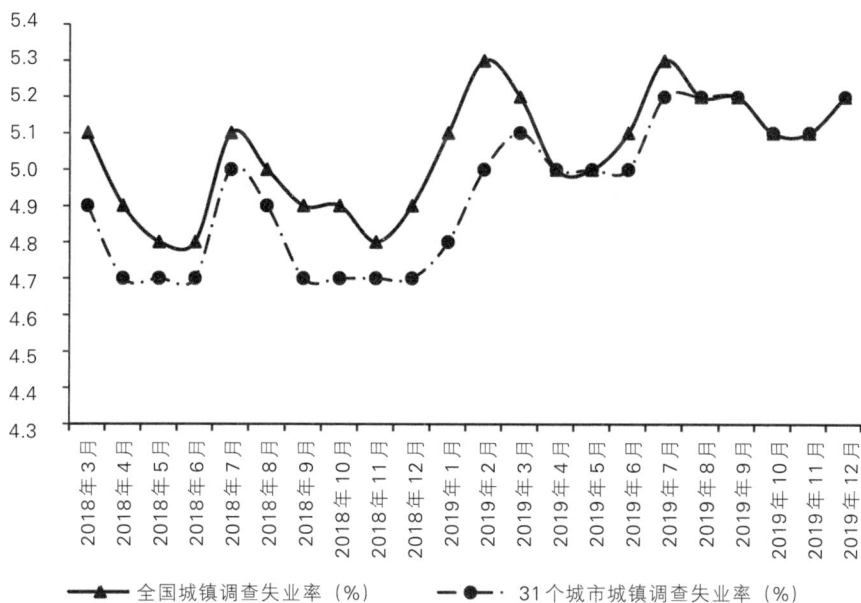

图 5-10　2018—2019年全国及31个城市城镇调查失业率

资料来源：国家统计局.

　　由于失业率的上升，2018年以来人社部公布的领取失业保险金人数及其同比增速也呈上升趋势（如图5-11所示）。2019年一季度领取失业保险金的人数为227万人，同比上升1.8个百分点，增速连续5个季度上升。城镇失业人员再就业人数2019年1—5月为209万人，同比大幅减少9.1%，同比增速连续两个月大幅下滑。就业困难人员就业人数2018年9月同比增速达到近年来的高点16.2%，随后开始快速下降，2019年2月同比增速开始转负，2019年1—5月就业困难人员就业人数为69万人，同比减少4.2%（如图5-12所示）。

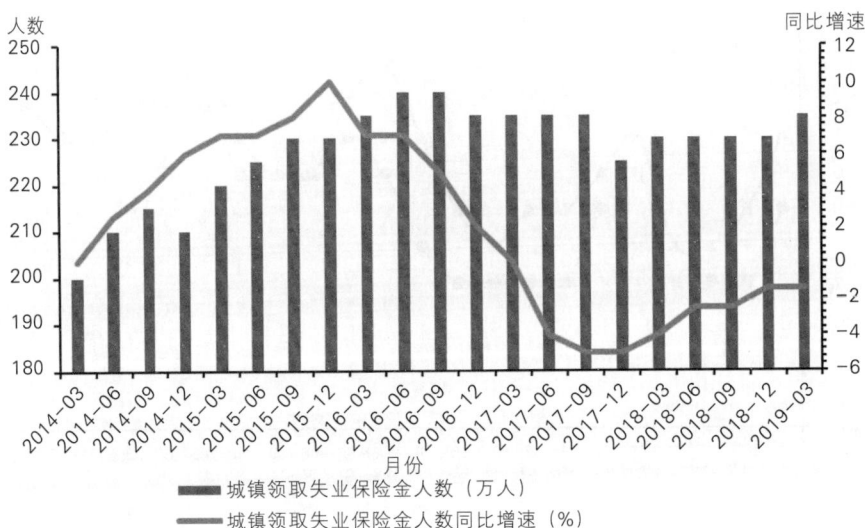

图 5-11 城镇领取失业保险金人数及其同比增速

资料来源：人力资源和社会保障部、恒大研究院.

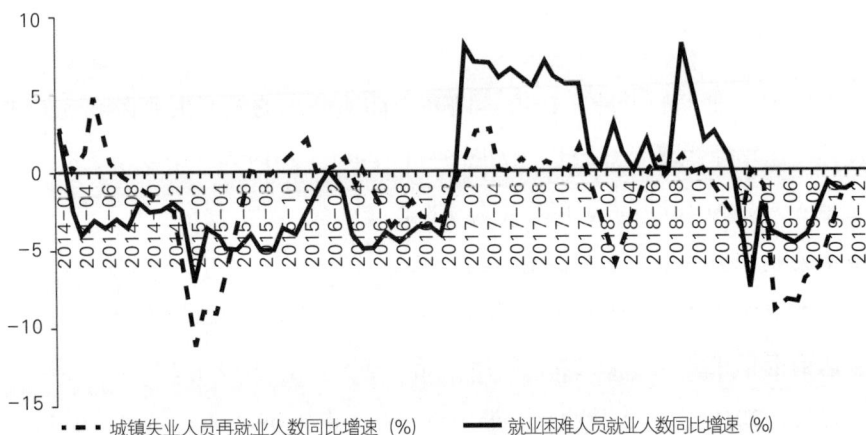

图 5-12 2014—2019年城镇失业人员再就业人数和就业困难人员就业人数同比增速

资料来源：人力资源和社会保障部、恒大研究院.

5.3.2 部分行业和重点群体就业压力或将进一步加剧

受大环境的影响，部分行业的就业压力将进一步加大，特别是作为我国主要的就业吸纳行业的制造业。2017年，制造业就业人数占城镇非私营单位就业人数的比重达到26.3%，受全球经济下行及中美贸易摩擦的影响，2018年该比重降至24.2%，增速同比下降4.6个百分点，减少457.2万人（如图5-13所示）。不仅如此，从2019年的情况来看，上半年出口较2018年全年下滑9.8个百分点，其中对美出口较2018年全年下降19.4个百分点，制造业PMI从业人员指数降至46.9%，连续3个月下滑。根据测算，若对2 500亿美元商品加征25%的关税，将影响199万人就业；若对5 500亿美元商品加征25%的关税，将影响420万人就业，尤其对机电、机械等制造业就业将产生较大冲击，并且产业链正从中国转移至越南等地。由此可见，"十三五"后期制造业领域就业压力进一步加大。此外，根据智联招聘的数据，受基建及房地产开发投资增速下滑以及金融监管加强等因素的影响，2019年二季度房地产/建筑/建材/工程行业招聘需求同比下降15.9%，金融业招聘需求同比减少37.0%。

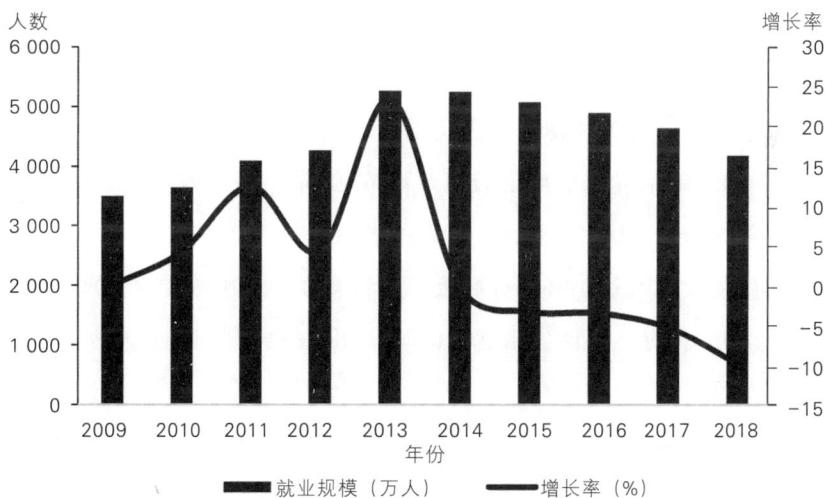

图5-13　2009—2018年城镇制造业就业规模及增长情况

资料来源：国家统计局.

从重点人群来看，高校毕业生就业形势依然严峻，2015—2018年普通高校招生人数（含研究生）从803万人增至877万人，未来几年高校毕业生仍将持续上升，特别是在经济下行压力下，高校毕业生"就业难"问题或将进一步凸显。此外，就农民工群体而言，尽管近年来农民工数量增速明显放缓（从2010年的5.4%降至2018年的0.6%），但受人口结构老化的影响，2008—2018年50岁以上农民工占比从11.4%升至22.4%，41～50岁农民工占比从18.6%升至25.5%。由于年龄大、学历低、健康状况差、技能单一等原因，这些高龄劳动者自身的失业风险本来就高，加之制造业、建筑业这些农民工集聚的传统行业景气不足，农民工群体的失业风险与安置压力进一步加大。

5.3.3 劳动力质量有待提升，性别城乡差异明显

中国目前劳动力总体质量与发达国家相比仍有较大差距。一方面，中国劳动力受教育程度目前仍以初、中等教育为主，高技能人才相对缺乏。如图5-14所示，官方统计显示，尽管2011—2018年中国就业人员中拥有高中、大学专科、大学本科及研究生学历的比重都有不同程度的提升，但拥有初中学历的比重在2018年仍高达43.4%，而拥有大学本科及以上学历的比重仅有8.8%左右，平均受教育年限在10年左右。对比同时期中山大学公布的2016年中国劳动力动态调查结果可知，受访劳动人口中，拥有初中学历的比重高达49%，拥有大学本科及以上学历的仅占3.94%。受访劳动人口的平均受教育年限为9.02年，较2012年的调查结果还少了0.74年。

人社部数据显示，2018年，中国技能劳动者有1.65亿人，仅占就业人员总量的21.3%，其中高技能人才占技能劳动者的比重不及30%。显然，在经济转型升级的战略背景下，高技能人才的缺乏无疑将极大地制约新一代信息技术、高端装备、新材料、生物、新能源汽车、新能源、节能环保、数字创意等战略性新兴产业的可持续发展。

占比（%）

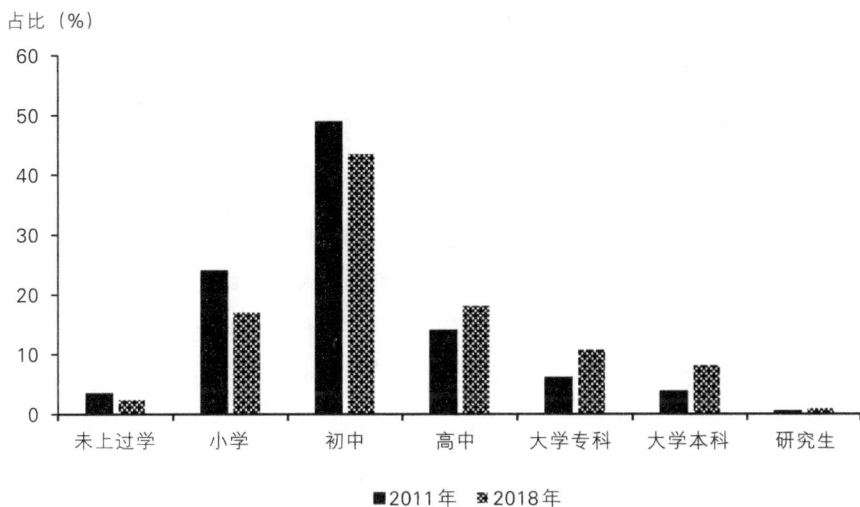

图5-14   2011年、2018年就业人员受教育程度比较

资料来源：2011年、2018年《中国劳动统计年鉴》.

另一方面，劳动力质量在性别、城乡之间仍然存在明显的差异。女性劳动者平均受教育年限低于男性；"十二五"以来，农村地区受访劳动力人口平均受教育年限、大专及以上学历人口占比、高中及以上学历人口占比以及人均人力资本存量都呈显著的下降趋势，其与城镇之间的差距日益凸显。

5.3.4   新就业人员劳动权益与社会保障缺位

数字经济影响下，传统产业与商业运作理论基础和实践规范发生深刻转变，由过去的企业主导的经济模式，向网络经济、平台经济、共享经济、零工经济、协同经济等数字经济模式转变（杨伟国等，2018）。像滴滴出行、美团外卖等服务型共享平台采取的以业务分包和在线工作为主要形式的新型用工模式给现行劳动用工及社会保障制度带来严峻挑战。数字经济给传统雇佣模式带来了一系列颠覆性变革，包括：岗位市场、劳动力市场和劳动（雇佣）关系正在被工作市场、人力资本市场和人力资本关系替代；人力资本市场和工作市场有可能会被数字技术平台化和共享化；人工智能、大数据与云计算以及万物互联会重塑工作世界（杨伟国等，2018）。这些变化使得如何界定数字平台从业人员的工作状态与工作性质（以数字平台为媒介的工作究竟是更加"灵活自由"，还是"受到严格控制"，数字平台从业人员是"雇员"还是"独立合同工"）成为难题。在现有的理论和法律体系中，劳动者对于资本的从属性被认为是认定劳动关系的重要依据，但考虑到在平台公司的商业策略和从业者主观选择的双重影响下二者关系的复杂与多变性，用已有的范畴与标准来判定数字平台从业者的用工状态及性质显然已经不再合适。由此衍生出来的新就业人员劳动权益及社会保障缺位问题也随着这一群体的快速壮大而凸显。因而，如何在不断鼓励扩大新就业形态的同时，更好地将新就业人员纳入社会安全网，并充分考虑其用工的特殊性以更好地保障其劳动权益，就成为接下来中国推动高质量就业不得不面对的一个大问题。

5.3.5　公共就业培训服务供给与质量需进一步加强

近年来，统计数据反映的中国公共就业服务不论在规模上还是在效能上并没有显著改善。一方面，"十二五"以来，公共就业服务规模呈下降趋势，供不应求的问题仍然显著。登记求职人员中接受公共就业服务指导的比重维持在40%左右。农村劳动者接受公共就业服务指导的数量出现较大幅度的下降。另一方面，受训比重以及受训人员资质获取水平尚处在较低水平，培训形式仍以短期培训（6个月以下）与初、中级资格培训为主。2016年，中国劳动力参加过（至少5天的）专业技术培训的比例约为10.5%。其中，高龄、女性、农村及中西部地区劳动力不论是参训率还是获得专业技术资格证书（执业资格）的比例都明显较低。从具体培训情况来看，多以短期培训为主。以民办机构为例，受训时间在6个月到1年的占比不到6%，1年以上的占比为3%左右。从受训人员最后的资质获取情况来看,仍以初、中级资格为主,2016年占总人数的比重为40.3%,高级资格的获取比重不到6%。

5.4 中国就业应对方向

当前对中国就业面临的大环境与新形势,总体来说可以从"一个背景"与"四个方向"去理解。

5.4.1 一个背景

"一个背景"指的是在国家经济转型攻关阶段"经济下行压力加大"的基本实际。2019年,中央对我国当前经济形势的描述从一季度政治局会议(4月19日)上的"国内经济存在下行压力"到二季度政治局会议(7月30日)以及年末经济工作会议(12月30日)上的"经济下行压力加大"的措辞转变,充分反映了当前经济形势的严峻性,年末中央经济工作会议更是明确指出,"我国正处在转变发展方式、优化经济结构、转换增长动力的攻关期,结构性、体制性、周期性问题相互交织……经济下行压力加大……要做好工作预案"。

从实际情况来看,2019年一至四季度我国GDP增速持续下滑,分别为6.4%、6.2%、6.0%、6.0%,创1992年GDP季度核算以来新低。"消费、投资、出口"三驾马车增速全面放缓:受居民收入增速放缓、高杠杆率等因素的影响,社会消费品零售总额增速自2010年以来持续下滑,2018年名义增长率跌至4%,2019年虽有回升(名义增长率为8.0%,考虑价格因素,实际增长6%),但总体仍处在下行通道(如图5-15所示)。2019年四季度,最终消费支出对国内生产总值增长贡献率为57.9%,较一季度下降5.4个百分点。

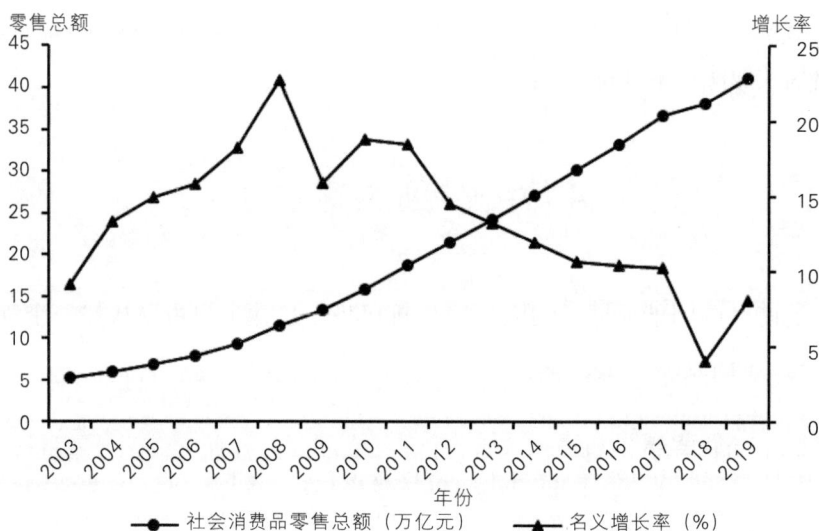

图 5-15 2003—2019 年社会消费品零售总额及名义增长情况

资料来源：国家统计局.

　　固定资产投资总体不振，房地产和基础设施建设投资增速下滑。2019年，固定资产投资缓慢下行，较 2018 年全年下滑 0.5 个百分点。民间固定资产投资较 2018 年下滑 4.0 个百分点。受土地收入减少以及中央严控地方隐性债务的影响，基础设施建设同比增速 2017 年降幅明显，尽管 2018 年有所反弹，但力度较弱。房地产投资在"房住不炒"大政策的影响下，持续低迷，2019 年 12 月当月房地产销售面积同比增长-1.7%，较上月下滑 2.8 个百分点；从累计销售面积来看，2019 年全年销售面积同比增长-0.1%，较 1—11 月下滑 0.3 个百分点，较 2018 年下滑 1.4 个百分点。与此同时，2010 年以来，受全球经济增长放缓的影响，进出口总值增长持续下降，2016 年全年负增长，此后虽有明显回升，但因中美贸易摩擦的不断升级，进出口总值累计增长率在 2018 年急剧下跌，2019 年 2 月份以来进入持续负增长阶段，2019 年 1—10 月同比下降 0.2%，11 月份降至-2.2%（如图 5-16 所示）。海外订单的减少明显抑制了制造业投资的增长速度，

2018年以来制造业投资累计同比增速出现明显下滑。2019年底，制造业投资累计同比增长3.1%，较1—11月回升0.5个百分点，但较2018年下滑6.4个百分点（如图5-17所示）。

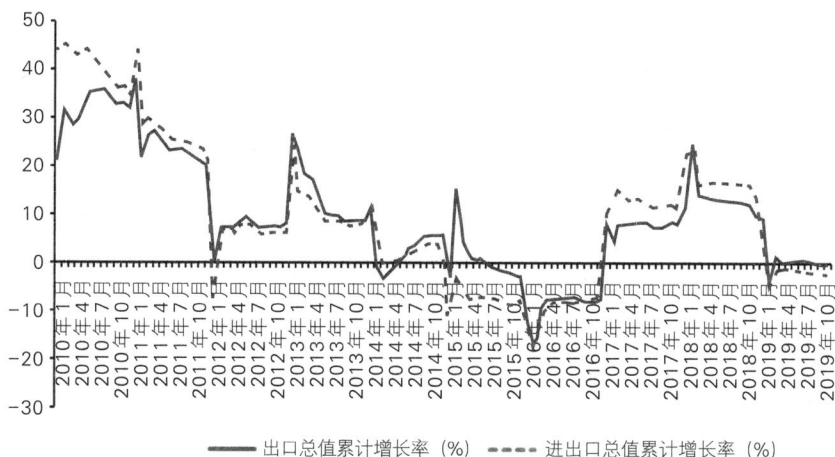

图5-16　2010—2019年各月度进出口增长情况

资料来源：国家统计局．

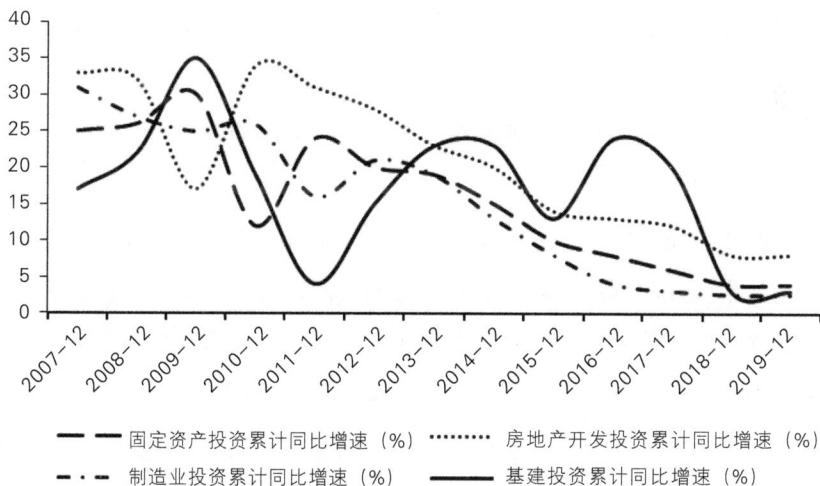

图5-17　2007—2019年固定资产投资等运行情况

资料来源：国家统计局、恒大研究院．

经济下行压力加大无疑会对接下来全国的就业形势以及就业促进工作的规划与部署产生重大影响。2019年二季度政治局会议重提"六稳"（"稳就业"仍居"六稳"首位），足见就业在当前以及接下来的经济工作中占有重要地位。同年，中央经济工作会议进一步提出"要稳定就业总量，改善就业结构，提升就业质量，突出抓好重点群体就业工作"的要求，更强化了在"十三五"收官与"十四五"规划之际，"稳定就业"的重要性与紧迫性。

5.4.2 四个方向

方向一：数字技术兴起，数字经济蓬勃发展

近年来，中国数字经济规模持续扩大，数字经济内部结构持续优化。从数字经济内部结构来看，产业数字化蓬勃发展，数字经济与各领域融合渗透，推动经济社会效率、质量提升。在数字经济中，产业数字化部分占比高于数字产业化部分占比，表明我国数字技术、产品、服务正在加速向各行各业融合渗透，对其他产业产出增长和效率提升的拉动作用不断增强。产业数字化成为数字经济增长主引擎，数字经济内部结构优化（中国信息通信研究院，2019）。

数字经济的蓬勃发展对就业领域产生了深远影响：

其一，数字技能成为基本就业技能。劳动者技能需求往往随着就业岗位构成的变化而变化。在数字经济条件下，掌握必要的信息技术并能够运用信息技术和互联网技术解决工作中的相关问题已经成为一名合格劳动者的必备素养，技能偏向型技术进步已成大势所趋。技术进步与劳动者技能升级之间存在显著的正向激励关系，伴随着技术的进步，劳动力市场对高技能劳动力的需求增加，对低技能劳动力的需求降低。不仅如此，随着数字经济的发展，在数字技术的冲击下，传统意义上的工作岗位被不断分解为细小的、可量化的工作任务。这就好比从"牛顿力学"向"量子力学"的发展一样，岗位正在向可分解的工作单元转变。在此背景下，劳动力市场对劳动者技能的需求也从岗位技能转向更加细微多元的工作技能。数字技术的快速迭代和更新促使劳动者改变过去"一技走天下"的想法，开启终身学习模式，不断提升自我的技能适应度。与此同时，多元化的工作技能需求也极大地拓展了市场对劳动技能需求的宽度，复合型技能人才势必成为未来劳动力市场的主流。这种复合性不仅体现为对多种数字技能的掌握，也反映为对数字经济下全新的工作思维、习惯与理念的掌握与适应。

需要警惕的是，数字技术的迅猛发展与当前劳动者数字技能不足、数字工作适应度低之间的矛盾仍然会在较长的时期内持续下去。从全球范围来看，数字技能型劳动者的有限供给，个人、产业、区域之间数字技能的巨大差异势必导致劳动者收入差距扩大、低技能劳动者就业风险加大等一系列问题。通过考察人工智能对就业的产业分布、岗位、工资等方面影响的理论与实证研究可以发现，人工智能技术在替代部分岗位、促使劳动力在不同产业间流动的同时，还会加快劳动力市场中岗位极化的进程，并在这一过程中加剧劳动者收入的不平等。当然，数字经济对就业的消极影响仍然是可控的，关键在于通过教育、培训提升劳动者技能水平以实现广泛而有效的人机合作（杨伟国等，2018）。

其二，就业方式越来越弹性化。在数字经济时代，企业组织的平台化成为数字经济的典型特征之一。一方面，就业方式的弹性化得益于数字技术打破了工作的空间（场所）约束。在数字平台上，劳动者可以跨越时空限制，远距离获得工作机会，就业创业边界逐渐被消弭，形成了基于平台的就业和创业的新途径。数字技术的发展极大地推动了工作的"线上化"与"居家化"，传统的集中于雇主场所的工作形式开始走向分布式工作形式，很多工作不需要在现场进行，这加速了劳动者与用人单位在空间关系上的分离，让原来受限于地理位置（偏远地区）与身体条件（残疾群体）的群体获得更多的就业机会。另一方面，就业方式的弹性化得益于新型工作组织形态极大地压缩了工作时间，提高了工作任务分配与组织的灵活性。数字技术的发展使得工作形式及内容日益模块化、层次化和元素化。越来越多的企业依托算法等大数据分析技术把工作内容分割成相对独立的一些模块，然后根据模块的特点和重要性来采用不同的处理方式，提高工作绩效。模块化的工作分配与组织形式打破"朝九晚五"式的固定工时制，取而代之的将是以1小时乃至更短的时间长度为单位的、更加自由随意的工作执行模式。工作时间的弹性化不仅有利于雇员更加灵活地安排自己的工作任务，提高效率，也有利于提高组织人力资源管理对于商业环境变化的适应度与灵活度。尽管如此，数字技术在推动就业方式弹性化的同时，也带来了一些新问题。例如，虽然数字技术让人与组织在空间上发生了分离，但在时间上无法将个体的生活与工作分开。此前，很多人下班之后就可以享受休闲时光，但现在往往被不得不随时处理的工作打断。就业方式的弹性化无可避免地造成了工作对生活的侵占，如何保障劳动者的休息权益、平衡工作与生活的关系也就成为数字经济下就业促进与保障工作不得不面对的一个重要问题。

其三，就业机会发生巨大变化。数字经济的发展让平台成为超越传统组织的"新组织"，平台将在很大程度上弱化组织边界，越来越多的企业通过融入或直接成为平台的途径获取并调动更多的外部人力资源，这样既可以敏捷地应对市场和客户需求的快速变化，又可以通过资源整合实现生态圈整体利益的最大化。诸如劳务派遣、人才租赁、人力资源与组织合作等灵活的平台用工途径都将带来更多的就业机会。数字经济不仅创造了更多的就业岗位与用工形态，还呈现出巨大的分布效应，这对于减缓经济与就业的波动无疑有着重要的意义。例如，新生代农民工回流农村的人数减少，城市就业压力增加，新就业形态不仅接纳了大量的农村劳动力，而且兼职比例很高，这种分布式、弹性大的工作形态有效地减缓了经济外生冲击对就业的影响（杨伟国，2019）。此外，数字经济在服务领域创造的巨大就业空间，有助于进一步推进我国产业结构调整。大量研究显示，农业生产部门受人工智能的影响较小，人工智能替代效应的影响将逐步从制造业部门转移到服务业领域（Autor et al.，2013；钟仁耀等，2013）。美国劳工统计局的研究显示，到2024年，几乎所有新增就业机会将集中于服务业，尤其是医疗保健和社会援助服务领域（Trajtenberg，2018）。

其四，产业就业结构和区域就业结构受到显著冲击。从产业就业结构来看，随着数字经济的快速发展，第一、二、三产业的就业人员占比，分别从2010年的36.7%、28.7%、34.6%变化为2017年的27%、28.1%、44.9%，第三产业成为吸纳就业的主力军。数字经济的发展也引起了区域就业结构的调整。《中国数字经济发展和就业白皮书（2018年）》显示，广东、江苏、山东、浙江、上海等10个省（直辖市）的数字经济规模在2017年超过了1万亿元，在数字经济规模排名全国前15位的省份中有10个省份的数字经济吸纳就业规模排名依然在前15位，有13个省份的数字经济吸纳就业占比排名依然在前15位，这说明数字经济越发达的地区就业越好。

方向二：就业政策定位从具体领域的社会政策向服务于宏观调控升级

针对当前经济发展所面临的错综复杂的局面，2018年12月召开的中央经济工作会议不仅提出了"全面正确把握宏观政策、结构性政策、社会政策取向，确保经济运行在合理区间"的总要求，还进一步明确了以"稳就业、稳金融、稳外贸、稳外资、稳投资、稳预期"为重要方面和主要内容的总目标。其中，就业首次位列"六稳"之首，凸显了就业作为"最大民生"的重要性，更反映了就业在政策工具中的定位从相对具体的民生性社会政策上升到了更加综合的宏观经济调控层面。2019年政府工作报告更是首次将就业优先政策置于宏观政策层面。

方向三：就业主导产业从劳动密集型制造业、建筑业向劳动密集型服务业转变

自中国加入WTO以来，就业结构随经济结构的调整大致经历了三个阶段。第一阶段是制造业主导的劳动密集型就业阶段（2004—2008年）。随着中国加入世界贸易组织，农业人口大规模转移至制造业，这一阶段制

造业年均新增就业人数580.1万人，制造业就业比重提高到17.1%。同期，建筑业和采矿业年均新增就业人数分别为204.5万人和167.2万人，使得第二产业就业人数比第三产业年均多增370.4万人，劳动密集型制造业就业规模大幅提升。此后，为了应对国际金融危机的冲击而实施的4万亿元经济刺激计划，使得基础设施建设和城镇化进入加速通道，建筑业成为吸纳劳动力的第一大行业。建筑业年均新增就业人数451万人，比上一阶段年均多增加246.2万人，比同期制造业年均多增加82.6万人。制造业年均新增就业人数368.1万人，比上一阶段每年少增加212万人，其占全社会就业人数的比重在2012年达到19.2%的峰值。2013年以来，制造业与建筑业就业规模开始下滑。2013—2017年，制造业就业人数下降854.2万人，建筑业就业人数也以年均23.5万人的规模减少，成为就业净流出部门。与此同时，产业结构的转型推动服务业的快速发展，服务业发挥越来越重要的就业"稳定器"功能。

当然，尽管制造业就业规模缩小与服务业在吸纳就业中扮演日益重要的角色已经成为全球普遍现象（全球制造业就业占各类就业的比重从2000年的15.3%下降到2017年的14.4%），但这一趋势背后有两点仍然需要警惕：

其一，在经济发展水平尚不高的情况下，制造业就业人数的过早过快下滑的现象值得警惕。事实上，中国服务业发展在现阶段还是应该与制造业的发展速度相匹配，并制定对制造业长期发展有利的产业及就业政策。近年来，很多发达国家已经意识到自己的经济结构过于偏向消费和服务，正不遗余力地吸引制造业回流；同时，很多发展中国家也意识到制造业是经济发展的基石，正致力于承接产业转移。发达国家的历史表明，一旦产业链彻底转出，再吸引制造业回流的难度非常大。在目前我国积极倡导经济"脱虚向实"的背景下，要注重对制造业领域就业的保护和引导，不仅要通过产业合理承接，积极引导中西部地区劳动力进入由东部转移来的制造企业就业，还要避免在劳动力负增长和储蓄率逐渐下行的趋势下，为防范对创业企业和小微企业存续"大水漫灌"式的过度补贴而对制造业企业造成的挤压效应。

其二，服务业就业仍以劳动密集型服务业为主，整体水平不高。2013—2017年，中国新增服务业就业人数中，劳动密集型服务业就业人数占61.2%，公共服务业就业人数占9.1%，高端服务业就业人数和单列的金融房地产业就业人数各占19.7%和10%。特别是近年来快速发展的平台经济，尽管创造了大量的就业，但多数平台仍处于亏损和"烧钱"阶段，相关就业岗位数据有"虚高"的成分，加之此前多数平台因政府监管宽松而得以吸纳大量就业，但随着监管收紧，其就业增长的不确定性加大。

方向四：人口老龄化加速劳动人口结构转变

中国目前正经历着新一轮的人口转型，这将给中国的劳动力带来诸多影响：其一，劳动年龄人口持续下降。"十三五"时期正好处在中国15～64岁劳动年龄人口的绝对规模下降期。预计2018—2026年中国劳动年龄人口的降幅处在较小区间，劳动力总量仍维持在9.8亿人以上，但随着老年人口增长高峰的到来，劳动年龄人口规模将从2027年开始进入快速下行通道，以年均780万人的速度缩减，到2049年降至8亿人，减少近2亿人，占总人口的比重降至58.1%，略高于同期发达国家平均水平（如图5-18所示）。其二，劳动年龄人口高龄化趋势加强。随着第三次生育高峰期（1970—1990年）出生人口进入壮年，45～64岁高龄劳动人口占劳动年龄总人口的比重呈持续升高的趋势，预计在2045年前后达到46.1%，较2018年上升5.7个百分点。

此外，虽然中国劳动力市场在跨越了刘易斯转折点后工资出现了较为迅速的上涨，但劳动参与率的总体水平反而呈持续走低的趋势。影响劳动参与率的因素有很多，主要是随着年龄的变化，劳动参与率呈倒U形变动，因此人口年龄结构的老化自然会降低总体劳动参与水平。根据都阳等（2019）学者的估算，人口年龄结构变化对中国劳动参与率的贡献在7%左右。另外，诸如劳动力流动的制度障碍、照料家庭成员（儿童与老人）、养老保障等劳动力市场及保障安排都会对劳动参与率产生重要影响。

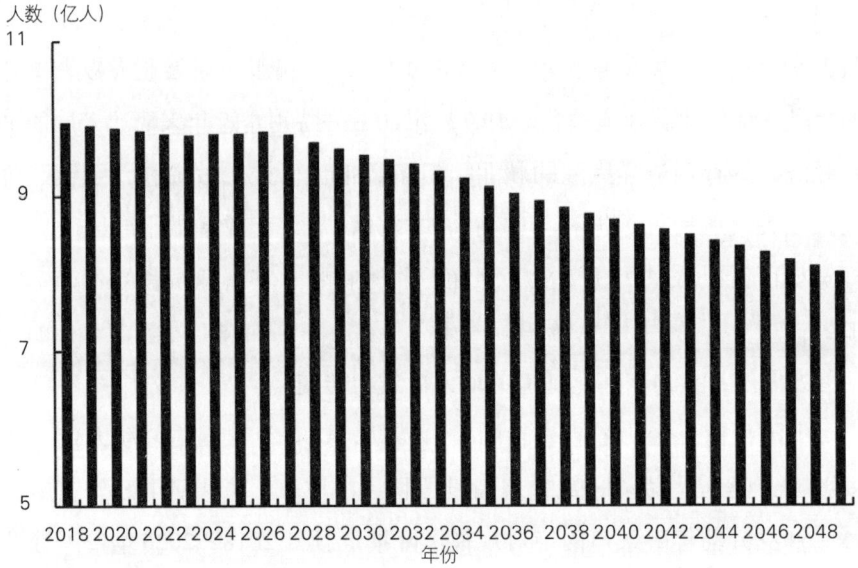

图5-18　2018—2049年15~64岁劳动年龄人口规模预测

第6章

中外就业促进理论概述

6.1　中国就业优先战略理论内涵

"十三五"期间"就业优先战略"的提出是中国共产党领导下中国就业促进工作在理论层面的一次重要跃升。这一时期，习近平总书记关于就业优先战略的重要论述不仅深刻揭示了当前国内外就业发展大势与中国就业促进的工作规律，更以崭新的思想和内容丰富并发展了马克思主义就业理论，直接推动了中国特色社会主义就业理论体系迈向新的高度，成为习近平新时代中国特色社会主义经济思想的重要组成部分。

概括来说，中国就业优先战略的理论内涵主要包括以下三个方面：

（1）"以人民为中心"是中国就业优先战略的价值内核

尽管就业促进（积极劳动力市场政策）理念被国际社会普遍认可并广泛实施，但像中国政府这样将就业促进作为一项重要的国家战略，置于政策议程优先级的做法却并不多见。这是因为在中国，就业促进绝不仅仅简单体现为积极劳动力市场政策。作为国家顶层设计的重要一环，它的提出有着根本着眼点——"以人民为中心"，即始终把实现好、维护好和发展好广大人民群众的根本利益作为国家一切战略、制度及政策制定与实施的出发点。人民的切身利益涉及方方面面，其中就业作为劳动者生存与发展的重要前提与根本保障，直接关系到亿万家庭的福祉，因而也被认为"是最大的民生工程、民心工程、根基工程"①。习近平总书记在党的十八届五中全会上提出以人民为中心的发展思想。到了党的十九大，"坚持以人民为中心"被进一步确定为新时代坚持和发展中国特色社会主义的基本方略之一。正因为如此，中国政府始终致力于推动积极就业政策体系的建设与完善，"将促进就业放在经济社会发展的优先位置，作为保障和改善民生的头等大事"。特别是在"十三五"后期，面对国际经济局势的变化以及全球新冠肺炎疫情的影响，不论是 2018 年 7 月中央首提"六稳"目标（稳就业、稳金融、稳外贸、稳外资、稳投资、稳预期），还是 2020 年 4 月要求加快做好"六稳"工作的同时，首提"六保"任务（保居民就业、保基本民生、保市场主体、保粮食能源安全、保产业链供应链稳定、保基层运转），就业工作始终被放在首要位置，彰显了中国共产党"以人民为中心"的执政理念及国家治理的底线思维。

（2）就业促进全面融入国家顶层设计是中国就业优先战略的突出特征

各类积极劳动力市场政策尽管为多数国家所采用，但如何推动就业促进由若干政策工具上升为体系化的国家战略，转变为实际有效的国家行动，国际社会仍然处在一个"说得多做得少"的阶段。新时代中国就业促进工作的体系化建设着眼于将就业促进全面融入国家顶层设计。党的十八大以来，中国政府深入实施就业优先战略，将促进就业融入稳增长、促改革、调结构、惠民生、防风险、保稳定等经济社会发展的各个方面。

一方面，把就业促进作为制定实施宏观经济政策的重要依据与调控手段。当前，我国经济正处在转变发展方式、优化经济结构、转换增长动力的攻关期，为了保持宏观经济政策的连续性和稳定性，需要积极创新宏观调控的思路和方式，有针对性地解决好稳定经济增长、优化经济结构等方面突出的矛盾和问题。在这样的背景下，2019 年《政府工作报告》指出，

---

① 中共中央文献研究室. 习近平关于社会主义社会建设论述摘编［M］. 北京：中央文献出版社，2017：67.

"今年首次将就业优先政策置于宏观政策层面，旨在强化各方面重视就业、支持就业的导向"。这标志着就业促进开始从部门政策上升为国家宏观战略，从政策工具上升为引导国家发展的关键指标，为国家宏观经济体系运转确立起更加明确的目标。与此同时，政府宏观经济调控将更加注重发挥就业促进与财政、货币等传统经济政策的协同效应，这将更有利于在特殊阶段保持战略定力，深化供给侧结构性改革，加速经济结构调整升级，增强宏观调控的科学性与有效性。

另一方面，把就业促进作为实现高质量发展的优先目标。推动经济朝着更高质量、更有效率、更加公平、更可持续的方向发展是当前和今后一个时期我国确定发展思路、制定经济政策、实施宏观调控的根本要求。就业促进与经济高质量发展具有内在一致性。其一，充分的高质量就业是实现经济高质量发展的必要条件。这是因为高质量发展首先离不开高质量人力资本的持续投入，特别是影响国家经济转型升级的战略性新兴产业（信息技术、高端装备、新材料、生物、新能源汽车、新能源、节能环保、数字创意等）发展所需的高技能人才，从根本上决定着经济发展的质量与水平。因此，加强人力资源开发与技能培训，促进劳动者素质持续提升，改善人力资源市场供给侧结构成为我国就业促进政策体系的重要内容。与此同时，优化就业结构，引导劳动力向战略性新兴产业以及先进制造业和现代服务业转移，对切实推动经济结构转型升级也有着重要的意义。其二，高质量发展也为就业促进创造了条件。发展是就业促进的根本，是"硬道理"。高质量发展直接创造新就业。在产业结构持续转型升级的推动下，不论是新产业新业态，还是民生刚性需求大、国际竞争优势明显的轻工业等劳动密集型产业，都能够持续释放劳动力需求，创造或吸纳更多就业。不仅如此，高质量发展还能够进一步强化市场在资源配置中的决定性作用，既可以通过促进多种收入分配制度持续完善（如支持劳动者以知识、技术、管理、技能等创新要素按贡献参与分配，以市场价值回报人才价值），激发劳动者创业创新热情，扩大就业内生动力，又可以提高人力资源市场配置效率，优化就业环境。

（3）构建战略性、市场性与保护性就业促进政策体系是中国就业优先战略的主要内容

从应对20世纪80年代农村劳动力转移和国有企业职工下岗再就业，到解决2008年国际金融危机冲击下国内失业以及人口转型出现的劳动力问题，中国就业促进的政策体系正是在持续回应国内社会经济体制改革与经济全球化波动和挑战的过程中不断完善与发展起来的。进入新时代，为了更好地应对国内经济转型的严峻挑战和经济全球化波折（特别是中美贸易摩擦）以及全球新冠肺炎疫情引发的不确定性风险，国家进一步加强就业促进工作的制度化与体系化建设，以从战略层面、市场层面以及就业保护层面，构建起相对完备的就业促进框架与政策工具体系。

战略性就业政策是基于创新创业激励而保证就业稳定持续增长的基本前提。战略性就业政策正处于从创业抑制到创业激励的转型之中，更具体地说，它包括为财产权提供法律与政治上的双重保护，激活国民的企业家精神，持续拓宽市场准入，降低行政成本，强化融资便利，优化税收政策等。市场性就业政策主要涵盖劳动力供给政策、劳动力需求政策与劳动力市场匹配政策三大领域。其核心在于遵循市场机制，弥补市场缺陷，提高劳动力市场效率。保护性就业政策关注就业权利保护，其核心在于，当社会成员因各种原因而处于非就业状态时享有生存尊严的权利，国家需要在其缺乏生活资源时提供社会保护。它包括，社会成员在就业前寻找工作的过程中享有平等的就业机会权利，在就业中享有公平的工作场所权利，在不能工作时享有合理的社会保护权利。但是，权利也可能被滥用，因此，社会保护与自我负责应该有机平衡，确保个体最优与集体最优的持续发展。

6.2　国际积极劳动力市场政策

6.2.1　发展历程

国际上，劳动力市场政策（labor market policies，LMP）可大体划分为积极劳动力市场政策和消极劳动力市场政策两大类（Altavilla & Caroleo，2013）。其中，消极劳动力市场政策往往被视为"兜底性"福利，也就是使失业者获得生活保障的政策，例如为失业者提供救济金或失业保险。通常所说的政府就业促进政策，属于积极劳动力市场政策范畴，主要是通过提升劳动力质量与水平，以及劳动力的流动性，来促进劳动力市场参与，增加失业者重返工作岗位的机会。具体来说，积极劳动力市场政策主要包括：通过直接的工作创造计划和工作津贴发放增加劳动力供给；通过技能培训等途径提高劳动者适应变化着的就业市场环境；通过就业服务、工作匹配和咨询促进等途径提高劳动力市场对人力资源的匹配效率。

通常来说，国际社会对劳动力市场政策的观察主要依靠两个指标：其一为政府在各类劳动力市场政策上的财政努力度，以政府劳动力市场政策财政支出占 GDP 的比重来衡量；其二为项目覆盖率，以接受劳动力市场政策支持的受益群体占劳动人口的百分比来衡量。图 6-1 比较了 2008 年国际金融危机前后 OECD 国家在劳动力市场政策上的财政努力度。

可以看到，与国际金融危机爆发前相比，大多数国家在劳动力市场政策上的投入都有了不同程度的上升。具体来说，2007 年各国劳动力市场政策领域中的财政支出总额占 GDP 的比重大约为 1.2%，其中积极劳动力市场政策（ALMP）财政支出比重为 0.5%，消极（失业救济类）劳动力市

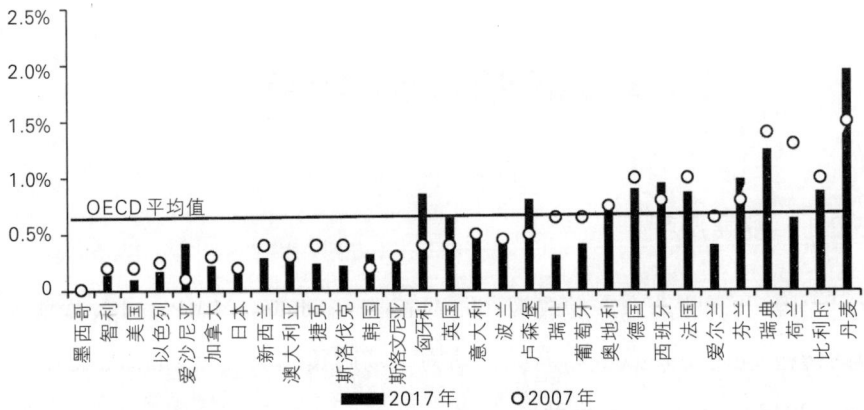

图6-1　2007年、2017年OECD国家积极劳动力市场政策财政支出（占GDP的百分比）比较

资料来源：OECD Database on Labour Market Programmes.

场政策财政支出比重大约为0.7%。金融危机之后，劳动力市场政策财政支出比重达到1.5%，其中0.9%来自诸如失业救济金等消极劳动力市场政策，0.6%来自ALMP。尽管各国在劳动力市场上都投入了更多的财政资源，但国家之间的差异仍然非常明显，其中丹麦财政努力度最高，达到2.3%，最低的墨西哥只有0.1%左右。美国2011年的ALMP支出仅占GDP的0.14%，与危机前基本持平，远远低于OECD或欧盟的平均水平。还应注意的是，美国的ALMP支出努力与2007年的水平持平，但失业救济类被动型劳动力市场政策投入有了明显的提升。此外，从项目覆盖率来看，2011年，OECD国家平均有近4%的劳动力参加了ALMP计划（如图6-2所示），相比之下，参与失业救济类政策的比例为5.6%。2011年，各国参与ALMP的努力规模差异很大，从比利时和西班牙的11%～12%的高位到加拿大、爱沙尼亚和英国的约1%或更低的低位不等。如果将参与率数据与支出努力数据进行进一步的比较可以看到，ALMP的平均持续时间在不同国家之间存在非常显著的差异。

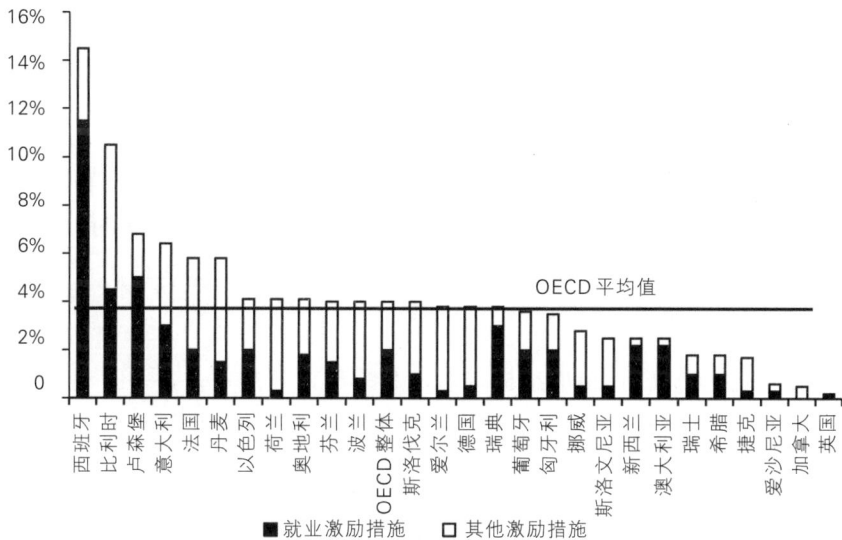

图6-2 2011年参与积极劳动力市场政策的劳动力占总体劳动力的比例

资料来源：OECD Database on Labour Market Programmes.

这在一定程度上是由各国在ALMP上支出结构差异所造成的，例如，同样是培训服务，不同国家会由于服务内容的差异（短期培训与中长期培训）产生很大不同。

如上所述，2008年金融危机造成的失业规模上升，显著地推高了多数国家在失业救济类消极劳动力市场政策方面的投入。相比之下，尽管西方国家在ALMP上的财政支出对失业率上升的反应更加及时且强度更大，但仍有不少国家（例如西班牙、爱尔兰、美国）对失业人员的ALMP支出不升反降。当然，对失业人员的人均积极支出下降，部分反映了许多国家为控制公共预算赤字和不断上升的公共债务与GDP的比率而进行财政整顿的强大压力，但这是一个令人担忧的趋势，因为这可能会进一步加剧全球长期失业者面临的本已困难的劳动力市场形势，从而危及未来的增长前景。

从全球范围来看，早在20世纪初，西方国家政府便开始突破"守夜人"角色，通过采取更加积极的劳动力市场干预政策解决因产业结构变化等因素所造成的失业危机。这一时期，经济学家凯恩斯抨击古典经济学对公共工程和政府支出不仅不能解决劳动力市场问题反而会导致通货膨胀的说法。20世纪30年代大萧条的出现，更让凯恩斯主义所倡导的政府积极干预政策在西方国家产生了广泛的影响。第二次世界大战结束以后，西方国家开始大力推行积极劳动力市场政策，概括来说主要经历了三个发展阶段：

第一阶段开始于20世纪50年代，发轫于北欧国家。这一时期，受第二次世界大战后产业结构转型（农业占比下降与工业、服务业占比上升）、工会壮大及社会民主党执政等因素的影响，瑞典等北欧国家面对劳动力市场需求的快速增长与结构性失业并存的挑战，开始围绕充分就业、低通胀以及工资适度增长等目标，从供给、需求及市场匹配等方面并通过各种就业促进措施，加快劳动力在不同职业和不同地区之间的自由流动，增加劳动力供应总量。其中，需求侧政策，主要是实施公共工程计划、提高面向企业的就业补贴以及扩大对就业吸纳能力强的公司的国家采购等。供给侧政策包括提供培训和再培训服务，引导劳动力向新的经济部门流动。市场匹配层面，包括扩大公共就业服务以及提供工作安置咨询信息，降低劳动力市场交易成本，缩短寻找工作的时间，提高市场匹配效率等。

第二阶段始于1973—1975年的石油危机期。据估计，这一时期，OECD国家的失业率从1973年的3%增长到1988年的7%（Martin，2000）。起初，西方国家政府普遍寄希望于通过各种失业补贴和福利救济来改善失业状况，但事实证明，这些福利政策并没有从根本上扭转西方国家面临的严峻的失业问题。在这种情况下，一些国家开始"积极转向"，从消极的福利补贴转向通过积极劳动力市场政策促进并协助劳动者做好充分的职业准备、增强竞争力，以应对变化的经济环境和劳动力市场需求。据统计，在OECD国家中，积极劳动力市场政策支出占GDP百分比的均值从1985

年的 0.69% 增加到 2011 年的 0.75%。

第三个阶段开始于 20 世纪 90 年代。随着经济全球化进程的不断推进，就业促进政策迈向新的发展阶段。这一时期，西方国家特别是欧洲国家失业问题日益严重，进一步凸显了劳动力市场深层次的结构性问题。这种结构性危机一方面存在于供给侧，亟待制定中长期战略以促进劳动力的有效供给，特别是通过加强社会保护、劳动力市场匹配和个人能力建设之间的联系，鼓励失业和不活跃的人进入劳动力市场；另一方面则来自全球化的冲击，即在各国经济相互依赖加深的背景下，仅靠单个国家的就业政策行动，无法应对不断恶化的失业问题，必须在更大的范围内，采取更为协调和有效的宏观经济措施。

这一时期，西方国家在积极劳动力市场政策工具的使用上也呈现出一定的倾向性。"赋能"式的就业促进理念被越来越多的国家所接受。这一方面体现为以系统化的就业技能培训为主要内容的人力资本投资型就业促进政策的广泛采用。特别是在北欧国家，面向失业者的系统培训被视为帮助他们重返劳动力市场的关键措施。例如，为了更好地提升失业者的专业技能和竞争力，芬兰政府面向 20 岁以上的失业者或者有失业风险的公民提供包括预备性劳动力市场培训和职业性劳动力市场培训在内的一系列培训服务。其中，预备性劳动力市场培训主要是为失业者提供基本的工作搜寻技能和指导，以方便他们选择合适的职业培训项目，如计算机技能培训、语言培训以及职业定位培训等。职业性劳动力市场培训是以资质或证书为导向的职业培训，为失业者提供专业性的职业资格培训。失业者的职业培训方向主要集中在工业、建筑业、办公行政、医疗保健和社会工作等。另一方面则体现为以消除劳动力市场进入障碍，提高劳动力市场匹配效能为目标的"重返劳动力市场便利型"就业促进政策的蓬勃发展。研究显示，20 世纪 90 年代以来此类就业促进政策呈现快速发展的趋势。以德国为例，2003 年德国开启新一轮旨在提升德国劳动力市场的灵活性的改革，其核心在于实施积极劳动力市场政策，鼓励失业者重返劳动力市场。其关键举措有：其一，以市场机制激活就业服务机构，提高就业服务机构协助失业人员或就业弱势群体重返劳动力市场的能力。德国政府积极推动传统就业服务机构的商业化转型，并大力引入私营就业服务机构进入，形成有管理的竞争局面，倒逼公共就业服务机构结合劳动力市场的新需求与新趋势，优化和丰富服务内容，提高服务效能。与此同时，德国政府还引入服务券制度，即失业人员在接受公共就业服务六个月后仍无法重返劳动力市场的，可凭服务券选择一家私营机构接受就业服务。政府对协助失业者再就业的私营机构将给予奖励性补贴。其二，建立持续有效的就业信息搜寻服务机制。德国政府建立起一整套以"与新注册失业者常态化联系""失业者求职信息报告监测""失业者岗位搜寻推荐""失业者再就业路径规划"为主要内容的失业者工作搜寻机制，极大地降低了失业人员重返劳动力市场时的信息搜寻成本，提高了劳动力市场匹配效能。

6.2.2 主要类型

政府不能仅仅通过扩大需求来一劳永逸地解决失业问题，它需要更多的就业促进工具以减少劳动力市场失衡，具体如：提高劳动力供求之间的匹配效率，让求职者能够更高效地与空缺岗位对接；通过就业激励措施提高劳动参与率，保持有效劳动力供应的水平；影响劳动力需求以增加就业机会；加大人力资本投入，让劳动者在不断变化的劳动力市场中保持更高的适应力与竞争力（Bellmann & Jackman，1996）。

国际上常见的ALMP包括直接创造就业机会、就业安置服务、技能培训服务、就业激励措施和自雇或创业激励措施等。表6-1对积极劳动力市场政策类型进行了比较。

表 6-1　　　　　　　　　　　积极劳动力市场政策类型比较

政策类型	目的	利	弊	实证评估
就业介绍服务	提高劳动者与工作的匹配度	较短的失业时间，成本效益	不会创造工作岗位，需要监控	有利的
培训计划	为更好的就业提供技能	灵活的劳动力，更高的工资	计划必须相关，成本高昂	有利的，特别是在中期运行中存在潜在的短期成本
雇主补贴	增加对工人的需求	提供就业机会	需要确定目标，福利可能会惠及公司，而非劳动者，成本高昂	利弊均存在
工资保险	增加劳动力供应	提供就业机会	倒退（如果没有目标），失业登记人数增加	总体上是有利的
公共工程	直接创造就业机会	立竿见影的好处	成本高昂，负信号效应	有弊的
自雇	直接创造就业机会	鼓励创业，为受过教育的人工作	效率有限，高失败率	到目前为止几乎没有证据

　　图 6-3 显示了 2016 年 32 个 OECD 成员国在这些项目上的支出占 GDP 的比重。不难发现，各主要经济体在 ALMP 政策工具的选择上表现出较大的差异。其中，英国和德国主要依赖就业安置服务；奥地利、芬兰和丹麦更多地聚焦于技能培训；卢森堡和瑞典侧重通过各种补贴激励就业；匈牙利、法国和韩国则将直接创造就业作为其主要就业促进途径。相比之下，美国在各项劳动力市场政策上的支出都只占 GDP 的很小部分。

%GDP 公共就业服务与机构

0.6 0.5 0.4 0.3 0.2 0.1 0

墨西哥 美国 以色列 拉脱维亚 日本 智利 爱沙尼亚 斯洛伐克 加拿大 澳大利亚 洛文尼亚 英国 新西兰 韩国 瑞士 捷克 波兰 挪威 意大利 葡萄牙 爱尔兰 西班牙 德国 卢森堡 比利时 荷兰 奥地利 匈牙利 芬兰 法国 瑞典 丹麦

%GDP 公共就业培训

0.6 0.5 0.4 0.3 0.2 0.1 0

墨西哥 美国 以色列 拉脱维亚 日本 智利 爱沙尼亚 斯洛伐克 加拿大 澳大利亚 洛文尼亚 英国 新西兰 韩国 瑞士 捷克 波兰 挪威 意大利 葡萄牙 爱尔兰 西班牙 德国 卢森堡 比利时 荷兰 奥地利 匈牙利 芬兰 法国 瑞典 丹麦

%GDP 雇佣激励

0.6 0.5 0.4 0.3 0.2 0.1 0

墨西哥 美国 以色列 拉脱维亚 日本 智利 爱沙尼亚 斯洛伐克 加拿大 澳大利亚 洛文尼亚 英国 新西兰 韩国 瑞士 捷克 波兰 挪威 意大利 葡萄牙 爱尔兰 西班牙 德国 卢森堡 比利时 荷兰 奥地利 匈牙利 芬兰 法国 瑞典 丹麦

%GDP 直接创造就业

0.9 0.8 0.7 0.6 0.5 0.4 0.3 0.2 0.1 0

墨西哥 美国 以色列 拉脱维亚 日本 智利 爱沙尼亚 斯洛伐克 加拿大 澳大利亚 洛文尼亚 英国 新西兰 韩国 瑞士 捷克 波兰 挪威 意大利 葡萄牙 爱尔兰 西班牙 德国 卢森堡 比利时 荷兰 奥地利 匈牙利 芬兰 法国 瑞典 丹麦

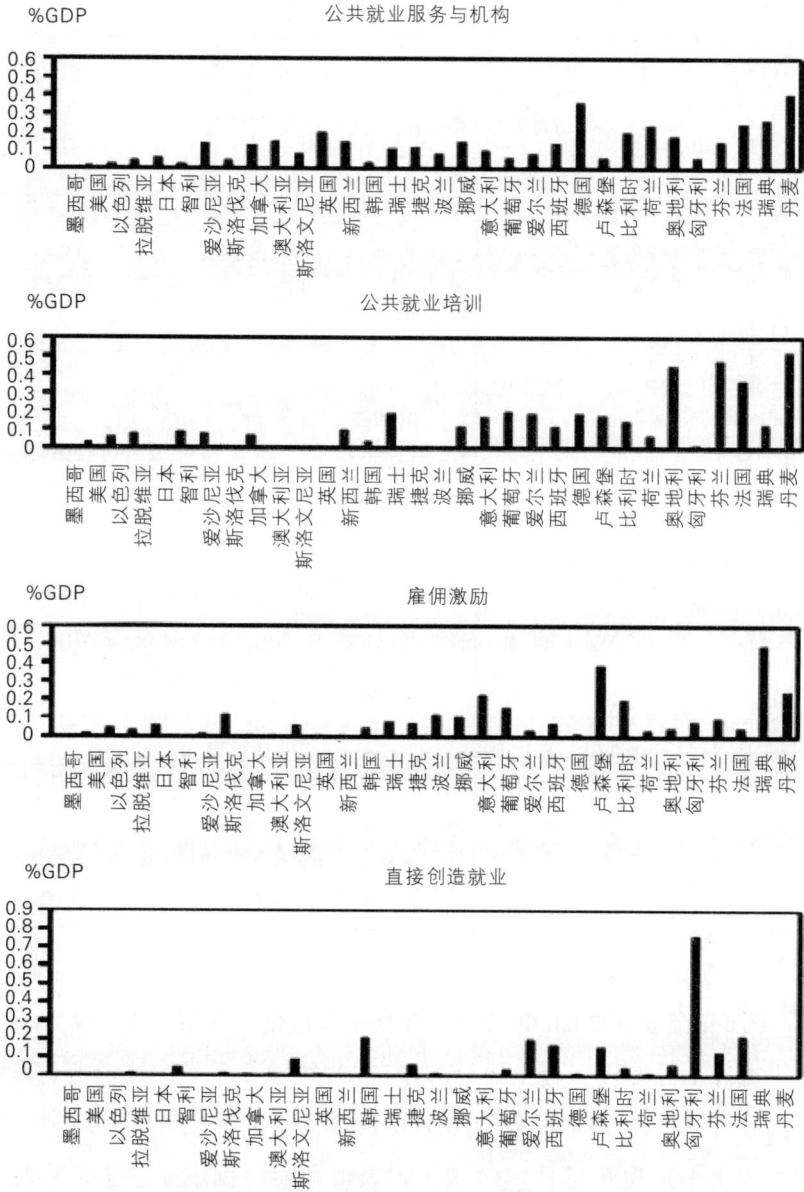

图6-3　2016年OECD国家在不同类型就业政策上的财政支出比重

资料来源：OECD Database on Labour Market Programmes.

（1）直接创造就业机会

由政府通过公共工程项目等措施直接创造就业机会的做法在国际上已经很少被采用。这不仅因为大量公共工程的出现被认为很可能向市场发出"消极"的信号，表明经济的衰退与就业困难，反而更不利于雇主扩大生产，吸纳劳动力，而且公共工程往往要求政府在项目参与者工资费用及项目管理上支付高昂的成本，比之于市场行为，行政机制的低效与腐败往往造成得不偿失的结果（Bonnal et al.，1997；Card et al.，2010）。例如，丹麦1977年的工作机会计划保证长期失业者在公共部门有7个月的补贴性工作，可结果只有不到一半的参与者在完成该计划后找到了新工作。爱尔兰发现，在20世纪80年代的公共工程计划中，只有不到20%的工人在完成该计划后在私营部门找到了新工作（Brodsky，2000）。

（2）就业安置服务

就业安置服务通常被认为是会在短期内能够立竿见影地减少失业持续时间和长期失业人数的有效措施。然而，它们没有从根本上改变劳动力市场需求，也没有以可能在长期内产生更大回报的方式增加人力资本。因为就业安置政策本身不创造岗位需求，所以对目标群体的积极影响可以被置换效应所抵消。在没有创造就业机会的情况下，这些服务更多的是简单地将工作从一部分人（其中一些人是失业或就业不足的人）那里，再分配给接受服务的求职者。此外，就业安置服务也不会像再培训等服务那样改变劳动人口的技能供应。不少研究显示，虽然就业安置服务短期内对受助人有正面影响，但片面依赖就业安置对解决整体失业问题的效果十分有限。因此，政府对失业人员的安置，需要与其他就业激励以及人力资本投资方面的服务结合起来。

（3）技能培训服务

技能培训被认为对就业促进有着长效的影响（Kluve，2010；Card，Kluve and Weber，2010，2018；Hyman，2018）。尽管短期内接受技能培训可能会影响劳动者的收入水平甚至会暂时失去工作，但从长期来看，通过培训获得新技能不论对薪资的增长还是对个人晋升都有着十分积极的影响。例如，持续 2～12 周的短期培训计划是德国普遍实施的一种劳动力市场政策，这一计划每年都能向劳动力市场输送 100 多万名技能人才。不仅如此，技能培训对弱势群体的帮助往往更大。例如，研究发现，培训往往对女性比对男性更加有效（Bloom et al.，1997；Friedlander et al.，1997；Greenberg et al.，2003）。

（4）就业激励措施

就业激励措施包括就业激励补贴和工资保险，是常见的一类就业促进政策。一方面，政府向雇主提供补贴，以激励其雇用特定群体（就业困难群体、失业人员等），扩大劳动力需求；另一方面，如果失业工人从事低薪工作，则工资保险将为工人提供一定赔付（救助），以弥补全部或部分工资损失，同样能够在一定的工资水平上增加劳动力供给（Card & Hyslop，2005）。当然，尽管这两项激励措施也存在着诸如目标人群定位不准（很多公司即便没有补贴也会扩大雇用）以及道德风险（例如，本不会申请失业的工人为了获得赔付而申请失业）等问题，但在具体的政策实践中仍然被证明是有效的。一些研究发现，当就业激励措施与就业服务和培训相结合时会非常有效（Katz，2008）。以美国内华达州政府出台的一个旨在帮助长期失业者的就业平台项目为例，该项目整合了工资补贴与就业培训，即向失业者提供为期 5 周的就业准备及技能课程，然后向雇主提供受雇失业人员在新工作岗位上前两个月的工资补贴，结果显示 80% 以上的参与者在试用期后保住了职位。此外，来自加拿大的一项政策试验显示，向近 5 000 名单身父母（主要是单身母亲）提供工资保险有助于激励他们从被动接受长期失业救助，转向更加积极地投身于全职工作，且相比之下，工资保险的花费要明显少于失业救助（Michalopoulos et al.，2000）。

（5）自雇或创业激励措施

国际上通常较少将自雇或创业项目作为针对失业群体的就业激励措施，这主要是因为自营职业所需的综合技能往往不是一般失业人员，特别是长期失业者所能具备的。例如，20世纪80年代末90年代初，美国华盛顿州和马萨诸塞州曾推行过一项激励失业工人自雇或创业的就业发展计划，经过调查仅有极小部分失业者（2%～4%）具备自雇或创业条件。OECD国家在创业项目上的平均支出仅占GDP的0.01%，多数国家并不会在鼓励自雇或创业上投入政府资金。尽管如此，在一些国家，由于劳动法对雇员的过度保护，招聘、解雇程序十分复杂且成本较高，因此这些国家的自雇率相对较高，在这些国家激励自雇也被视为一项重要的就业政策（如西班牙政府在激励自雇上的财政支出占GDP的比重能达到0.1%）。

尽管如此，近年来受新技术以及共享经济的影响，自雇及创业活动在应对失业上发挥着越来越重要的作用。互联网服务平台的出现，让失业工人可以更容易地在拼车、送餐、家政、照料等服务中找到灵活的就业机会。以最常见的网约车服务为例，霍尔和克鲁格基于对优步司机的调查数据发现，优步平台让失业或未充分就业的群体能够以更加灵活的就业形式（多数司机每周开车不到15个小时）获得一份收入来源。当然，共享经济尽管为人们从事自雇职业创造了更多的可能，但并不是所有人都能够从中获益。霍尔和克鲁格的研究显示，77%的优步司机受过一定的大学教育，有副学士学位，甚至具有更高学历，相比之下，所有员工的这一比例为53%，出租车司机的这一比例甚至更低。同样，对法国城市间拼车服务BlaBlaCar的一项研究发现，司机的收入往往高于乘客（Shaheen et al.，2017）。

学术界针对上述就业促进政策的实施效果做了大量的评估工作。20世纪60年代，学术界就开始了针对ALMP影响劳动力市场效率的评估研究——被称为"流动模型"（flow-model）①。

20世纪80—90年代，学术界提出了研究ALMP对经济和劳动力市场

---

① 流动模型是指用于衡量劳动力市场政策对匹配过程的净影响(考虑到意外（windfall）、替代效应对失业流出的影响)的模型(Bellmann & Jackman，1996a)。

影响的一般模型（Layard & Nickell，1986；OECD，1993）。该模型可以捕捉 ALMP 对匹配过程效率和劳动力规模的影响，同时也考虑到其间接影响。具体来说，该模型主要基于以下假设：提高劳动者的就业能力，促进招聘；减少劳动力供求摩擦，促进就业。就业能力的提高会间接影响工资水平，而工资水平又会对劳动力市场乃至更广泛的经济产生影响。因此，这种方法能够揭示 ALMP 的直接影响，同时也考虑到生产率和竞争效应（内部人与外部人）以及替代、挤出和锁定效应（Bellmann & Jackman，1996a；Calmfors，1994）。

然而，从经验上看，来自国际比较的关于 ALMP 影响的证据一直存在争议。从历史上看，这种跨国方法的支持者遇到的一个主要缺陷是存在同时偏差（反向因果关系），这源于这样一个事实，即尽管 ALMP 旨在影响失业的规模，但失业也可能推动 ALMP 的支出（例如，政府根据希望解决的问题的严重程度来决定支出）。

在20世纪90年代，对解决这种反向因果关系的探索集中在定义一个中期政策反应函数，该函数可以现实地预测政府的政策支出模式。关于这个问题，出现了两个明显对立的理论框架。第一个理论框架假设，政府根据对每个失业者的 ALMP 支出的固定水平做出决定，这一水平可能会随着时间的推移略有不同，但不能完全适应失业状况（Layard et al.，1991）。然而，衡量对每个失业人员的 ALMP 支出水平将导致内生性问题。因此，在这种情况下，解决这一问题的建议方案是研究中期内的平均失业率和每名失业人员在退休保障计划上的平均支出水平。如果假设的政策反应函数是现实的，那么在提议的方案中，政策立场确实是外生的。第二个理论框架假设，各国政府在中期内将一定比例的 GDP 用于 ALMP 支出，这不会随着失业率的变化而调整（OECD，1993）。在这种情况下，ALMP 支出是作为 GDP 的份额来衡量的，因而基本上不存在内生性问题。

重要的是，对政府政策立场的不同假设在 ALMP 对失业率的影响方面产生了不同的结果。尽管 OECD（1991）发现 ALMP 对长期失业率有降低作用，但该组织（1993）声称，结果还不够稳健，不足以得出结论。不幸的是，目前还远不清楚政策反应函数的正确参数是什么，而且很可能的情况是，无论是什么，各国的情形都不会相同。意识到这个问题和解决内生性问题的重要性，后来出现了其他努力，主要是通过固定效应估计器（fixed-effect estimators）和工具变量来解决这个问题（Calmforsand Skedinger，1995；Büttnerand Prey，1997；Schmider et al.，2001；Estevão，2003）。

特别是 2008 年国际金融危机以来，随着就业促进政策在各国的广泛施行（如 2008 年国际金融危机爆发后欧盟用于就业提振的资金达 800 亿欧元，积极劳动力市场政策在"欧洲就业战略"中扮演着越来越重要的角色），科学衡量评估就业促进政策的有效性显得越来越重要。Kluve 分析了这一时期 19 个欧洲国家的 137 个项目。结果显示，54% 的项目取得了积极的效果，21% 的项目有显著的负面影响，其余项目的效果并不明显。从政策类型来看，培训项目对就业率提升有着积极的影响。与培训相比，50% 的就业激励如就业补贴和支持计划有积极效果，而旨在直接提供就业安置的公共工程起到积极效果的不足四分之一（ILO，2015）。有学者基于 31 个发达国家数据库考察了 1985—2010 年期间 ALMP 政策对就业的影响，研究发现政府加大在诸如技能培训、就业激励等方面的公共支出的确能够显著地提升就业水平，特别在降低低技能群体失业风险，提高其劳动参与率上效果更为显著。此外，政府在创业激励方面的支出也被证明是有效的（Escudero，2018）。Betcherman 等（2004）对发达国家和转型国家近 200 项就业促进政策的效果进行了考察，结果显示不论在发达国家还是在转型国家，就业咨询服务以及在职培训项目的就业促进效果最为明显。相比之下，就业补贴尽管被很多国家采用，但它的就业促进效果并不明显。Spevacek（2009）在梳理中东欧国家就业促进政策评估研究后发现，这些国家积极劳动力市场政策在降低失业率、增加就业人数上发挥了积极的作用，其中就业咨询和培训类服务应用得最为广泛，也最为有效。Forslund

等（2011）研究发现，在经济发展的不同阶段，就业促进政策的效果不同。在经济衰退时期，向失业者提供技能培训能更有效地缩短再就业的时间。

6.3 国际积极劳动力市场政策的理论基础

自20世纪30年代世界经济危机以来，通过积极劳动力市场政策应对劳动力供需失衡，稳定就业，日益成为各国政府重要的职能所在。从凯恩斯主义到新自由主义，不同学术流派围绕就业促进中政府与市场职能关系的讨论，不断丰富着ALMP的理论基础与政策内涵。在这样的背景下，不论是政府还是学术界越来越意识到，就业促进是一个系统性的工程。政府不可能仅仅通过扩大需求就可以持续地解决失业问题（Bellmann & Jackman，1996），还应通过就业培训、工作补贴等支持计划，提高劳动力的供给质量与水平，同时，通过促进劳动力市场信息的充分释放，提升供需双方的匹配效率。此外，围绕社会保障、薪资待遇、职业培训等方面建立起广覆盖的就业保护网络和劳资协商仲裁机制，对纠正劳动力市场失灵同样有着十分重要的意义。这里，我们对影响积极劳动力市场政策发展的主要学说做一简要的介绍。

6.3.1 凯恩斯主义

凯恩斯的有效需求理论及国家干预思想奠定了政府在"需求侧"实施积极劳动力市场政策最重要的理论基础。20世纪30年代，世界经济危机爆发使得古典经济学"供求自动均衡，自动实现充分就业"的市场论断面临前所未有的挑战。在这样的背景下，凯恩斯在其出版的《就业、利息和货币通论》一书中提出了不同于古典经济学的新就业理论。

凯恩斯指出，在市场经济条件下，除了摩擦性失业和自愿性失业外，还存在"非自愿性失业"，即"按现行货币工资水平受雇于雇主，但仍然得不到就业机会"的现象。非自愿性失业之所以存在，从根本上讲是有效需求不足的结果。所谓有效需求，"是雇主们从决定提供的当前就业量上，所可预期取得的总收益"。有效需求决定着一个社会的就业量，当有效需求小于总供给价格时，雇主们就会缩减生产，解雇工人。凯恩斯认为，古典经济学通过降低工资以增加劳动力需求的做法非但不能解决非自愿性失业问题，还会导致总供给价格水平降低和劳动力需求的进一步下降。因此，为了应对有效需求不足而造成的大规模失业，需要政府通过需求管理，即采取更加积极的市场干预措施，让经济在充分就业的水平上实现稳定。具体来说，一方面，政府可以通过增加货币供应量，降低利息率，使利息率低于资本边际效率，就会刺激投资的增加，并通过投资乘数的作用，提高有效需求，使就业量与国民收入成倍增长；另一方面，政府还可以采取扩张性财政政策，直接对公共部门与公共项目进行社会化投资，进而通过收入效应和乘数效应提高就业水平。

20世纪70年代石油危机的出现，使得一部分学者开始对凯恩斯主义进行修正，由此逐渐形成所谓"新凯恩斯主义"。这一流派对现代西方就业理论产生了深远的影响。新凯恩斯主义以不完全竞争和不完全信息为前提，解释劳动力市场的非均衡性，即劳动力市场的"刚性"或者"黏性"，并由此衍生出"工资刚性""隐含合同""内部人-外部人模型""锦标赛模型""菜单成本"等一系列学说。例如，工资刚性学说认为，受政府规制、劳动合同等因素的影响，工资不会随需求变动而迅速调整，因而不能用降低工资的办法来减少失业。当有效需求减少时，雇主会调整用工数量，从而产生非自愿性失业。"内部人-外部人模型"学说认为，任何企业或行业都会形成"内部人"（圈内人）的小圈子，相比于外部人，内部人由于受到劳动转换成本的保护，在工资决定上有着更强的议价能力，具有较强的就业优势和地位。这使得工资调整主要取决于内部人，而非外部劳动力市场的影响。正是因为大量市场之外的"外生"因素的存在，造成了劳动力市场的失灵。因此，需要政府采取适当的干预措施。一方面，政府的就业政策应当考虑降低劳动力的周转成本。例如，向求职者提供职业技能培训，降低劳动力市场的进入门槛，帮助失业者再就业等。另一方面，规制工资合同，减少工资黏性，引导建立更加市场化导向的薪酬体系。

6.3.2 新自由主义

自20世纪30年代世界经济危机以来，凯恩斯主义的盛行深刻地影响了积极劳动力市场政策体系在西方国家的建立与发展。然而，到了70年代，"滞胀危机"（经济增长停滞与通货膨胀并存）的出现让强调通过国家扩张性财政政策从需求侧解决失业问题的凯恩斯主义受到抨击，取而代之的是以货币学派、供给学派为代表的新自由主义从供给侧寻求实现充分就业的主张。

以弗里德曼为代表的货币学派认为，影响经济的关键要素是货币发行量而不是需求，因此强调通过固定货币供给数量、稳定通货膨胀预期的重要性，反对用扩大政府财政支出、增加预算赤字的手段来应对经济衰退和扩大就业。货币学派的就业理论集中体现在弗里德曼的"自然失业率"假说。他认为，劳动力市场的供求竞争机制使得实际工资水平具有足够的弹性，以调节劳动力的供求。在供求均衡时，总有部分人不能实现就业——这种现象被称为自然失业，即在没有货币因素干扰的情况下，劳动力市场和商品市场处于均衡状态下的失业。自然失业不仅是市场经济下的常态，不会随着政府的积极劳动力政策干预而消失或减弱，而且自然失业也是经济效率的体现，劳动力市场的"出清"总是伴随着淘汰那些劳动技能水平低的劳动者。如果所有人都能够找到工作，劳动力市场就会丧失竞争机制，进而导致劳动力要素不能得到有效的配置。总之，货币学派认为市场能够自我调节劳动力供求，反对利用财政政策解决就业问题。

以阿瑟·拉弗为代表的供给学派反对凯恩斯主义的需求管理政策，在他们看来，政府通过刺激总需求带动经济增长与降低失业率的做法必须以存在大量闲置生产力为前提。在生产力不足的情况下，积极的干预措施只会导致生产力的更加不足，失业问题也会更加突出。该学派认为，造成20世纪70年代发达国家经济增长停滞和通货膨胀的原因就是政府过于看重通过扩张性财政政策刺激短期需求，而忽视中长期的经济增长，即供给问题。因此，只有在供给侧发力，才能从根本上解决经济下滑以及由此带来的失业问题。

扩大供给的关键在于政府能否充分发挥市场机制，解除对企业的管制，消除不利于生产要素供给和利用的因素，使生产要素供需达到均衡和有效利用。比之于凯恩斯主义强调扩张性财政手段，供给学派更强调税制的影响。他们认为税制影响经济主体行为是通过相对价格变化实现的。税率过高，从劳动力供给来看，意味着休闲对工作的相对价格下降，人们就会选择休闲而不去工作，劳动力供给就会减少；从资本积累来看，意味着消费对储蓄和投资的相对价格下降，人们就更愿意将收入用于消费而不是储蓄和投资，资本供给就会减少。因此，大幅降低税率成为供给学派刺激经济增长、解决失业问题的核心政策。只有减税才能更好地增加储蓄，刺激投资，进而带动整个社会经济水平的提升与就业增长。

6.3.3 新古典主义

经典的劳动力市场理论认为，劳动力的供给和需求是在信息完备的、无摩擦的市场环境下进行的。然而，现实中的劳动力市场的信息是不完备的、有摩擦的。劳动者和企业在偏好、技能和需求上存在普遍的异质性，这使得其在彼此供需匹配的过程中势必产生信息收集等成本，并由此引发供需匹配延迟和耽搁以及失业者与空缺职位并存的现象，进而造成摩擦性失业。因此，在信息不完备、交易存在摩擦的市场环境下，如何在劳动者和雇主之间建立有效率的供求交易模式自然成为就业理论需要解决的一个重要问题。

对此，新古典宏观经济学派提出了"搜寻匹配理论"。该理论最早可以追溯到美国著名经济学家、诺贝尔经济学奖获得者斯蒂格勒（Stigler），他在20世纪60年代已经在一篇研究失业的论文里谈及搜寻问题①。在现实生活中，工作搜寻者（求职者）寄希望于通过搜寻行为来改善福利，因此，搜寻者不会提前确定拟搜寻企业的数量而会不断寻找工作直到满意为止，其持续时间取决于搜寻和被搜寻双方各自的偏好和所处环境的全部特征。80年代，彼得·戴蒙德（Peter Diamond）、戴尔·莫滕森（Dale Mortensen）和克里斯托弗·皮萨利德斯（Christopher Pissarides）在原有工作搜寻理论的基础上引入均衡搜寻视角，综合考虑劳动者搜寻工作、企业职位供给以及搜寻者与职位之间的供需匹配，这就是搜寻匹配理论。搜寻匹配理论将劳动力供需双方、薪资决定机制同时纳入模型，解释了劳动力市场转换、均衡失业率、失业持续期、薪资差异等问题，不仅深化了对摩擦性失业的认识，还为解释自然失业率奠定了坚实的微观基础。

搜寻匹配理论认为：①匹配过程效率和劳动者生产率的提高会降低失业率。因此要减少摩擦性失业，最有效的方法是提高失业者和空缺职位的匹配效率。这就需要加强劳动力市场信息网络的建设，迅速及时地为求职者和雇主提供各类求职信息和招聘信息；要加强公共就业服务机构的就业服务职能，为求职者提供各类就业咨询，并对求职者进行有针对性的就业指导和培训。此外，还要进一步完善劳动力市场制度。②求职者议价能力的提升以及求职期间净收入（"失业保险金等直接收益"与"闲暇消费等间接收益"之和减去"求职直接成本和机会成本"）的上涨会延长平均失业持续时间。因此，应该减少政府社会福利投入，降低就业者的就业心理预期，促进失业者尽快上岗和解决低薪岗位的空缺问题。③应建立最低工

① 斯蒂格勒首先提出固定样本模型(the fixed-sample size model)，并应用到商品市场的搜寻过程中。他认为，搜寻过程就是某消费者在购买物品之前，先确定拟搜寻卖家的数量，最终在一定的卖家中选取最低价格的卖家以完成搜寻过程。

资制度，提高最低工资水平。由于就业规模视企业和劳动者的匹配情况而定，提高最低工资水平会吸引更多的人主动求职，从而让更多的企业和劳动者配对成功，就业规模也会随之上升。

第7章
就业促进决策机制与监测评估

7.1 我国就业促进决策机制与监测评估

7.1.1 决策机制

就业促进与具体部门的专职工作不同，它所牵涉的方面非常多，多是以总体规划指导与重点任务分工相结合的方式，由中央到地方层层分解落实。在这个过程中，既依赖于各职能部门的分工执行，又离不开职能部门之间的协同推进。根据《中华人民共和国就业促进法》（以下简称《就业促进法》）的规定，在中央及地方就业促进的职能划分上，中央层面主要由"国务院劳动行政部门具体负责全国的促进就业工作"。自2018年新一轮国务院机构改革实施以来，除直接负责劳动行政事务的人力资源和社会保障部（以下简称"人社部"）外，国务院组成部门中下设与就业直接相关司处的部委还包括国家发展和改革委员会（以下简称"国家发改委"）、教育部、财政部、退役军人事务部等四个部门。此外，国务院直属机构中，国家统计局也专门设有人口和就业统计司。上述六个部门是中央政府推动就业促进工作的关键职能部门。

各部门在就业促进工作中具体职能分工如表7-1所示。其中，人社部作为就业促进工作的主管部门，下设就业促进司、失业保险司等，主要围绕就业促进统筹规划、人力资源市场与服务发展、劳动保障及监督管理等方面展开工作；国家发改委的就业收入分配和消费司，更多的是从协调就业促进与社会经济协调发展方面制定宏观规划；教育部、财政部、退役军人事务部与就业直接相关的司处多是在各自职能相关范围内针对具体人群制定就业政策；国家统计局的人口和就业统计司则专门负责就业方面的调查与统计工作。

表7-1 各部门就业促进职能分工

部门		就业促进职能
人社部	就业促进司	(一)实施就业优先战略和就业优先政策,拟订促进城乡统筹就业的发展规划和年度计划并组织实施,组织拟订促进就业、鼓励创业的基本政策并指导实施 (二)拟订劳动者公平就业政策并指导实施,组织拟订流动就业、农村劳动力转移就业政策并指导实施,拟订困难地区促进就业政策并指导实施 (三)拟订全方位公共就业创业服务发展规划和政策并指导实施,指导公共就业创业服务机构和体系建设,拟订公共就业创业服务制度、规范并指导实施,组织实施公共就业服务国家标准推行工作,参与拟订人力资源服务从业人员相关管理制度,指导开展公共就业创业服务从业人员培训。指导和规范公共就业服务信息管理和发布工作,拟订就业信息化建设规划和规范并指导实施 (四)拟订促进青年就业创业政策措施、国家计划并指导实施,指导实施青年就业见习工作。牵头拟订高校毕业生就业政策并指导实施,拟订促进高校毕业生就业的国家计划并指导实施。拟订促进妇女、残疾人等群体统筹就业的政策并指导实施,拟订对就业困难人员(含零就业家庭成员和残疾人)的就业援助制度和政策并指导实施 (五)按照分工,做好外国人来华工作。拟订香港、澳门、台湾居民在内地(大陆)就业政策并指导实施 (六)参与拟订就业补助资金使用管理办法并指导实施,拟订就业与失业管理办法,指导实施就业与失业登记制度,按照部门分工承担就业和失业统计工作,组织拟订就业信息监测制度并指导实施,研究分析并预判就业形势及发展趋势 (七)承担国务院就业工作部际联席会议办公室有关工作
	失业保险司	(一)拟订失业保险政策、规划和标准 (二)拟订失业保险基金管理办法,负责失业保险费率确定、失业保险待遇项目给付标准确定,参与社会保险基金预决算和拟订投资运营政策工作 (三)拟订失业保险援企稳岗政策 (四)拟订失业保险支持参保职工提升技能政策 (五)负责建立健全失业预警制度和失业动态重点监测报告制度 (六)拟订预防、调节和控制较大规模失业的政策 (七)拟订结构调整中涉及职工安置权益保障的政策 (八)组织拟订全国失业保险经办管理服务规划、经办规程、服务标准 (九)负责审核中央及中央下放关闭破产企业职工安置方案,牵头协调处理职工安置有关问题

部门		就业促进职能
国家发改委	就业收入分配和消费司	提出促进就业、调整收入分配、完善社会保障与经济协调发展的战略、规划和政策建议,统筹推进收入分配制度改革及相关体制改革
教育部	高校学生司	指导地方教育行政部门和高等学校开展大学生就业指导和服务工作;参与拟订普通高等学校毕业生就业政策;组织实施国家急需毕业生的专项就业计划
财政部	社会保障司	承担人力资源和社会保障、民政、卫生健康、退役军人事务、医疗保障等方面的部门预算和相关领域预算支出有关工作,提出相关财政政策建议;会同有关方面拟订有关资金(基金)财务管理制度;审核并汇总编制全国社会保险基金预决算草案;承担社会保险基金财政监管工作
退役军人事务部	就业创业司	拟订自主择业军队转业干部、复员干部、自主就业退役士兵就业创业年度计划并组织实施,组织开展就业创业促进和教育培训等工作,指导开展有关中介服务工作,组织协调落实退役军人社会保险等待遇保障工作
国家统计局	人口和就业统计司	组织实施全国人口普查、人口抽样调查、劳动力调查和工资统计调查,整理和提供有关调查的统计数据;收集和提供人口、就业、工资和社会保障等统计数据;对有关统计数据进行检查和评估;组织指导有关专业统计基础工作;进行统计分析

资料来源:整理自各相关部委网站信息.

当然,在促进就业规划具体的实施过程中,各部门的职能分工各有侧重。如表7-2、表7-3所示,以《"十三五"促进就业规划》为例,在规划设定的62项重点任务中,由人社部直接牵头负责的就有11项之多,主要涉及人力资源市场与服务体系建设、人才保障与激励以及劳动保障、监察与预警三大方面。国家发改委紧随其后,直接牵头负责的任务也多达7项,其职能更侧重在需求侧发力:一方面,通过释放产业红利,鼓励战略性新兴产业、现代服务业发展,扩大就业需求,同时引导传统产业转型,吸纳与稳定就业;另一方面,促进创业创新,培育吸纳就业能力强的创新型创业企业。此外,教育部、中国人民银行、证监会、工业和信息化部、科技部、财政部、农业农村部、国家统计局等部门也在其职责范围内各有分工。

表7-2 《"十三五"促进就业规划》重点任务分工（牵头负责部分）

部门/任务类别			任务内容
部门牵头负责	人社部	人力资源市场与服务体系建设	• 人力资源市场体系建设与制度完善 • 实施人力资源服务业发展推进计划 • 构建创业服务平台,推动公共就业创新服务
		人才保障与激励	• 完善技能人才待遇制度,全面加强技能人才激励工作 • 吸引更多境外高端人才来华创业创新 • 实施高技能人才振兴计划和专业技术人才知识更新工程 • 实施创业创新人才引进计划
		劳动保障、监察与预警	• 健全就业、劳动保障等相关制度,支持发展就业新形态 • 完善劳动保障监察机制,加强劳动保障监察执法能力建设 • 健全促进就业工作机制,完善考核指标体系 • 建立完善失业监测预警机制
	国家发改委	释放产业红利,扩大需求	• 编制出台共享经济发展指南,促进共享经济健康发展 • 开展加快发展现代服务业行动 • 推动资源枯竭城市等困难地区培育发展劳动密集型接续产业 • 推动传统制造业由生产型向生产服务型转变
		直接指导促进就业创业	• 建设"双创"示范基地 • 结合新型城镇化开展支持农民工等人员返乡创业试点 • 大力支持培育一批吸纳就业能力强的创新型创业企业
	教育部	人才培养、教学改革	• 优化高校专业设置与应用型人才培养 • 完善终身教育制度建设 • 促进校企合作(现代学徒试点工作、实训基地)
	其他	中国人民银行、证监会	• 优化小微企业融资环境,增强其吸纳就业能力 • 建设小微企业创业创新基地 • 建设创业孵化基地和创业园区 • 健全国家资助政策,保障职业院校家庭经济困难学生完成学业 • 实施新型职业农民培育工程 • 健全就业统计指标体系,建立就业统计数据质量核查机制
		工业和信息化部	
		科技部	
		财政部	
		农业农村部	
		国家统计局	

表7-3 《"十三五"促进就业规划》重点任务分工（按职责分工部分）

部门按职责分工	释放产业政策红利,扩大需求	• 大力发展战略性新兴产业,创造就业新领域 • 完善新兴产业和现代服务业发展政策 • 推动现代农林业产业发展,培育新型农业经营主体
	促进创业	• 优化创业投融资渠道 • 推进知识产权交易,加快建设全国知识产权运营公共服务平台。推动重点实验室、科技园等平台资源向社会开放
	人才保障与激励	• 支持劳动者以知识、技术、管理、技能等参与分配,实行股权、期权等中长期激励政策 • 落实高校、科研院所等专业技术人员离岗创业政策 • 优化政策,吸引海外高端人才来华就业创业 • 加强职业道德建设 • 鼓励职业院校发展
	重点人群及地区专项行动	• 开展重点地区促进就业专项行动 • 推进农村劳动力转移就业示范基地建设 • 困难群体就业保障与管理
	信息化建设	• 推进公共就业信息服务平台、创业培训信息化管理平台、流动人员人事档案信息化建设 • 建立全国性的劳动力市场价格监测体系
	战略协同	• 坚持实施就业优先战略,充分发挥就业目标的引导作用,统筹制定国民经济和社会发展总体规划,统筹考虑宏观调控的重点和节奏

地方层面与中央相似,主要由县级以上人民政府负责所属地区的就业促进工作,县级以上人民政府有关部门按照各自的职责分工,共同做好促进就业工作。扩大就业作为地方经济和社会发展的重要目标,被《就业促进法》明确要求纳入到地方国民经济和社会发展规划中,"通过发展经济和调整产业结构、规范人力资源市场、完善就业服务、加强职业教育和培训、提供就业援助等措施,创造就业条件,扩大就业"。

除了职能分工外，为了强化部门之间的协同性，从中央到地方还建立了促进就业工作的协调机制。从 2002 年发布《中共中央 国务院关于进一步做好下岗失业人员再就业工作的通知》（中发〔2002〕12 号）开始确立积极就业政策体系的基本框架时起，就提出了建立"再就业工作部际联席会议制度"，省、自治区、直辖市人民政府根据促进就业工作的需要，建立促进就业工作协调机制，协调解决本行政区域就业工作中的重大问题。此后随着就业促进工作常态化，2005 年，国务院发布《国务院关于进一步加强就业再就业工作的通知》（国发〔2005〕36 号），提出为适应新的形势任务要求，将再就业工作部际联席会议制度调整为就业工作部际联席会议制度，地方各级人民政府也要对联席会议制度做相应调整，形成统一领导、分工协作的工作机制。到 2019 年，"为进一步加强对就业工作的组织领导和统筹协调，凝聚就业工作合力，更好实施就业优先政策"，国务院办公厅发布《国务院办公厅关于成立国务院就业工作领导小组的通知》（国办函〔2019〕38 号），通知指出，国务院决定成立国务院就业工作领导小组，作为国务院议事协调机构，国务院就业工作部际联席会议同时撤销。领导小组实行工作会议制度，工作会议由组长或其委托的副组长召集，根据工作需要定期或不定期召开，办公室设在人社部，承担领导小组日常工作。就业工作领导小组的职能在于，"贯彻落实党中央、国务院关于就业工作的重大决策部署；统筹协调全国就业工作，研究解决就业工作重大问题；研究审议拟出台的就业工作法律法规、宏观规划和重大政策，部署实施就业工作改革创新重大事项；督促检查就业工作有关法律法规和政策措施的落实情况、各地区和各部门任务完成情况，交流推广经验；完成党中央、国务院交办的其他事项"。特别值得注意的是，在职能定位上，就业工作领导小组被赋予更加重要与全面的就业决策、协调以及相关法律法规及规划政策的审议部署、落实检查职能，在未来就业促进工作中将发挥更加关键的协同作用。

7.1.2 监测评估

针对就业促进政策的效果评估首先离不开就业监测体系的建立。总体来看，我国就业监测体系建设大致经历了三个发展阶段。

第一阶段（1980—1994年），初步建立城镇登记失业制度。20世纪80年代初，随着改革开放的推进，中国政府开始进行"待业统计"，到1994年改称"登记失业"，初步确立了城镇登记失业制度。这项制度主要针对城镇地区有非农业户口、16周岁以上至退休年龄内、有劳动能力、无业而要求就业，且自愿主动前往公共就业服务机构进行登记的失业者进行统计。统计得到的"城镇登记失业率"反映的是城镇登记失业人员占城镇人员（包括城镇从业人员及登记失业人员）的比重。

第二阶段（1994—2010年），确立全国月度劳动力调查制度。鉴于城镇登记失业统计口径过窄，并不能反映农民工与外来常住人口的失业状况，2004年国务院办公厅发布《国务院办公厅关于建立劳动力调查制度的通知》（国办发〔2004〕72号），要求地方各级人民政府和各有关部门精心制订全国劳动力调查方案。翌年，国家统计局正式实施了全国劳动力抽样调查。2009年，31个大城市月度劳动力抽样调查制度确立。该调查采用分层、多阶段、与住房单元数多少成比例（PPS）抽样的方法抽取村级单位（居委会或村委会），进而采用随机等距抽样的方法在村级单位抽取住房单元或住户组，并对抽中的住房单元和住户组内的所有人员进行调查。全国每月共调查约12万户（住房单元，或住户组），其中城镇约8.5万户，乡村约3.5万户（国家统计局，2017）。2013年，调查城市扩大到65个；2016年，调查范围覆盖全国所有地级市（州、盟）。调查内容涵盖受访者姓名、与户主关系、性别、出生年月、户口登记情况、受教育程度、婚姻状况、就业失业状况、工作时间、工作报酬、行职业、未工作原因等29个项目。

第三阶段（2010年至今），就业信息监测平台建立与完善。2010年，人社部发布《关于建立全国就业信息监测制度的通知》（人社部发〔2010〕86号），正式提出依托各地公共就业人才服务信息系统和金保工程部省市三级业务专网，在原有失业登记与失业保险信息监测工作基础上，建立全国就业信息监测制度，实现全国范围内中央、省、市三级人力资源和社会保障部门对劳动者就业登记、失业登记和享受就业扶持政策等相关信息的全面监测。这项工作主要是以持有"就业失业登记证"或者没有持证但在公共就业人才服务机构接受管理与服务的劳动者为监测对象，监测内容具体涵盖劳动者基本情况（包括劳动者的基本信息、就业失业登记证管理信息、就业登记信息、失业登记信息、失业保险待遇享受信息）、就业援助对象认定情况、就业扶持政策享受情况三方面信息共67个指标。在此基础上，从2011年至今，经历两期开发，逐步建立起由就业监测管理信息系统软件、就业监测信息接口程序、就业信息监测客户端软件、就业监测信息发布系统、跨地区就业信息核验系统、就业信息监测资源数据库及数据分析桌面工具六大系统组成的全国就业监测信息化平台。

目前，该平台已实现全国省级单位系统部署全覆盖、全国地市单位数据上报全覆盖。每月监测的劳动者人数已达4.2亿，为就业失业登记制度深化执行，实现劳动者就业状态、就业援助、政策享受等信息的跨地区核验，以及全国就业形势决策分析提供重要的数据支撑。当然，由于监测对象存在一定局限性，从2018年4月开始，国家统计局将调查失业率（通过劳动力调查或相关抽样调查推算得到的失业人口占全部就业人口和失业人口之和的百分比）纳入主要统计信息发布计划中，按月定期发布全国城镇调查失业率和31个大城市城镇调查失业率。该项指标不仅按照常住人口进行统计，而且在失业标准的选择上借鉴国际劳工组织的统计口径，将16周岁及以上、没有工作但近3个月在积极寻找工作的人员界定为城镇失业人口，更具国际可比性。至此，调查失业率与经济增长率、物价指数和国际收支平衡状况并称为四大宏观经济指标。

目前，由政府主导的就业促进评估工作主要围绕全国及地方促进就业五年规划实施情况展开。就业促进评估在形式上主要包括"年度监测评估""中期评估""总结评估"三类。年度监测评估主要由国家及地方发改委牵头建立跨年度滚动实施机制，组织开展重点任务（涉及就业的部分）评估。中央及地方各级人民政府要在促进就业五年规划实施的中期及期末分别开展全国及地方促进就业规划实施情况的中期评估和总结评估。

具体来说，国家发改委、人社部将会同有关部门，围绕"主要目标与主要指标的达成情况（特别是约束性指标的达成情况）""重大工程及重点任务的推进情况""指导原则及核心思想的贯彻落实情况"等方面，通过"自评估与第三方评估""综合评估与专题评估""过程评估与效果评估""客观评估与主观评估"相结合的办法（见表7-4），对各自负责的相关领域的主要目标、主要指标、重点任务、重大工程项目实施情况及成效进展进行全面评估，其中主要指标及重大工程项目是评估重点，还需对实现进度、预期展望进行详细说明，一并形成评估报告（见表7-5）。

表7-4 评估办法

评估方法	内容
自评估与第三方评估相结合	以政府自评估为主，同时通过定向委托或公开招标，选择国内外知名研究机构、评估咨询机构和智库开展第三方评估
综合评估与专题评估相结合	既要从促进就业战略总体布局进展情况出发开展综合性、系统性评估，又要围绕重点目标、任务开展若干专题评估
过程评估与效果评估相结合	既要通过前后情景对照、成本收益分析评估主要目标、重点任务以及重大工程项目实施效果，又要评估实施过程
客观评估与主观评估相结合	既要掌握各项目标任务进展，做好定性分析和定量评价，客观反映规划实施情况，又要将人民群众的切身感受作为重要评价标准，开展更大范围、更具代表性的社会调查，提高评估结果的感知度和认同度

表7-5　　"十二五"规划、"十三五"规划评估主要指标及预期值

指标	2010	2015	2020
城镇新增就业人数(万人)	〔5 771〕	〔4 500〕	〔5 000〕
城镇登记失业率(%)	4.1	<5	<5
转移农业劳动力(万人)	〔4 500〕	〔4 000〕	—
高技能人才总量(万人)	2 863	3 400	5 500
专业技术人才总量(万人)	4 686①	6 800	—
企业劳动合同签订率(%)	65	90	>90
企业集体合同签订率(%)	50	80	—
就业脱贫(万人)*	—	—	1 000
劳动年龄人口平均受教育年限(年)*	—	—	10.8
新增劳动力平均受教育年限(年)*	—	—	13.5
技能劳动者(亿人)*	—	—	1.7

注:〔 〕表示五年累计数;①为2008年年末数据;*表示"十三五"规划新增指标。

7.2　国际就业促进决策机制与监测评估

7.2.1　欧美国家就业促进决策与监测

欧美发达国家高度重视就业监测工作。以美国为例,早在1884年联邦政府就通过《劳工局法案》成立劳工统计局(Bureau of Labor Statistics,BLS),成为美国联邦统计系统的主要组成部分。美国劳工统计局负责监测劳动力市场活动、工作条件和经济领域内的价格变化情况,承担收集、分析和发布劳动力市场信息的职责。根据监测项目和任务的不同,美国劳工统计局下设通胀与价格(Inflation & Prices)、就业(Employment)、失业(Unemployment)、薪资待遇(Pay & Benefits)、消费(Spending & Time Use)、生产力(Productivity)、工伤(Workplace Injuries)、国际(International)与区域资源(Regional Resources)等9个部门。各部门针对劳动力市场中不同群体(涵盖不同性别、种族、年龄段、受教育程度及产业)、

不同时期在失业率、就业率、劳动力参与率、薪酬和绩效、劳动时间、劳动生产率和劳动成本等方面的情况展开数据监测、评估及预测研究（见表7-6）。

表7-6　　　　　中国、美国、欧盟及OECD就业监测指标体系

监测项目	中国	美国	欧盟	OECD
就业状况	按三次产业、城乡、行业、经济类型、所有制类型划分的就业人数	按性别、年龄、种族、受教育程度、残疾状况、工作类别、退伍军人身份（包括服务年限）分列就业人数	按性别、年龄、受教育程度、工作年限划分的就业人数，非全时雇佣和临时合同人数	按性别、年龄、受教育程度分列的就业率、就业人数、劳动力人数、劳动力参与率
失业状况	按城镇登记失业人数、城镇登记失业率、城镇调查失业率划分	按失业时间、行业、工人类别分列失业人数	失业家庭人口数；按性别、年龄分列的长期失业人数；按性别分列的既没有就业也没有接受教育和培训的15~24岁青年人数；失业补充指标（未充分就业的兼职工人、想找工作但不是立即找工作的人、可以工作但不寻求工作的人）	协调失业率和协调失业率水平；按性别、年龄、受教育程度、工作年限分列的失业率
就业质量	城镇单位就业人员平均工资和指数、按行业分城镇单位就业人员平均工资	农业及非农业雇员平均时薪和周薪；每周平均工作时数和加班时间；每周总工作时数和总工资额指数	按性别、专业、全职/兼职和经济活动分列的主要工作岗位每周平均工作时数；按性别、专业地位、全职/兼职和职业分列的主要工作每周实际工作时数；按性别、专业地位、经济活动和第一份工作的全职/兼职分列的第二份工作每周实际工作时数	就业人员平均每周通常工作小时数；工作质量（quality of job）；工作质量数据库是围绕OECD工作质量框架的三个主要维度（收入、劳动力市场安全、工作环境的质量）构建的。按性别、年龄、受教育程度分列

监测项目	中国	美国	欧盟	OECD
就业状态转变	实现就业/终止就业日期、终止就业登记原因、失业登记原因、注销失业登记原因		按性别、年龄、以前工作经历、失业持续时间、城市化水平、劳动力市场依附程度分列的从失业到就业、从就业到失业、从非全时工作到全时工作过渡平均数、从定期合同到无固定期限合同转变的概率	
非标准就业	按行业分其他单位就业人员平均工资		非全时雇佣(part-time employ-ment)和临时合同–年度数据、非全时雇佣(part-time employ-ment)和临时合同–季度数据、自雇(self-employment)的职业状况(current professional sta-tus)、自雇的优先职业地位(preferred professional status)、自雇的工作满意度	

资料来源：中国的统计指标来源于国家统计局官网（http://data.stats.gov.cn/easyquery.htm?cn=C01）；美国的统计指标来源于美国劳工统计局官网（https://www.bls.gov/news.re-lease/archives/empsit_07052019.htm）；欧盟的统计指标来源于欧盟官网（https://ec.europa.eu/eurostat/web/lfs/data/database）；OECD 的统计指标来源于 OECD 官网（https://www.oecd.org/employment/emp/employmentdatabase-employment.htm）。

　　除了针对劳动力市场整体情况的监测外，欧美国家还高度重视对重点人群的就业监测工作。以英国的高校毕业生就业状况监测项目为例，这是由英国政府、高校及协会合作开展的一个针对毕业生就业状况的抽样调查项目。该项调查在每年 1 月（针对 1—7 月份毕业的学生）和 4 月（针对 8—12 月份毕业的学生）分两次通过问卷、信件、网络调查等形式进行，调查对象涵盖英国不同学历层次、生源地的全日制及非全日制毕业生。高等教育统计署会在各高校和高校毕业生就业指导服务协会调查收集数据的基础上，对当年毕业生就业去向监测结果进行评估，并向全社会公布评估结果（见表7-7）。

表7-7 英国高校毕业生就业状况监测

维度	监测内容
个人资料	姓名、性别、种族、是否残疾、地址、邮编、电子邮箱、毕业院校、专业名称、电话号码等
工作状态	工作名称、工作任务、被聘用方式、税前年薪、工作机构名称、工作地点邮编、工作机构职员数量、工作与学历关系、与雇主认识的时间、为雇主工作的方式、雇主选才标准、择业原因、就业渠道等 针对毕业后从事教育工作的学生：就职于公立还是私立学校，在基础教育还是高等教育机构工作、是否正在寻找教师岗位等
深造与培训	针对调查前选择进修、培训或是报考研究生的毕业生：深造方式、计划深造的学历类型、专业名称、研究领域、报名机构名称、深造原因、深造资金来源 针对业余时间获得证书的毕业生：学习课程时间、动机、学习课程之前或期间是否找到工作、雇主在毕业生学习之前或期间的支持情况

7.2.2 OECD国家就业促进评估经验

就业促进评估是一项国际议题，这里我们以OECD为例，介绍就业促进评估的国际经验。近年来，面对收入不平等加剧、生产力增长放缓对各国社会流动、政治稳定性及国民福利的不利影响，OECD提出推动社会经济包容性增长的倡议。受此影响，实现包容性增长与高质量就业（更加公平的薪资体系、更加安全的工作环境、更有利于个人能力提升的保障机制）协同并举，保障国民工作机会与福祉的持续改善，日益成为国际社会评估就业促进工作的一个重要出发点。OECD将就业促进政策视为实现包容性增长和增进国民福祉的重要手段，将包容性增长理念作为制定就业促进政策的理论依据。通过支持、营造和维护一个运作良好的劳动力市场，为所有人创造更好的就业机会，确保经济增长能够转化为被广大人民所共享的社会财富，并保护和改善那些弱势群体的就业权利与生活水平。

包容性增长理念与就业促进的内在关联主要体现在以下四个方面：

推动共享繁荣：经济增长推动就业促进。要将实现全体国民的高质量就业置于优先战略地位。就业促进致力于确保工作质量与健康的工作生活相协调，通过强化劳动力市场在应对各种社会经济波动与风险时的韧性与适应性，确保劳动力市场的稳定与持续性。

建立包容性市场：包容性市场离不开包容性就业，提升劳动力市场的包容性与灵活性，既要体现在将新技术推动下大量涌现的新兴就业形式纳入劳动力市场的规范运作与保障体系之中，同时又能积极培育多样化的工作形式与劳动关系，帮助不同类型劳动者，特别是女性劳动者、高龄劳动者、低学历劳动者等弱势群体更好地进入劳动力市场。

保障机会平等：机会平等是一切繁荣的基础。就业促进应以充分保障机会平等和提升社会流动性为导向，不仅要在包容性框架下，将非标准就业及弱势就业群体纳入社会保障网络，压缩介于标准与非标准就业之间的灰色不法地带（例如虚假自雇），还要重视成人终身学习体系的建立，加大在职业培训、招聘辅导等领域的投入力度，降低能力不平等。

建立包容性增长治理机制：实现就业促进与包容性增长协同发展，根本在于从过去"头痛医头、脚痛医脚"式的碎片化就业施政思路，迈向建立涵盖"供给–需求–环境"多层次的综合就业促进治理体系，推出更具整合性、协同性的就业促进方略。

基于包容性增长理念，OECD 在 2018 年发布的 Good Jobs for All in a Changing World of Work：The OECD Jobs Strategy 报告中提出了新的就业战略——"就业促进战略轮盘"（New OECD Jobs Strategy Dashboard），并以此作为评估就业促进政策的依据。"就业促进战略轮盘"由三个维度构成：

第一，"更多更好的工作"（more and better jobs），指的是就业质量与数量。其中，就业数量主要使用就业率、失业率和广泛的劳动力利用率（定义为非学生工作年龄人口中非活跃、失业和非自愿兼职人员的比例）

来衡量；就业质量则涵盖收入、劳动力市场安全与工作环境质量等多个方面。

第二，"劳动力市场包容性"（labor market inclusiveness），指的是所有公民，特别是弱势群体都有平等的机会享受社会经济发展的成果及就业机会。这个维度主要通过低收入率、劳动力市场性别歧视度、收入不平等、弱势群体（青年、老年工人、有子女的母亲、残疾人和移民）就业不足程度等指标度量。

第三，"就业韧性与适应力"（resilience and adaptability），主要指的是各项政策在促进劳动力市场有效地吸收和适应经济冲击，并最大限度地利用技术变革（包括自动化和数字化）、气候、人口变化以及全球化等大趋势带来的新机会促进就业上的能力。就业韧性是通过估计国内生产总值受到1%的负面冲击后三年内失业率的平均增长情况来衡量的，即限制失业波动和在总体冲击后迅速反弹的能力。就业适应力则主要通过以下指标来度量：①劳动生产率的增长率（产出、就业和工资高增长的关键先决条件）；②生产性企业吸引工人并将其转化为生产力与收益提升的能力；③工资增长与生产率增长的脱钩程度；④劳动者技能水平（更高的技能促进学习、创新和更高的工资），学生技能（下一代应对未来挑战的能力），以及非标准工人在总就业人口中的比重（非标准就业的灵活性能够提升劳动力市场对经济社会波动的适应性）；⑤失业率的区域差异（衡量各国适应技术变化、全球化和人口变化等大趋势的不均衡区域影响的程度）。

"就业促进战略轮盘"为科学评估OECD成员国就业促进绩效提供了共同的参考维度与标准，研究显示就业率相对较高的国家在就业质量和包容性方面的表现往往较好，例如，北欧国家，如冰岛、丹麦、挪威、瑞典。在经历2008年国际金融危机之后，大多数国家都积极改善就业质量，缩小了性别劳动收入差距，并使弱势群体更好地融入劳动力市场，女性和老年工人就业率上升显著。劳动力市场韧性越来越重要。在经济波动日益常态化的今天，劳动力市场不仅要面对经济衰退带来的短期社会经济损失，还要面对周期性衰退的长期冲击。事实上，在劳动力市场韧性较强的国家，失业率和低收入率普遍较低，而劳动力市场安全度较高。日本和一些北欧国家（芬兰、冰岛、挪威和瑞典）的劳动力市场韧性较强，而一些地中海国家和美国则相对较弱。

此外，从就业韧性与适应力的各项指标来看，拥有高技能劳动力的国家（如北欧诸国、德国、日本和荷兰）在劳动力市场所有方面的表现都较好。尽管如此，低技能问题仍然普遍存在，即便在 OECD 发达国家，约有 1/5 的成年人和 1/3 的学生也不具备在快速变化的劳动力市场取得成功所需的基本技能。非标准工人比重较高（如大多数地中海国家）、国内失业率区域差距大的国家其就业质量和包容性往往较低。此外，实际工资中位数增长密切跟踪生产率增长的国家，如丹麦和新西兰，在就业数量和包容性方面总体上都做得很好。相比之下，实际工资中位数增长超过生产率增长的国家，如希腊、意大利和西班牙，经历了失业率的大幅上升。实际工资中位数增长低于生产率增长的国家，如爱尔兰、波兰和美国，在包容性方面通常表现不佳。总之，实际工资中位数增长不论是过度高于生产率增长（与经济发展不相符的再分配与高福利体制），还是过度低于生产率增长（经济发展所创造的财富并没有被多数劳动者所分享）从长远来看都不利于就业发展。

7.3 展望

7.3.1 就业监测评估体系优化

劳动力市场状况（特别是失业状况）不仅是各国政府判断国家经济增长与波动趋势的主要依据，也是评估宏观经济调控政策（包括就业促进政策）实施效果的基本内容。近年来，我国政府高度重视劳动力市场指标在宏观调控层面的决策指导作用。2019年，政府工作报告更是明确提出要"将就业优先政策置于宏观政策层面"。在此背景下，切实提高劳动力市场调查与监测的质量水平，对强化劳动力市场信息对宏观决策的支撑能力无疑有着十分重要的意义。尽管如此，在现行劳动力市场调查与监测的制度框架下，政府所公布的劳动力市场数据"是否能"作为捕捉宏观经济变动趋势的"充分信息"，以及究竟"要如何"让这些数据在宏观经济判断中更好地"说话"，政府和学术界仍然缺乏充分的讨论。

具体来说，所谓"是否能"的问题，集中反映在我国劳动力市场调查的数据质量上。长期以来由于统计口径、样本代表性等问题，我国政府公布的劳动力市场数据往往因为对经济增长及波动趋势缺乏敏感性而备受质疑。

一方面，以核心指标——失业率为例，较早公布的"城镇登记失业率"由于依赖失业者主动前往就业部门登记且只针对非农户籍人口，统计口径过窄，往往被认为无法很好地反映经济波动的实际状况。这一点从2008年国际金融危机冲击下我国GDP增速明显下降，但城镇登记失业率仍波动很小上可见一斑。相比之下，基于全国月度劳动力调查得到的"城镇调查失业率"在统计口径、样本代表性、调查时效性以及国际可比性上都有了很大的改进。如图7-1所示，全国城镇调查失业率和31个大城市城镇调查失业率均与GDP增长及波动趋势大致保持同向，特别是在历时较长的31个大城市城镇调查失业率上表现得更加明显。当然，同美国等发达国家的监测数据相比，我国城镇调查失业率对经济波动的敏感度与指示效果仍然较弱。对此，有学者认为这可能与月度劳动力调查样本规模有限、抽样框老化及代表性不足有关（我国月度劳动力调查的12万户样本中城镇约有8.5万户，仅占中国城镇就业人数的0.03%；而美国在失业率统计中调查样本为6万家庭，约占美国非农就业人数的0.07%）。

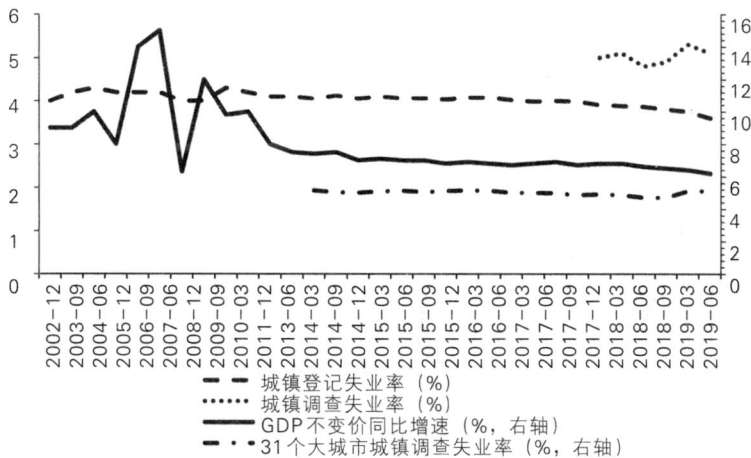

图 7-1　中国失业情况统计

资料来源：国家统计局.

　　另一方面，以人力资源和社会保障部公布的求人倍率指标（岗位空缺数/求职人数）为例，该指标类似于美国基于 JOLTS（Job Openings and Labor Turnover Survey）发布的职位空缺指标，都是用来反映劳动力市场的供需情况。不同的是，前者根据城市公共就业服务机构统计的公共就业服务申请人数（求职人数）以及申请招聘用工服务的用人单位的岗位数（岗位空缺数）计算得到，并未涵盖校园招聘、网络招聘、职业中介等新兴求职渠道信息。后者则通过直接向雇主调查企业就业情况、空缺职位数量、招聘和解聘情况等计算得到。其调查样本包括大约 1.6 万家美国企业，涵盖美国经济的大部分领域。如图 7-2、图 7-3 所示，美国职位空缺规模与经济增长波动高度相关。相比之下，我国的求人倍率在 2010 年之前与经济增长趋势还能大致保持同向变动，但此后却呈现完全背离的趋势（如图 7-4 所示）。尽管政府与学术界大多将其解读为结构性失业，即求职者技能与岗位需求不相适应的表现，但考虑到这里的求职人数仅统计了去公共就业服务机构申请职位的人，很大程度上低估了实际的求职规模，由此造成了对结构性失业的高估以及对经济阶段性下行趋势下岗位需求下降规模的低估等问题，难免会影响这一指标对经济形势判断的参考价值。

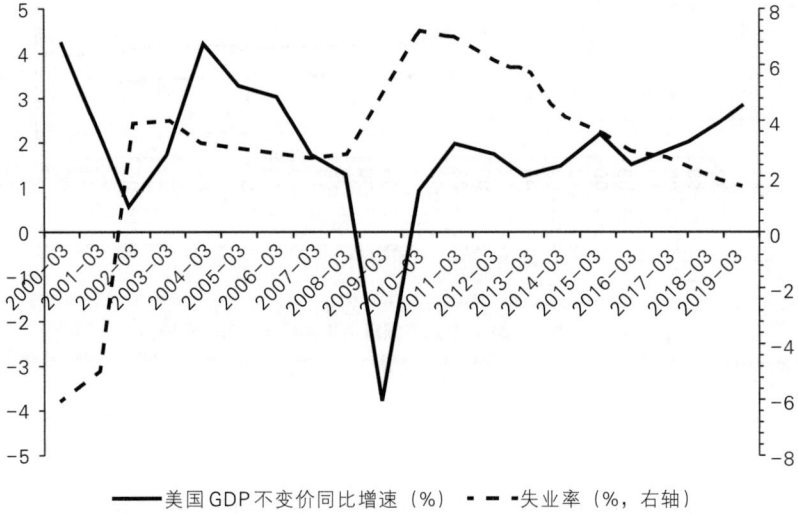

图7-2　美国失业率与GDP增速反向变动

资料来源：恒大研究院.

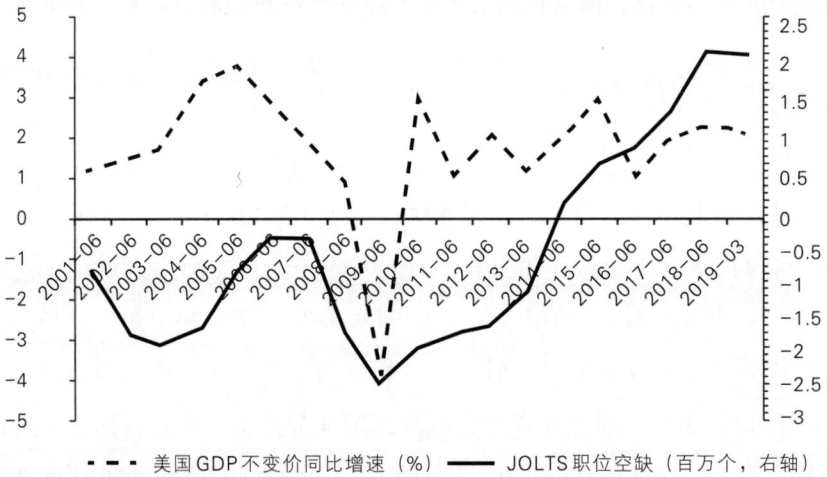

图7-3　美国JOLTS职位空缺与GDP增速正向变动

资料来源：恒大研究院.

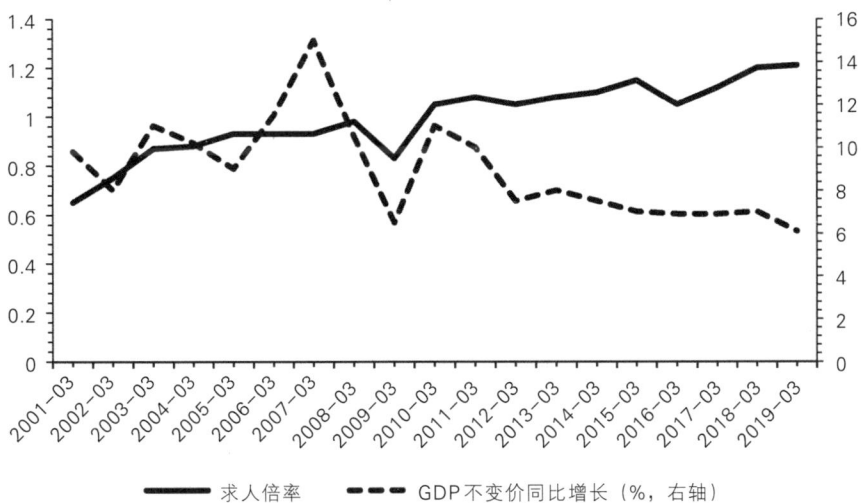

图7-4 中国求人倍率趋势与GDP增速关联度弱

此外，我国的劳动力市场监测在指标设计上还存在"重数量、轻质量"的倾向。从政府公布的就业数据来看，主要还是以反映就业规模的"数量型"指标为主，"质量型"指标则相对缺乏。但是，考虑到一方面，多数企业不会在经济下行初期就立刻大规模裁员，而是一般选择通过降薪、减少工时或转雇兼职人员等办法逐步降低用工成本，在这种情况下调查失业率虽然没有明显上升，但就业质量实际上已经发生变化。另一方面，数字经济在当前国家经济发展中扮演越来越重要的角色。在数字经济催生下，越来越多新的就业形态不断涌现，这些新型工作（如平台工作）不论在工作时间、工作性质还是社会保障等方面都有别于传统工作。在这种情况下，为了更好地把握宏观经济形势以及新型就业形态的现状与趋势，单单依靠传统的失业率等数量型指标显然不够。加大对诸如工作时间、薪资增速、兼职比例、合同类型与社会保障状况等就业质量型指标的监测，日益成为国际就业监测评估的主流。事实上，不论从美国、欧盟，还是OECD劳动力市场调查监测体系的指标构成来看，就业质量都是其中非常重要的组成部分，近年来欧盟及OECD更是推出一系列指标，加大对非标准就业的监测力度。

　　总之，为了进一步提高劳动力市场调查监测指标对宏观经济变动趋势的敏感度与指示效果，可从以下方面着手改进：其一，完善劳动力市场调查监测的指标体系，特别是应将就业质量与新工作类型（非标准就业）纳入监测范围。充分借鉴欧美发达国家的经验，强化对包括工作时间、薪资增速、兼职比例、合同类型与社会保障状况等在内的质量型指标的监测力度。在我国经济发展进入新常态的背景下，应进一步加强对就业质量"先行"变动的趋势监测与研判，加强对劳动力市场转换（不同就业状态之间的转换）的动态监测，将就业质量与状态变化作为评估宏观经济形势的重要参考。与此同时，将非标准就业的规模与质量纳入劳动力市场调查监测范围。其二，优化劳动力市场调查与信息收集机制，不仅要通过扩大抽样规模、优化抽样方法等技术层面提升劳动力调查与就业监测的质量水平，更重要的是要从过去主要依靠公共就业服务中心等相对单一的数据采集渠道，转向建立"政府-人力资本市场（企业）-智库"多主体协同的监测机制，充分利用诸如"百度指数""CIER指数"等企业与智库就业大数据信息，进行各指标之间的印证校验，不断提高对劳动力市场全局形势的信息提取与分析能力。

　　所谓"要如何"的问题则集中反映在我国就业监测指标的功能定位上。

　　强化就业监测指标在宏观决策中的功能定位，就是要把实现充分、高质量就业的目标以及劳动力市场各类信息纳入宏观经济政策抉择中予以考量、决策和执行。

　　具体来说，一方面，定位上要突出新常态下以实现"稳就业"为判断经济形势与开展宏观调控的依据的重要性。长期以来，不论是政府还是学术界都习惯使用GDP年度增长率作为判断宏观经济形势及发展水平的基本依据。然而，2010年以来受经济、人口结构深度转型（劳动力绝对数量下降、人口抚养比逐年提升）的影响，劳动力供给、人力资本改善、资本回报率、全要素生产率都很难达到2010年以前的水平。根据蔡昉（2013）等学者的估算，中国经济潜在增长率从2010年之前的10%下降到

"十二五"时期的7.6%和"十三五"时期的6.2%，新常态下经济增速的放缓趋势日益凸显。在这样的背景下，再以GDP增速作为判断经济发展与实施宏观调控的唯一标准已然不合时宜。相比之下，劳动力市场指标一直是判断宏观经济形势的重要依据与出发点。根据奥肯定律（Okun's Law），失业率与经济增长之间存在相对稳定的关系。经济增速一旦低于潜在增长率，就意味着生产要素利用不充分，包括对劳动者的雇用和使用减少，失业率随即上升。近年来，美联储经济学家克劳迪亚·萨姆（Claudia Sahm）进一步强调了失业率在预判经济衰退上的重要意义。她指出，历史地来看（如图7-5所示），20世纪60年代以来，每当3个月平均失业率较前12个月的低点上升0.5个百分点时，即可判断经济已进入衰退或即将进入衰退。该发现被称为"萨姆法则"，基于该法则得到的"萨姆法则衰退指数"（Sahm rule recession indicator）目前已被纳入美国联邦储备经济数据系统（FRED），同其他宏观指标一道被作为判断宏观经济形势的重要参考。鉴于此，立足"稳就业"，将实现充分、高质量就业的目标以及劳动力市场信息纳入宏观决策体系，既是实现高质量增长的应有之义，也是建立"以人民为中心"的发展观的必然要求。

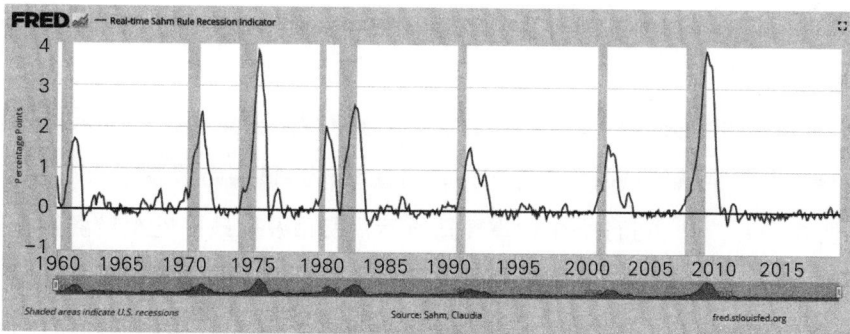

图7-5　萨姆法则

资料来源：SAHM C.Real-time Sahm Rule Recession Indicator ［EB/OL］. ［2021-05-10］. https：//fred.stlouisfed.org/series/SAHMREALTIME.

另一方面，围绕"稳就业"目标，不断提高对就业监测数据研判的精准性。尽管劳动力市场状况与经济发展之间有着十分密切的关系，但国际经验显示，二者之间的同步性并不是一成不变的。国际货币基金组织前首席经济学家拉古拉迈·拉詹（Raghuram Rajan）发现，同1990—1991年的经济衰退相比，美国2001年经济衰退之后的经济复苏并没有带来就业的同步增长，他将此称为"失业型复苏"。"失业型复苏"的出现不仅反映了经济结构深层转变对劳动力市场需求的巨大影响（经济增长越来越依靠新兴产业，因经济衰退而从成熟产业中退出的劳动者无法立刻满足新兴产业的岗位需求），也反映了传统雇佣世界正在被越来越多非标准就业所冲击的现实。在这样的背景下，我们对劳动力市场信息的监测与研判，就需要更加精准与深入。

通常来说，造成就业不足的因素主要有三：一是结构性的，即因劳动者技能与岗位市场需求不相适应造成，也称结构性失业。二是摩擦性的，即因信息传递不畅通和市场功能的局限，劳动者与岗位之间的衔接出现时间上的迟滞，也称摩擦性失业。三是周期性的，即因宏观经济波动造成的岗位不足导致劳动力得不到充分利用，也称周期性失业。周期性失业与宏观经济状况直接相关，而结构性失业和摩擦性失业与宏观经济状况（通胀高低）没有直接关联，因而也称为自然失业。所以，需要依靠就业监测信息更好地识别不同失业类型及风险，进而提高政策干预的精准性与有效性。其一，将失业率稳定在自然失业水平上，保障充分就业。目前，政府与学术界通常以城镇调查失业率是否超过5%为判断中国是否存在周期性失业的依据，显著超过5%则需要适时运用货币及财政等宏观经济政策，从刺激需求的方向进行逆周期调控，使经济增长速度回归潜在增长率，将失业率降回到充分就业水平，与此同时，要完善社会保障制度的托底功能，密织一个牢固的社会安全网络，在关键时刻对弱势群体进行兜底保障。在不存在周期性失业的情况下，尽量避免出台过于宽松的扩张性宏观经济政策。其二，强化对结构性失业和摩擦性失业状况的监测，提高就业质量。受数字技术冲击、经济结构转型以及人力资源市场发育相对滞后等因素的影响，结构性失业、摩擦性失业将给"稳就业"带来更多的挑战。除了监测城镇调查失业率外，还应借鉴欧美国家的就业监测经验，不断完善岗位供求（求人倍率），特别是强化对劳动力市场转换、工作时间、工作报酬、非标准就业等反映就业质量及新兴就业类型变化的数据的监测。

7.3.2 就业促进治理路径优化

强化就业促进工作的协同性对实现"稳就业"目标、全面提升就业质量有着十分重要的意义。特别是在以政府为主导的前提下，就业促进的协同性既体现在决策者对政府部门"分工部署"的科学定位上，又体现在决策者对各部门以及政府、市场与企业多元主体之间"合作合力"的统筹引导上。

一方面，需要不断改进中央及地方各级政府部门就业促进分工部署的科学性，在既有"职能型分工"的基础上，突出"功能型分工"导向。从以往实施积极就业政策的经验看，中央及地方政府在就业促进规划的制定与实施中，习惯将规划期内所要实现的目标及任务按"职能"即事权归属，进行被动的部门分解，这种做法虽然能够在"条条"下，通过垂直的行政命令与隶属关系保障就业促进工作的贯彻实施，但在客观上造成了"各司其职"下的政策分割与施行效果的"碎片化"。这种分工模式忽视了劳动力市场在个体、部门及地域之间高度整合和联动的事实。根据部门职能的划分来落实积极的就业政策，容易在操作层面将积极的就业政策孤立化、简单化，而使实际执行的效果打折扣。相比之下，"功能型分工"更强调部门之间在充分履行各自职能的同时，为了就业促进总目标的达成，能够更加有机、主动地配合衔接。

建立"功能型分工"机制，其一，要立足于就业促进的"全生命周期"视角，即以提高工作在全生命周期的可得性（available）与可持续性（sustainable）为出发点确立各部门的功能定位，从而保障各部门能够为劳动者从青年到老年各个阶段的工作需求与保障，提供相应的政策支持，并通过部门协作确保就业促进政策在全生命周期中的有序衔接与充分可及（见表7-8）。

表7-8　　　　　　　　　　　　工作全生命周期

青年阶段		中年阶段		老年阶段	
在校教育	学校-职场过渡	工作	离职/再就业	退休	再就业
技能培养	人力资源市场职业规划	就业保障成人学习/培训	失业保障人力资源市场	退休保障	高龄劳动者培训老年人力资源市场

其二，要立足围绕应对不同类型的失业风险与保障需求制定更加精准的政策干预与任务分配机制。积极就业政策不是简单的劳动力市场政策，是经济政策和社会政策的有机结合。经济政策主要着眼于应对摩擦性失业风险，社会政策则主要针对周期性和结构性失业风险。各部门需要以应对不同类型的失业风险与保障需求为出发点，明确自身的功能定位与部门间的协作模式。例如，防范摩擦性失业风险，重点在于提高劳动力市场活力与效率。这需要发改委及市场监督管理部门积极引导鼓励人力资源产业（特别是人力资源中介服务产业）的发展，激发市场活力；而人力资源和社会保障部门则应致力于规范与强化劳动力市场的资源配置，促进市场信息充分流动，不断提高劳动力市场的运行效率，同时注重给予短期就业困难人群必要的帮扶与保障。防范结构性失业风险，重点在于提升人力资本质量水平，不断适应经济转型升级对人才技能的新需求。这需要人力资源和社会保障部门与教育部门承担起人力资源培育的政府职能，深化教育教学体制改革，建立终身学习制度，不断提升劳动者的人力资本水平与适应经济结构变化的能力，从而在中长期缓解结构性失业的压力。最后，面对因劳动力市场波动所导致的周期性失业，需要宏观经济综合管理部门（央

行、财政部等）统筹安排宏观调控政策，综合协调财政政策和货币政策的取向和力度，从刺激需求的方向进行逆周期调控，使经济增长速度回归潜在增长率，消解周期性经济波动产生的周期性失业。

另一方面，在完善中央和地方就业工作领导小组机制的同时，注重积极引导市场、企业及社会组织等多元主体参与到就业促进工作的实际决策中去，从"部门协同"迈向"治理协同"。2019年，国务院决定成立国务院就业工作领导小组，作为国务院议事协调机构。切实发挥就业工作领导小组的职能对强化政府部门在就业促进工作中的协同性有着十分重要的意义。这需要从中央到地方建立完善的就业工作领导小组制度，形成常态化工作机制。与此同时，更要强化协同治理理念，引导与鼓励市场、企业及社会组织等多元主体充分参与到就业促进规划及政策制定、效果评估等决策中去。

第8章
重点区域与人群就业促进

8.1　城市群战略与就业促进

从中小城镇向城市群、都市圈"转型升级"是全球城市化发展的主体形态与主流趋势。一方面，城市群是城市化最主要的空间与人口载体。联合国数据显示，1950—2015年，全球1 000万人以上城市人口占全球总人口的比重从0.9%增至6.3%，预计到2035年全球城市化率将达62.5%，城市群、都市圈人口将继续快速集聚。以美国和日本为例，美国都会区人口比重从1910年的28.4%增至2015年的85.6%，人口向都会区集聚态势尤为明显。1950—2015年，100万～500万人、500万人以上的都会区人口比重分别增加13.5、12.9个百分点，是25万～100万人的都会区增长率（2.8%）的5倍多。日本也是如此，占国土面积仅有6%的东京、大阪、名古屋三大都市圈早在1955年就集聚了全国近40%的人口，如今该比重更是超过60%。

另一方面，城市群对国际社会经济发展有着重要的战略引领和经济支撑作用。从全球范围来看，经济产出排名前40的城市群不仅GDP总和占世界的66%，而且贡献了全球85%的创新成果。其中，美国东北部大西洋沿岸城市群与北美五大湖城市群集中了美国70%以上的制造业；日本太平洋沿岸城市群集聚了全国80%的金融、教育及科研机构和2/3的工业产值；英国伦敦城市群是世界三大金融中心之一，核心城市伦敦贡献了全国约20%的GDP，是欧洲最大的金融中心。可见，城市群已成为支撑世界各主要经济体发展的核心区和增长极。它不仅是政府就业促进工作的"牛鼻子",更是创造就业岗位、满足就业需求的"蓄水池"与"稳压器"。因此,突破以往"各自为战"的思维束缚,建立以城市群为主体的区域就业协调与促进机制是新型城镇化的必然要求,对进一步扩大政府就业促进政策"规模效应"有着十分重要的意义。

第十届全国人民代表大会第四次会议于 2006 年 3 月 14 日通过的《关于国民经济和社会发展第十一个五年规划纲要的决议》,就已明确要求"把城市群作为推进城镇化主体形态"。2010 年,《全国主体功能区规划》(国发〔2010〕46 号)的颁行进一步确立了"构建以陆桥通道、沿长江通道为两条横轴,以沿海、京哈京广、包昆通道为三条纵轴,以国家优化开发和重点开发的城市化地区为主要支撑,以轴线上其他城市化地区为重要组成"的城市化战略格局。在此基础上,2014 年《国家新型城镇化规划(2014—2020 年)》及"十三五"规划正式提出建设包括长三角、珠三角、京津冀、山东半岛、海峡西岸、哈长、辽中南、中原、长江中游、成渝、关中平原、北部湾、山西中部、呼包鄂榆、黔中、滇中、兰州-西宁、宁夏沿黄、天山北坡等 19 个城市群,全面推进"以城市群为主体构建大中小城市和小城镇协调发展的城镇格局"。截至 2018 年,19 个城市群总面积达到 240 万平方千米,占全国的 1/4;其常住人口达 10.5 亿人,城镇人口 6.5 亿人,占全国城镇人口的 78.3%;地区生产总值合计 79.3 万亿元,占全国的 88.1%。

目前,尽管中国的城市群建设已经进入快车道,但在如何推动建立"以城市群为主体的区域就业促进协同机制"(以下简称"城市群就业促进协同机制")这一问题上,政府与学术界尚未展开充分的研究讨论。事实上,我国当前的就业促进工作仍然遵循的是"属地管理"原则,中央及地方各职能部门根据就业促进规划中所拟定的主要内容,通过"任务职能分工"与"目标层层分解"等方式,自上而下地贯彻实施。这种工作思路尽管能够在一定程度上保证就业促进规划任务的落实与执行,但"条块分割"的治理格局与当前日益强调区域协同发展的城市群建设的实际及理念相背离，容易导致地方政府在就业促进具体政策制定与执行上呈现"趋同化""碎片化"倾向，这不仅与整体劳动力市场发展的实际相违背，客观上也不利于提高就业促进政策实施的"规模效应"。因此，未来的就业促进规划应该更注重从城市群建设发展的实际出发，建立与完善"城市群就业促进协同机制"。

8.1.1 建立与完善"城市群就业促进协同机制"的基础条件

建立与完善"城市群就业促进协同机制"首先应该着眼于"人口集聚的趋势特征""城市群发展的战略定位""城市群劳动力市场现状"等三方面的实际。

（1）人口集聚的趋势特征

目前，我国人口集聚趋势呈现出一些新的变化。从区域集聚来看，东部地区人口尽管基数庞大，但增幅放缓，且出现内部分化。改革开放以来，东部沿海地区对外开放，经济率先发展，使得大量中西部人口向珠三角、长三角以及京津冀流动。据统计，1978—2010年，珠三角、长三角、京津冀GDP份额占比从28%增至38%，人口占比从18%增至22%。但受劳动力人口在2010年前后见顶下滑以及产业转型升级等因素的影响，东部地区人口集聚的趋势持续放缓，到2018年东部地区人口占比为22.4%，仅提高0.4个百分点。尽管如此，2016—2018年广东、浙江两省常住人口再度集聚加强，当前年均增量分别为166万人、66万人。

中西部地区受沿海地区产业转型升级、转移以及一代外出务工人员老化等因素的影响，呈现明显的回流趋势，中西部城市群迅速崛起。原来的人口流出大省常住人口增长明显加快，四川、湖北、贵州等之前人口一度负增长的地区逐渐重回正增长。2015年后，安徽、四川、河南、贵州等省人口回流明显加速，安徽常住人口年均增量从2001—2010年的-33万人回升至2016—2018年的60万人，四川从-56万人回升至46万人。此外，东北地区人口流失问题日益凸显，2018 年，其经济份额降至 6.3%，较 1978 年下滑 6.9 个百分点，黑龙江、辽宁、吉林人口先后从 2014 年、2015 年、2016 年开始陷入负增长。

从城市等级集聚来看，一二线城市仍是当前人口集聚的主要地区，三四线城市人口流出持续。1990—2018 年，一线城市人口占比从 2.8% 增至 5.3%，二线城市人口占比从 16.1% 增至 20.5%，三四线城市人口占比从 81% 降至 74.2%。其中，一二线城市人口继续集聚，但趋势逐年放缓。1982—2018 年，一线、二线城市人口年均增速均显著高于全国平均水平，表明人口长期净流入的趋势仍然稳定。然而，从 1991—2000 年、2001—2010 年、2011—2015 年、2016—2018 年人口年均增速来看，总体呈放缓趋势。其中，一线城市人口年均增速从 1991—2000 年的 3.9% 降至 2016—2018 年的 1.4%，二线城市则从 1.9% 降至 1.1%。

相比之下，三四线城市人口总体上仍以流出为主。尽管如此，发达城市群的三四线城市人口仍有不同程度的流入。其中，珠三角三四线城市人口年均增速较快，在 2001—2010 年、2011—2015 年、2016—2018 年间分别达到 2.24%、0.58%、1.09%，京津冀次之（0.73%、0.57%、0.55%），长三角较弱（0.58%、0.31%、0.53%）。显然，尽管一二线城市人口集聚放缓，但集聚趋势仍会持续。根据联合国以及恒大研究院的预测，到 2030 年中国城市化率将达约 71%，即城镇人口达到 10.3 亿，较 2018 年增加 2 亿，新增城镇人口中 80% 将集聚在城市群中，长三角、珠三角、京津冀、长江中游、成渝、中原、山东半岛等七大城市群城镇人口增量占比将超过 60%。

（2）城市群发展的战略定位

尽管目前规划中的国家级城市群已经达到 19 个，但由于区位、规模及经济发展水平之间的差异，各城市群发展的战略定位不尽相同。处在第一梯队的京津冀、长三角、珠三角（粤港澳大湾区）城市群，经济体量大，发展水平高。2018 年，三大城市群地区生产总值合计 34.3 万亿元，占全国GDP总量的38.1%。常住人口超过3.2亿人，占全国人口总数的1/5强。在战略定位上，三大城市群以建设成为世界级城市群为总目标，以建成具有国际影响力和领导力的科技创新高地，现代服务业、先进制造业中心和亚太乃至全球对外开放重要门户为基本方向（见表8-1）。

表8-1 长三角、珠三角及京津冀城市群战略定位

城市群	战略定位	政策出处
长三角	顺应时代潮流,服务国家现代化建设大局,从战略高度优化提升长三角城市群,打造改革新高地、争当开放新尖兵、带头发展新经济、构筑生态环境新支撑、创造联动发展新模式,建设面向全球、辐射亚太、引领全国的世界级城市群	《长江三角洲城市群发展规划》
珠三角	依托香港、澳门作为自由开放经济体和广东作为改革开放排头兵的优势,继续深化改革、扩大开放,在构建经济高质量发展的体制机制方面走在全国前列、发挥示范引领作用,加快制度创新和先行先试,建设现代化经济体系,更好融入全球市场体系,建成世界新兴产业、先进制造业和现代服务业基地,建设世界级城市群	《粤港澳大湾区发展规划纲要》
京津冀	建设成为以首都为核心的世界级城市群、区域整体协同发展改革引领区、全国创新驱动经济增长新引擎、生态修复环境改善示范区	《京津冀协同发展规划纲要》

处在第二梯队的山东半岛、海峡西岸、长江中游、中原、关中平原、黔中、成渝、北部湾城市群近年来发展迅速，特别是长江中游、成渝城市群，在承接产业转移与人口回流的过程中释放出巨大的活力，2015—2018年城市群常住人口分别增长87.3万人、63.8万人，地区生产总值在4.2万亿～8.4万亿元之间。这些地区在战略定位上，大多着眼于建设成为国家新的经济增长极（或增长区）（见表8-2）。除了提出积极发展先进制造业、提升现代服务业水平以及深化对外开放等目标外，还注重推动新型城镇化建设，通过完善城市群融合发展的体制机制，提高城镇综合承载能力

与城乡公共服务均等化水平，促进城镇发展与产业支撑、转移就业和人口集聚相统一。

表8-2　　　　　　　长江中游、成渝、海峡西岸城市群战略定位

城市群	战略定位	政策出处
长江中游	加快转变经济发展方式,实施创新驱动发展战略,发展壮大先进制造业,提升现代服务业发展水平,积极培育战略性新兴产业,大力发展现代农业,把长江中游城市群建设成为具有全球影响的现代产业基地和全国重要创新基地,提升城市群综合实力和竞争力,打造长江经济带发展重要支撑,带动中西部地区加快发展,构建中国经济新的增长极	《长江中游城市群发展规划》
成渝	立足西南、辐射西北、面向欧亚,高水平建设现代产业体系,高品质建设人居环境,高层次扩大对内对外开放,培育引领西部开发开放的国家级城市群,强化对"一带一路"建设、长江经济带发展、西部大开发等国家战略的支撑作用	《成渝城市群发展规划》
海峡西岸	落实国家加快建设海峡西岸经济区的决策部署,充分发挥福建省比较优势,优化整合内部空间格局,联动周边省区,推进两岸合作交流,逐步形成两岸一体化发展的国际性城市群——"海峡城市群",构筑我国区域经济发展的重要"增长区域"	《海峡西岸城市群发展规划》

此外，辽中南、哈长、兰州-西宁、山西中部、滇中、呼包鄂榆、宁夏沿黄、天山北坡等第三梯队城市群规模小，成熟度低，中心城市对周边辐射较弱，且大多属于欠发达、生态脆弱（资源枯竭）或老工业区。像东北哈长、辽中南城市群还面临着严峻的人口老化和外流问题。因此，这些地区在发展定位上，更多着眼于转变增长方式，激发经济活力，通过完善城市基础设施与城乡基本公共服务建设，提升城市群的发展水平与成熟度；同时，注重提升社会经济发展与生态环境保护的协同性（见表8-3）。

表 8-3	第三梯队城市群类型及主要问题
城市群	主要问题
老工业基地 哈长、辽中南	老工业基地,产业结构偏资源型、重化工型、传统型,支柱产业增长乏力,民营经济发展不足,发展活力欠缺。人口老龄化问题日益严峻,人口外流趋势明显,人力资本积聚能力较弱,人才外流、"招工难"等问题制约产业发展
资源枯竭区 呼包鄂榆、山西中部	资源型产业转型升级任务艰巨,战略性新兴产业和现代服务业发展相对滞缓。城际基础设施互联互通欠账较多,公共服务共建共享水平亟待提高。生态系统比较脆弱,环境容量较为有限,生态修复和环境治理任务艰巨
生态脆弱区 兰州-西宁、宁夏沿黄、天山北坡、滇中	发展水平总体不高,中心城市带动能力不强,交通、信息、水利等基础设施建设滞后,骨干路网等级低,城际网络不健全。生态环境本底脆弱,水资源时空分布不均,土地沙化、荒漠化和水土流失严重,滑坡、泥石流等地质灾害隐患突出

(3) 城市群劳动力市场现状

①京津冀城市群

京津冀城市群包括北京、天津两大直辖市和河北省的保定、唐山、廊坊、石家庄、秦皇岛、张家口、承德、沧州、衡水、邢台、邯郸、定州、辛集、安阳,是中国的政治、文化中心,也是北方经济的重要核心区。2018年年末,京津冀常住人口1.1亿人,地区生产总值8.5万亿元,占全国GDP的9.4%。科研与高素质人才基础雄厚,普通高等院校270所,规模以上工业企业R&D人员16.9万人,研发经费909亿元。区内从事第二产业和第三产业活动的法人单位243.1万家,其中科学研究和技术服务企业占比达到9.5%,远高于全国5.9%的平均水平。

就劳动力市场情况而言,一方面,就业规模及增长总体趋缓,就业压力较大。2009年以来,京津冀地区人口就业规模稳步增长,但增速在2014年以后明显趋缓,年均增长率从9.2%降至4.4%。2018年该地区城镇单位及私营、个体就业规模为4 298万人。其中,北京、河北就业规模稳步上升,2018年分别达到2 021万人、1 811万人。相比之下,天津就业规模增长乏力，2014年以来就业人口增速逐年下降，2017—2018年"转正为负"，2018年较2017年减少8.17%（如图8-1所示）。

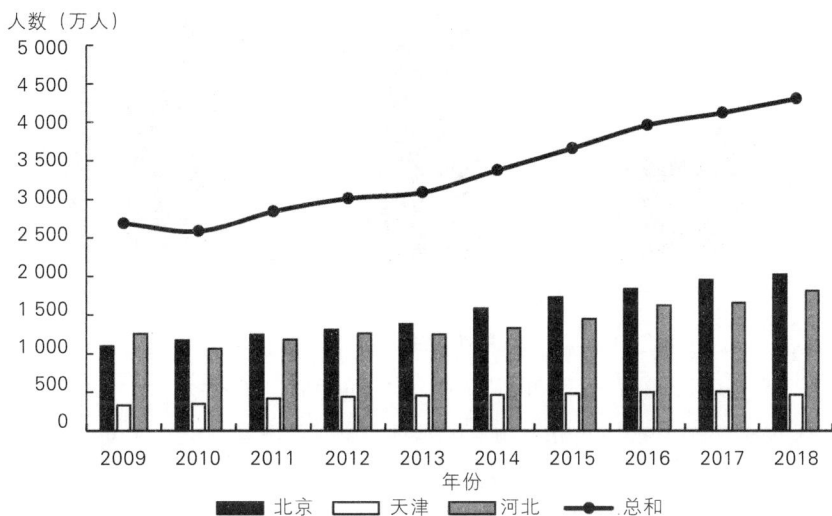

图8-1　京津冀就业人口数

资料来源：国家统计局.

　　近年来，同其他城市群相比，京津冀城市群就业压力仍然较大。2019年第三季度，京津冀地区 CIER 指数为0.87，显著低于同期长三角1.94和珠三角1.72的水平（如图8-2所示），反映目前该地区总体就业压力较大，岗位供给低于求职规模。从区域内来看，相比于河北（调查城市：石家庄和秦皇岛），北京和天津的就业形势更为严峻，2019年第三季度，北京、天津的 CIER 指数分别为0.40、0.76，而河北省石家庄、秦皇岛分别为1.14、1.18。

　　另一方面，劳动力向第三产业集聚，京津冀产业分工日趋明朗。2018年，批发零售和制造业集聚了该地区36.4%的劳动力，租赁和商务服务业占比8.4%（如图8-3所示）。

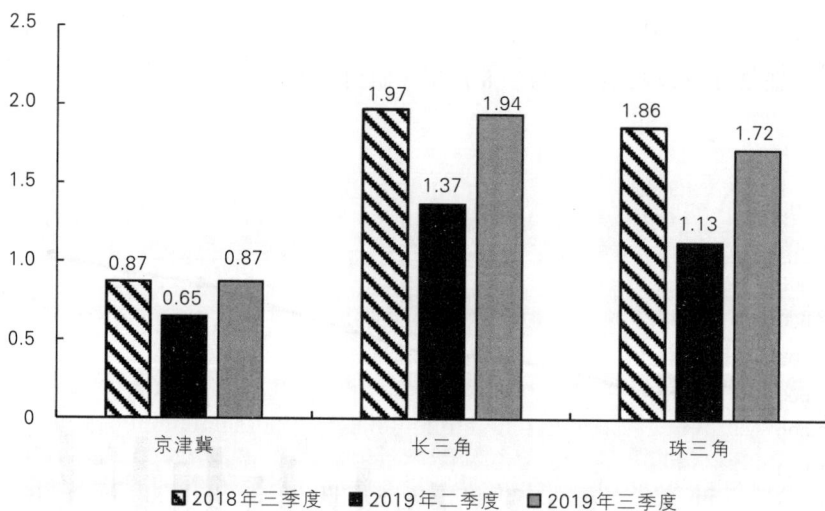

图8-2 京津冀、长三角及珠三角地区CIER指数

资料来源：中国人民大学中国就业研究所，智联招聘. 2019年第三季度《中国就业市场景气报告》[R]. 北京：中国人民大学，2019.

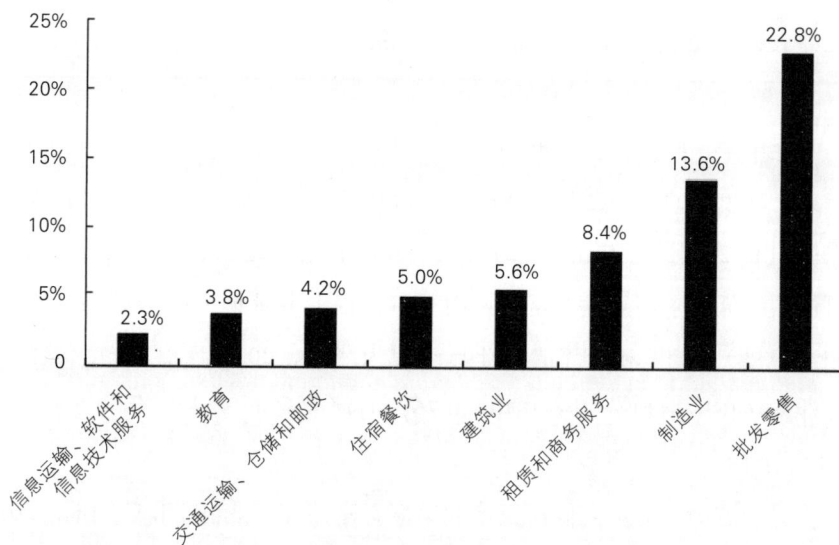

图8-3 京津冀各行业就业占总就业比重

资料来源：国家统计局.

从区内情况来看，北京批发零售、租赁和商务服务业发展较快，相关企业分别占制造及服务类产业企业总数的27.7%和18.7%，分别集聚了地区城镇就业人员的9.0%、9.9%，高于天津及河北。与此同时，产业高端化的趋势不断增强，科学研究和技术服务业，信息传输、软件和信息技术服务业，文化体育和娱乐业类企业分别占制造及服务类产业企业总数的15.6%、7.8%和5.5%，分别较2013年年末提升4.3、0.2和1.2个百分点，吸纳城镇就业人员占总就业人数分别达到10.3%、8.8%、2.3%。天津、河北制造业比重更高，分别吸纳当地城镇就业人员的26.5%、17.9%。除制造业外，天津的高技术服务业也有了较快的发展，科学研究和技术服务业，信息传输、软件和信息技术服务业类企业占天津制造及服务类产业企业总数比重分别为8.9%和6.1%，集聚城镇就业人员占比分别达到4.2%、2.5%（如图8-4所示）。

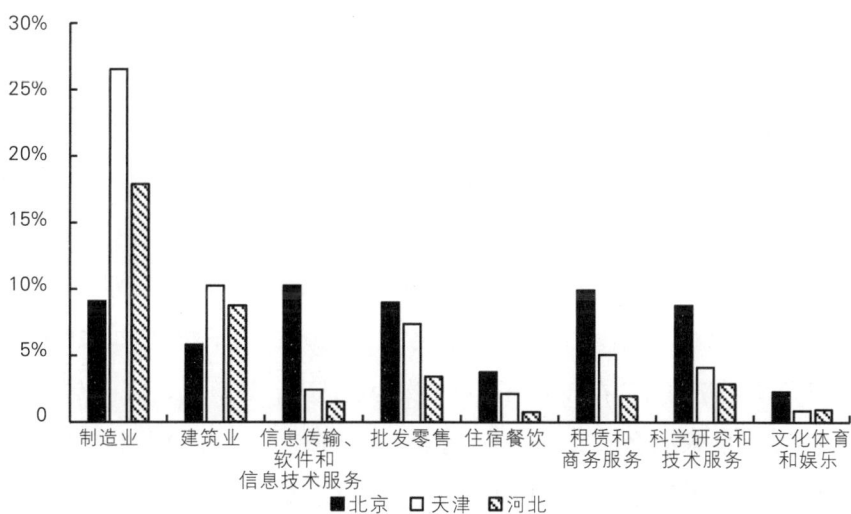

图8-4　京津冀地区主要行业劳动人口比重

资料来源：国家统计局.

②长三角城市群

长三角城市群指的是，在上海市、江苏省、浙江省、安徽省范围内，由以上海为核心、联系紧密的多个城市组成，主要分布于国家"两横三纵"城市化格局的优化开发和重点开发区域。范围包括上海，江苏省的南京、无锡、常州、苏州、南通、盐城、扬州、镇江、泰州，浙江省的杭州、宁波、嘉兴、湖州、绍兴、金华、舟山、台州，安徽省的合肥、芜湖、马鞍山、铜陵、安庆、滁州、池州、宣城等26个城市，区域面积21.17万平方千米，2018年地区生产总值21万亿元，总人口1.5亿人。

近年来，长三角城市群劳动力集聚与就业状况主要呈现出以下特点：

首先，受人口结构变化等因素的影响，该地区就业规模增速自2014年以后逐步趋缓。根据国家统计局公布的江苏、浙江、安徽、上海"三省一市"城镇单位、私营企业及个体就业人数估计，2009—2014年，长三角地区就业规模从6 300多万人增长至1.02亿人，年均增长率超过10%。此后，就业人口增速波动放缓，年均增速降至6%以下，到2018年就业规模为1.28亿人。从各省市来看，江苏、浙江作为该地区就业大省，2018年就业规模接近9 000万人。经济发展水平相对较低的安徽近年来不断提速，2017—2018年增长率达到14.5%，总就业人数为2 002万人，接近上海（如图8-5所示）。

其次，经济结构转型驱动下制造业、建筑业等优势行业劳动力占比下行，信息传输、软件和信息技术服务业劳动力占比不断上升。2016年，长三角地区劳动力分布最多的行业依次为制造业，建筑业，信息传输、软件和信息技术服务业，批发零售业，其中在劳动力占比上，制造业（33.64%），建筑业（22.74%），信息传输、软件和信息技术服务业（7.22%）的优势最为突出，明显高出国家平均水平（如图8-6所示）。近年来（特别是在2014年以后），制造业和建筑业两大行业的劳动力规模都呈明显下降的趋势。相比之下，公共管理、卫生、金融、租赁和商务服务，以及信息传输、软件和信息技术服务行业劳动力占比却呈稳步上升的趋势。

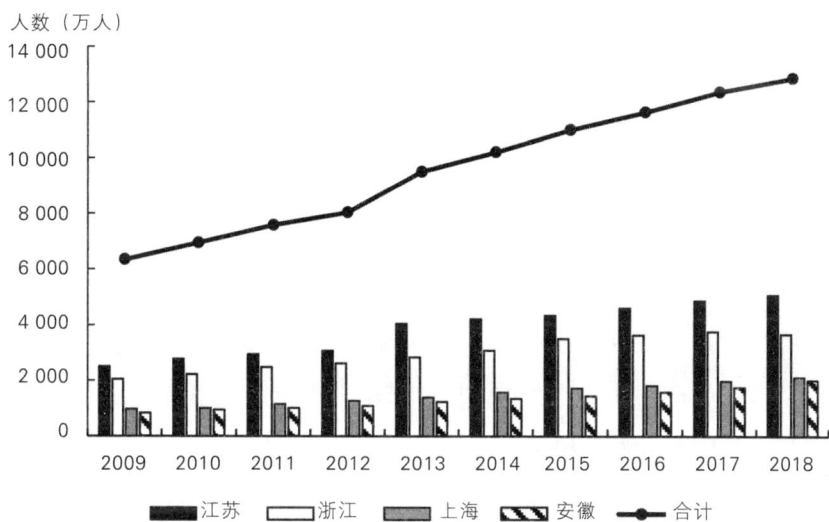

图8-5　长三角三省一市就业人数

资料来源：国家统计局.

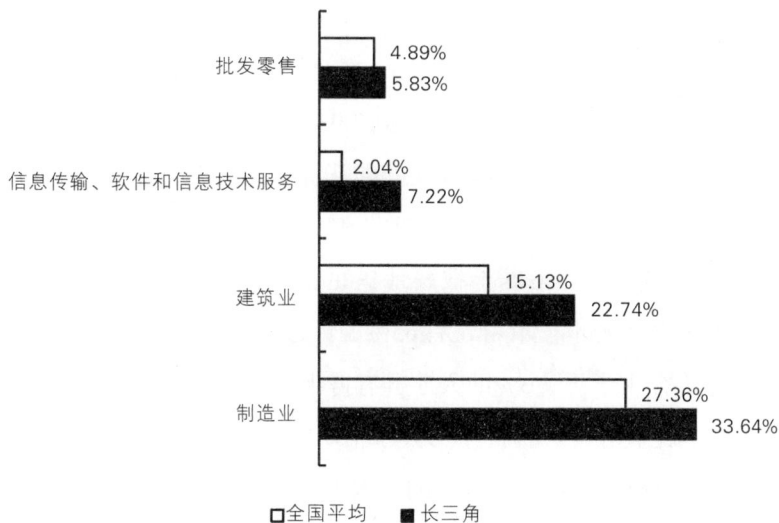

图8-6　2016年长三角城市群劳动力分布与全国比较

资料来源：国家统计局.

再次，省会城市（包括直辖市）日益成为长三角现代服务业与数字经济劳动力集聚的先导地区。在长三角26个城市中，信息行业的劳动力主要集中在省会城市，其中南京劳动力在信息行业的占比最高，达到29.21%，其次为杭州，占比为19.77%，第三为上海，占比为14.79%。另外，浙江舟山和安徽合肥的劳动力在信息行业的占比也均超过了10%。至于制造业劳动力分布，江苏以"苏、锡、镇、常"为主导，其劳动力在制造业的占比均超过45%，苏州更是以69.55%位居长三角地区首位。浙江则以嘉兴劳动力在制造业的占比位居首位，高达56.71%，其次为宁波，其劳动力在制造业的占比为42.13%。安徽省的劳动力在制造业的分布相对较少，最高的芜湖为40.32%。

最后，长三角地区依然是国内乃至国际高水平人才重要的集聚地。以杭州、南京为代表的新一线城市近年来凭借就业机会多、人才落户难度较小、薪资相对高、生活环境好等比较优势日益成为人才流入的热点地区。由清华大学经济管理学院互联网发展与治理研究中心、上海科学技术政策研究所、职场社交平台LinkedIn（领英）中国合作完成的《长三角地区数字经济与人才发展研究报告》显示，在全国主要城市人才净流入率排名中，杭州位居新一线城市第一，达到3.9%，南京达到2.6%。从人才构成来看，长三角高水平人才中非本地高校毕业生的比重超过40%，国际及我国港澳台大学毕业人才比重达到27%。其中，从数字人才的构成来看，本地高校在数字人才的培养上很好地满足了本地发展的需求，占比达到46%。在高水平人才样本中，有65%的人才具有本科学历，31%的人才具有硕士研究生学历，3%的人才具有博士研究生学历，总体来说人才学历分布结构比较合理，但高学历人才相对较少。与高水平人才样本相比，数字人才中具有硕士研究生学历的比例更高，但是博士研究生学历人才的比例仍较低。

③粤港澳大湾区（珠三角）城市群

根据《粤港澳大湾区发展规划纲要》，粤港澳大湾区包括香港特别行政区、澳门特别行政区，广东省广州市、深圳市、珠海市、佛山市、惠州市、东莞市、中山市、江门市、肇庆市（简称珠三角九市），区域面积5.6万平方千米，2018年年末常住人口突破7 000万人，是我国开放程度最高、经济活力最强的区域之一，在国家发展大局中具有重要战略地位。

清华大学经济管理学院互联网发展与治理研究中心与领英（中国）联合发布的《粤港澳大湾区数字经济与人才发展研究报告》显示，近年来，粤港澳大湾区劳动力从业人数呈持续上升趋势，2017年达到2 000万人，比2016、2015年分别增长0.24%、0.34%。具体来说，劳动力空间分布上呈现自西向东的集聚趋势。粤港澳大湾区东部城市（珠江东岸城市）对劳动力吸引力更高，深圳、香港、广州集聚劳动力数量最多，分别为464万人、382万人、330万人。2017年，东莞、珠海劳动力增长较快，分别有4.83%、4.21%的增幅。惠州、广州和深圳三大城市的劳动力也处于增长状态。粤港澳大湾区西部城市（珠江西岸城市）除珠海外劳动力均有流失，肇庆、江门、佛山、中山的劳动力人数年均增长率均为负值。此外，澳门和香港的劳动力人数也呈现出明显的下降趋势，2016年和2017年劳动力人数年均增长率分别为−2.73%和−2.55%，向内地回流趋势加强。

在劳动力行业分布上，优势行业储备丰富，且核心城市间各有优势，呈现出多样化、差异性发展态势。粤港澳大湾区劳动力占比排在前五位的行业包括制造业，批发零售业，建筑业，交通运输、仓储和邮政业，教育，另外在房地产，商务服务，信息传输、软件和信息技术服务等行业中也具有明显的优势。其中，制造业劳动力优势突出，共超过800万人，占大湾区劳动力比重超过40%，比全国平均水平高出16%。其中制造业劳动力主要集中在深圳和东莞两市，其占比之和超过50%。批发零售和金融业则多集聚在香港，其劳动力占比分别为大湾区总数的30%、46%。相比之下，大湾区在建筑，教育，公共管理、社会保障和社会组织，卫生和社会工作等行业存在显著的劣势。

在高水平及数字人才储备上，空间和行业的分布均呈现较高的集聚性。空间分布上，以深圳、广州和香港为集聚中心（高水平人才占比依次为28.66%、26.69%和23.36%；数字人才占比依次为34.78%、22.93%、24.78%），其他城市占比较低。此外，粤港澳大湾区高水平人才和数字人才处于净流入的状态，国际来源地主要包括美国和英国，近年来来自新加坡、印度的数字人才占比明显上升；国内来源地主要包括北京、上海及武汉。行业分布上，更多集中于信息行业和金融行业，在劳动力优势最大的制造行业反而占比较低。这在一定程度上反映出粤港澳大湾区在制造业上相对缺乏高水平人才，数字化融合程度不高，仍偏向于劳动密集型发展模式。

尽管粤港澳大湾区高技能人才相对优势明显，但仍然存在不足。一方面，高水平及数字人才发展上，以ICT为代表的基础型数字经济优势强大（数字人才占比高），但传统优势行业如零售、金融、商务服务等数字人才占比低，反映了融合型数字经济发展相对滞后，需要通过基础型数字经济优势进一步加强传统行业的数字化融合。另一方面，与可对标的美国旧金山湾区、悉尼湾区相比，粤港澳大湾区在高水平及数字人才储备上还呈现出一定的不足。主要表现在：创业创新人才比重较低，粤港澳大湾区创业创新人才占比为8.23%，低于旧金山湾区和悉尼湾区的水平；高等院校及高学历科研人才比重较低，粤港澳大湾区的高水平人才和数字人才以企业科研人员为主，学历以本科学历为主，高校科研人员占比仅有17.21%，远远低于悉尼湾区的水平，博士研究生学历人才的占比也仅有2.89%，低于旧金山湾区和悉尼湾区的水平（如图8-7、图8-8所示）。

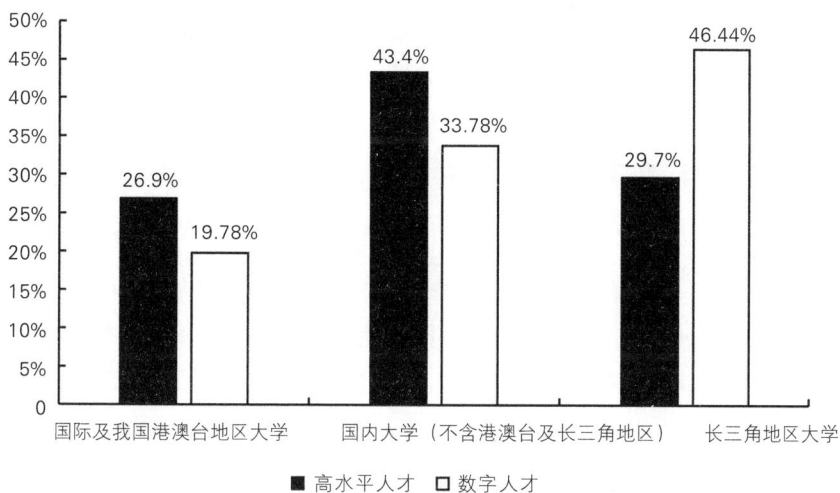

图 8-7 粤港澳大湾区高技能人才来源比较

资料来源：清华大学经济管理学院互联网发展与治理研究中心，领英（中国）.粤港澳大湾区数字经济与人才发展研究报告［R］.北京：清华大学，2019.

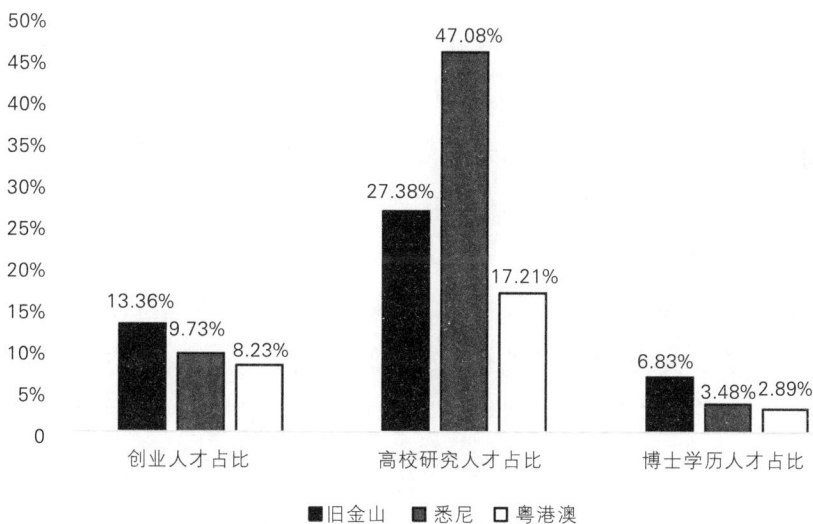

图 8-8 粤港澳大湾区与旧金山及悉尼湾区高技能人才比较

资料来源：清华大学经济管理学院互联网发展与治理研究中心，领英（中国）.粤港澳大湾区数字经济与人才发展研究报告［R］.北京：清华大学，2019.

8.1.2　建立与完善"城市群就业促进协同机制"的具体举措

（1）推动就业促进保障与服务等"基础设施"建设一体化

一是加快打造都市圈交通网络。都市圈是"城市群内部以超大特大城市或辐射带动功能强的大城市为中心、以1小时通勤圈为基本范围的城镇化空间形态"[①]。都市圈交通网络是支撑城市群发展的重要基础。加快建成城市内部及城际通勤网络，提升中心城区地铁、轻轨网络化水平，建设连通中心城区和郊区城镇的市域（郊）铁路，不仅有助于缓解"通勤就业"（居民在居住地与工作地之间的交通出行活动）的压力，扩大中心城市就业承载力，也有助于促进中心城市与周边城镇及乡村的要素流动，辐射与带动周边地区的经济发展与就业水平。

二是推进地区社会保障与服务一体化。推进社会保障信息平台互联互通，加快推进社会保险政策对接，逐步统一区域内社保标准，实现城市群同类社会保险关系在不同地区、不同群体之间顺畅接续与合理转移。完善社会保险衔接，运用信息化手段提高养老保险待遇资格认证效率，便利异地居住人员享受养老保险待遇，加快推进城市群内养老保险关系转移接续。鼓励联建或跨市共建养老服务设施。加快推进省际医疗保险合作，实现退休异地安置人员就医医疗费用联网实时结算，同时健全工伤保险合作机制。探索在享受基本社会服务方面率先打破户籍限制，并建立相应的财政支出统筹分担机制。

三是整合城市群内公共就业和人才服务信息平台，建立一体化的人力资源市场。放开放宽除个别超大城市外的城市落户限制，在具备条件的都市圈率先实现户籍准入年限同城化累积互认，加快消除城乡区域间户籍壁垒，统筹推进本地人口和外来人口市民化，促进人口有序流动、合理分布

[①]　《国家发改委关于培育发展现代化都市圈的指导意见》（发改规划〔2019〕328号）。

和社会融合。统一人才引进政策，建立引进高端人才和行业领军人才的绿色通道。共同营造良好的就业创业环境，鼓励大学生和外出务工人员返乡就业创业。共同建立一批劳动力资源基地，依托现有技工院校、就业训练中心、职业技能公共实训基地等培训资源建设一批职业技能培训基地，提高劳务输入输出的组织化程度和劳动力技能水平。推动人力资源信息与公共就业服务平台的共建共享。

四是加强劳动保障监察合作机制建设。完善劳动保障监察委托协查制度、劳动者工资支付异地救济制度、同一单位异地用工情况通报制度、跨地区劳动派遣用工协查和信息通报制度，统一政策执行标准、条件、程序，切实保障跨地区就业劳动者权益，探索跨行政区劳动保障监察执法联动机制，实现"无边界"异地调查取证；"跨地区"督促用人单位整改；相互委托实现异地送达劳动保障监察执法文书；互通协同处置跨区域重大、疑难、群体性案件和跨区域整体预警联动等，并尝试打通劳动保障监察业务骨干跨区域学习交流。

（2）就业促进的重点与方向要因城而异、精准施策

京津冀、长三角和珠三角城市群，"是我国经济最具活力、开放程度最高、创新能力最强、吸纳外来人口最多的地区"[①]。为了实现建设世界级城市群目标，在就业促进领域，要重点从推动建设"高质量就业促进先行区""国际人才综合开放区""新经济就业发展示范区"等方面，发挥其对全国高质量就业与高水平人才体系建设工作的重要支撑和引领作用。

具体来说，一方面，要针对特大中心城区人口集聚过快、"大城市病"日益凸显等问题，在积极推动中心城区产业、人才高端化、国际化进程的同时，通过功能疏解、完善周边卫星城配套功能、强化与周边中小城市联动发展等措施，以就业与产业转移引导人口合理流动，促成更加合理的城

---

① 参见《国家新型城镇化规划（2014—2020年）》。

市群人口就业的空间分布。另一方面，要依托教育科研资源与外向型经济优势，探索建立高端人才与国际化人才综合治理机制。特别是京津冀和长三角地区，应注重本土高端人才的开发培养：依托优质高校及教育科研资源，建立和完善市场导向的国际化人才培养模式，支持企业在国际化人才开发、培养上发挥更加积极的作用，并通过合作办学、国（境）外培训、岗位实践等方式，加快培养具有国际视野、通晓国际规则和拥有跨文化交流与沟通能力的本土国际化人才。注重国际人才评估引进，建立国际人才引进清单与管理制度。建立海外高层次人才储备库和留学回国人员数据库，定期发布紧缺人才需求报告，拓宽国际人才招揽渠道。在制定外籍高层次人才认定标准基础上，全面放开科技创新创业人才、一线科研骨干、紧缺急需专业人才的永久居留政策，放宽其他国际人才长期居留许可的申请条件。放宽紧缺领域国际移民的准入限制。完善外籍人员就医和子女教育政策，塑造开放包容、多元融合的社会氛围。完善外籍高层次人才认定标准，畅通人才申请永久居留的市场化渠道，为外籍高层次人才在华工作、生活提供更多便利。

对于高校科研基础相对薄弱的珠三角地区，要充分利用地缘优势，支持与港澳高校合作办学，鼓励联合共建优势学科、实验室和研究中心，引进世界知名大学和特色学院。充分发挥粤港澳大湾区高校联盟的作用，鼓励三地高校探索开展相互承认特定课程学分、实施更灵活的交换生安排、科研成果分享转化等方面的合作交流。推动粤港澳大湾区建设国际教育示范区，推进世界一流大学和一流学科建设。同时，针对港澳人才回流内地建立更加有序的人才衔接与引进机制。健全人才双向流动机制，为人才跨地区、跨行业、跨体制流动提供便利条件，充分激发人才活力。

此外，重视新经济、新技术影响下就业促进的政策应对与创新工作，从而对中西部地区城市群形成良好的示范效应。例如，在数字经济蓬勃发展的背景下，探索数字人才培养机制，推动从以ICT为代表的基础型数字人才向能够支撑零售、金融、商务服务等优势服务业数字化发展的融合型数字人才迈进，促进传统行业的数字化融合。再如，探索建立平台企业和灵活就业等从业人员社会保障机制，提高数字就业的质量水平。探索建立平台企业用工和灵活就业等从业人员社保政策，开展职业伤害保障试点，积极推进全民参保计划，引导更多平台从业人员参保。加强对平台从业人员的职业技能培训，将其纳入职业技能提升行动。

以成渝、中原、长江中游等为代表的中西部第二梯队城市群，作为城镇体系比较健全、城镇经济比较发达、中心城市辐射带动作用明显的重点开发区域，要立足建成"推动国土空间均衡开发、引领区域经济发展的重要增长极"的战略目标，充分利用引导东部地区有市场效益的劳动密集型产业转移，以及东部返乡和就近转移的劳动力所创造的有利条件，在加快产业集群发展和人口集聚、培育发展若干新的城市群的过程中，实现地区就业促进的"增量提质"。

在就业促进的规划方向上，一方面，要以"人才战略"为契机，培育地区经济转型升级的新动力，集聚后发优势。习近平总书记指出："发展是第一要务，人才是第一资源，创新是第一动力。"当下，随着我国经济日益迈向高质量发展阶段，土地和税收优惠竞争日趋规范化、同质化，"依赖人才，争取人才红利"自然成为经济发展相对落后地区谋求追赶式发展、集聚后发优势的重要举措。近年来全国"抢人大战"愈演愈烈。作为中西部城市群的核心区，西安、成都、武汉纷纷通过各项优惠政策大力吸引人才。2017—2018年间，西安通过放宽高校毕业生落户等措施，新增落户24万人，同比增长330%；成都累计落户已超过18.7万人；武汉2017年新落户大学毕业生14.2万人，是2016年的6倍左右。

通过各种优惠政策"抢人"的办法尽管有助于解决中西部地区人才供给不足的问题，但"抢人"的关键是能"留人"，这依赖于地方经济体量的壮大与活力激发，以及各项城市公共服务等软实力状况。对此，以成渝、长江中游、关中平原及中原城市群为例，在就业促进领域，首先要着眼于强化"需求侧"，通过积极有序地承接国际及沿海地区产业转移（特别是劳动密集型产业），依托自身优势资源发展特色产业，加快新型工业化进程，壮大现代制造业与服务业体系等途径实现经济扩容，让人才资源得到充分有效的配置，避免引而不用。与此同时，更要注重"环境建设"，加强城市及城际基础设施建设，推进干线铁路、城际铁路、市域（郊）铁路、城市轨道交通融合发展，促进公路与城市道路有效衔接，更好地服务于城市间产业专业化分工协作。在教育、就业、医疗卫生、住房保障、创业等领域完善配套制度保障与服务措施。

另一方面，要以"人口战略"为抓手，把握"新型城镇化"战略机遇，通过积极吸纳回流农民工与有序推进农业转移人口市民化，释放第二次人口红利。在这个过程中，城市群就业政策要特别重视解决回流农民工、农业转移人口的就业与保障问题。不仅要保障随迁子女平等享有受教育权利，扩大社会保障覆盖面，改善基本医疗卫生条件，改善农民工居住条件，保障回流农民工以及农业转移人口享有公平可及的城镇基本公共服务，而且要特别注重加强对回流农民工、农业转移人口的职业技能培训，提高其就业创业能力和职业素质。充分整合职业教育和培训资源，全面提供政府补贴职业技能培训服务。强化企业开展农民工岗位技能培训责任，足额提取并合理使用职工教育培训经费。鼓励高等学校、各类职业院校和培训机构积极开展职业教育和技能培训，推进职业技能实训基地建设。鼓励农民工取得职业资格证书和专项职业能力证书，并按规定给予职业技能鉴定补贴。加大农民工创业政策扶持力度，健全农民工劳动权益保护机制。实现就业信息全国联网，为农民工提供免费的就业信息和政策咨询。

8.2　高龄劳动者就业

人口老龄化不仅仅是老年人口规模的大幅增长，同时也伴随着劳动年龄人口中高龄劳动者比例的快速上升。根据中国人口与发展研究中心的最新估计，劳动年龄人口中位数预计将从2017年的39岁上升至2049年的43岁，提高了4岁左右，劳动年龄人口"高龄化"趋势日益凸显。

高龄劳动者比重的上升将对社会经济发展产生深远的影响。首先，高龄劳动者的就业状况将直接影响劳动力的整体供给。人口普查数据显示，2010年，我国55~64岁人口的劳动参与率为59.7%，在国际上处于中等水平。尽管如此，考虑到城乡差异（农村居民的农业劳作也被视为劳动参与），我们以更能代表经济发展状况的城镇地区为例，其55~64岁人口的劳动参与率仅为36%，明显低于国际平均水平。在这样的情况下，随着50岁以上人口比重的上升，偏低的劳动参与率再加上已有的制度约束（如退休制度），都将大大制约劳动力的供给水平，加快我国人口红利的消失（吴万群，2018）。其次，高龄劳动者的社会角色定位（财富创造者还是养老负担者）也将直接影响国民财富规模的变化。人口老龄化所带来的一个重要挑战在于，它推动着越来越多的人口从劳动就业状态转向非就业状态（退休/失业等），从而加剧社会养老负担。现行制度下，如果激励越来越多的高龄劳动者转向"养老"状态，从长远来看很可能不利于社会财富的创造，并加剧社会养老负担。因此，鼓励并充分保障高龄劳动人口继续工作，提高高龄劳动者的劳动参与率，将极大地降低社会养老负担，增加社会积累，有利于经济的可持续发展。最后，高龄劳动者的人力资本水平也将直接影响对我国人口红利的再次发掘（杨帆，2017）。面对劳动力人口规模的下降，深挖劳动力人口质量与利用效率，积极推动二次人口红利的创造，成为政府与学术界的一大共识。从目前来看，尽管我国高龄劳动者的人力资本水平（特别是教育文化水平）仍然明显低于青壮年劳动者，但随着老龄化进程的加速，未来高龄劳动者的整体素质将有大幅提升。因此，在新的经济与技术环境下，帮助高龄劳动者适应并掌握新的工作技能，充分发挥高龄劳动者的经验优势，对真正实现二次人口红利无疑有着十分重要的意义。

8.2.1　国际经验

国际社会在保障高龄劳动者工作权益以及促进高龄劳动者就业上主要有以下经验值得借鉴：

（1）注重高龄劳动者权益保障的立法工作，明确反对年龄歧视

国际社会在高龄劳动者权益保障，特别是反年龄歧视方面的法治建设工作大致经历了从早期主要以原则性法律法规散见于各国的宪法、民法、劳动与社会保障法等法律中，到后来在专门的单行法中做出高龄劳动者保障及反年龄歧视规定，并明确禁止年龄歧视的类别、领域和法律适用范围。此后，随着高龄劳动者权益保障的不断完善，一些国家还专门出台了反年龄就业歧视的单行法乃至基本法。例如，日本作为老龄化大国，为了更好地保障高龄劳动者的就业权利，早在1966年就制定了《雇佣对策法》。此项法律不仅对各行业聘用高龄劳动者的比率做了明确规定，同时还强调国家在扶助高龄劳动者就业中的责任与义务。1971年，日本政府进一步出台《有关促进中高龄者雇佣的特别措施法》，鼓励企业向45～65岁高龄劳动者开放适合的工作岗位，并确保完成规定的雇佣率（李涛，2019）。此后，先后经过五六次修改完善，更名为《高龄者雇佣安定法》。该法针对企业高龄劳动者雇佣率、继续就业、延迟退休等一系列事项做了系统全面的规定，成为维护高龄劳动者就业权益与反年龄歧视的一部重要法律。

（2）延长退休年龄，建立更加灵活的退休机制

自20世纪90年代以来，OECD国家普遍通过退休制度改革，如提高法定退休年龄、改变养老金给付计算基础、降低养老金替代率、提供晚退休奖励和税收调节等制度措施，提高高龄劳动者的劳动参与率，缓解人口老龄化造成的劳动力供给短缺和养老金给付压力剧增的问题。据统计，1989—2014年间，绝大多数OECD国家男性和女性的法定退休年龄都被不同程度地延长。到2014年，其法定退休年龄平均为男性64.6岁，女性

63.9岁，与1989年相比，提高了1～3岁。其中，以色列的男女退休年龄最高，分别达到70岁和68岁。男性退休年龄的最低值出现在斯洛文尼亚，为58.7岁；女性则出现在土耳其，为58岁。预计到2050年，绝大多数OECD国家退休年龄将达到65岁。其中，英国的退休年龄预计将延至68岁，丹麦、冰岛、挪威、美国的退休年龄将延至67岁左右。

当然，考虑到退休年龄延长对劳动力市场可能带来的种种消极影响（如对年轻人就业的挤压），多数国家对法定退休年龄的调整都会经历一个漫长的改革过程。例如，日本尽管在2000年就已提出分别于2025年和2030年实现男、女65岁退休的改革方案，但该方案在十几年之后才开始执行；美国从1983年提出延长退休年龄政策到2002年执行，更是经历了19年的磨合与缓冲期。为了尽可能降低退休年龄一步到位或过快调整对社会经济发展的冲击，政策调整普遍采取渐进策略，或是如美国、日本那样，以每年固定幅度匀速提升，直到实现退休政策调整目标，或是如欧洲多数国家那样采取分阶段提升的办法，根据不同的发展阶段，将目标年龄分为2～3个阶段逐步提高。如西班牙将法定退休年龄的提高过程分为两个阶段，前6年（2013—2019年）以每年1个月的增长速度进行，后8年（2019—2027年）以每年2个月的增长速度进行。除了延长退休年龄外，有的国家还建立更为灵活的退休机制。在这些国家，延迟退休不仅依靠制度强制，还通过各种政策激励来实现。将退休年龄与养老金给付相挂钩，对于提前退休的，养老金会相应减少；对于延迟退休的，则相应提高养老金待遇。例如，西班牙规定缴费达38.5年并且年满65岁或缴费达37年且年满67岁的劳动者可以领取全额养老金，对于延长缴费年限的给予每年2%～4%的收益奖励。在美国，缴费年限每延长一年，得到的养老金补助上调8%；在德国，每提前一年退休，养老金减发3.6%（OECD，2018）。

（3）积极营建老龄/高龄友好型的劳动力市场

国际社会一直致力于打击与高龄劳动者有关的各种就业歧视行为，积极保障高龄劳动者的就业权益与工作保护，并通过一系列立法与公共宣传活动提高全社会对高龄劳动者工作权益的重视。具体做法主要包括：

其一，明确禁止就业中的年龄歧视。2004年，丹麦在《欧盟就业和职业平等待遇法令》（EU Directive on Equal Treatment in Employment and Occupations）的推动下，对现有的《反歧视法案》（Anti-Discrimination Act）进行修正，明确禁止雇主在招聘、就业和解雇方面直接或间接实施年龄歧视。韩国同样出台了相关法律——《雇佣年龄差别禁止及高龄者雇佣促进法》。该法律明确要求雇主在就业的各个环节（具体包括招聘应聘、工作福利、教育培训、安置轮岗及晋升、辞退解雇），如无法律规定的特殊情况，不得以年龄为理由歧视雇员或应聘者。德国反歧视机构在2006年发布匿名求职程序标准，明确要求求职申请书中只能包括个人技能信息，至于出生日期等其他个人信息在一年试用期内一律不能在申请书中出现。

其二，提高工作质量，建立高效、多样化、可协商的高龄劳动者用工方式。在丹麦，大多数集体劳动协议（collective labour agreements）都有针对高龄劳动者的特定协议框架，即高龄劳动者可根据自己的实际情况，就工作时间、内容、形式等与机构负责人一起协商制订一个合理的"晚年"职业生涯发展与终止计划。新加坡也通过国家薪酬委员会酝酿建立适应劳动者高龄化的灵活薪酬制度。例如，高龄雇员可以在正式退休年龄前五年内和雇主就缩短工作时间或获得更多的休息日进行协商。同时，也要求用人单位（特别是私营部门）为高龄劳动者设定更加合理、灵活的工作安排。此外，比利时在2000年出台措施，允许用人单位对于年龄超过57岁的高龄工人（或季度工资超过1.2万欧元且年龄超过50岁的工人）适当降薪，鼓励企业以灵活的工资制度尽量延长对高龄劳动者的雇用。加拿大《养老金收入标准法案》也赋予高龄劳动者阶段性退休的灵活选择权，即高龄劳动者可以基于"联邦固定收益计划"选择阶段性退休，阶段性退休者，能够获得联邦固定收益养老金，而雇主可以减少这部分人的工作时间并同时降低工资（喻术红，2017）。

其三，积极改善高龄劳动者的工作环境，保障工作安全。丹麦政府专门设立了"工作环境改善和劳工保留基金"（Fund for Better Working Environment and Labour Retention），指导并资助企业（特别是在可以提早退休或职业倦怠风险较高的行业）积极营造有利于高龄劳动者的工作环境，保障他们的工作安全与健康，帮助他们以最合适的方式尽可能长时间地留在工作岗位上（OECD，2015a）。法国《养老金改革法》要求用人单位必须充分考虑高龄劳动者生理及心理状况的特殊性，积极改善其工作条件，保障工作安全。挪威《工作环境法修正案》中也规定，在工作安排不会给公司带来过多不便的前提下，应当考虑减少62岁以上的高龄劳动者的工作时间，提供必要的工作环境改善并降低风险。日本政府通过颁布法律和工作指导，鼓励雇主在安排工作时间和假期时，充分考虑工人的健康和生活条件。从2006年开始，日本政府对那些为达到一定年龄的正式工人提供灵活工时安排和更好的工作环境的企业提供额外的补贴奖励。

（4）通过鼓励或强制措施提高高龄劳动者的雇佣水平

其一，通过配额制或设定最低雇佣比，保障用人单位对高龄劳动者的雇佣。日本对各行业聘用高龄劳动者采取配额制，明确了最低的雇佣比例。例如，根据日本政府在1966年的《雇佣对策法》中，强调积极推动35岁以上中高龄劳动者就业的义务，为此要求必须按照从业者的一定比例聘用中高龄劳动者。此项规定后来有所放宽，逐步确立起55岁以上高龄劳动者的雇佣比例（不分工种一律不低于6%）。其二，对高龄劳动者设定更为严格的解雇条件，限制雇主歧视性解雇高龄劳动者。德国《解雇保护法》规定，劳动法院做出解除劳动关系判决时，雇主应当向被解雇者支付一次性补偿金，补偿金的标准视其年龄和工龄而定，一般标准为解雇之前12个月的工资额。如果被解雇者年满50岁且保持劳动关系15年以上，补偿金可以达到15个月的工资额；如果年满55岁且保持劳动关系20年以上，补偿金可以达到18个月的工资额。其三，为聘用高龄劳动者的单位提供津贴、奖励、税费减免等一系列经济激励，抵销雇主聘用高龄劳动者所增加的用工成本，鼓励雇主接纳高龄劳动者。荷兰的《求职者雇佣法案》规定，政府会给予那些聘用失业者，或为其提供工作实践机会的企业一定的补贴奖励，此项法案尽管面向所有失业者，但其中受益最多的是那些掌握技能的高龄劳动者。法国政府会根据雇佣对象发放雇佣补贴，一般的补贴时限为24个月，但如果聘用的是50岁以上正在领取社会福利的工人，则获得雇佣补贴的时限可延长至5年。德国也有类似的措施，政府为聘用50岁以上失业者提供为期2年，超过本人工资50%的工资津贴，而且在特定的经济环境下（如经济萧条），工资津贴的领取时限还可以延长。日本面向企业提供的高龄者雇佣补助金就有5种之多，包括促进继续雇佣安定补助金、在职者求职活动支援补助金、转职高龄者雇佣安定补助金、中高龄者试行雇佣奖励金、创造高龄者共同就业机会补助金。

（5）强化成人学习（adult learning）机制，鼓励企业对高龄劳动者进行及时的技能更新与培训

成人学习有两个主要功能：向工人提供与工作相关的技能，使其符合雇主的需要，并提高工人的生产力、就业能力和收入；帮助人们获得足够的基础技能（例如算术或识字），这些技能对于支持终身学习是必不可少的，即使他们可能没有那么直接的回报。加强工人在整个工作生涯中的参与度，包括加强非标准工作形式的工人获得基于工作的培训的机会，鼓励在职业生涯中期增加对技能发展的投资，并通过调整教学方法和内容以适应年长工人的需要，提高培训的吸引力及其潜在回报；向求职者提供有效的就业援助，确保老年求职者在积极寻找工作方面，有与年轻求职者同样的义务，但在获得有针对性的再就业服务方面也有同样的权利；通过基础广泛的战略改善工作条件，以提高各年龄段工人的工作质量（OECD，2015b）。

英国政府首先确立了促进终身学习政策目标，并在2000年建立国家职业资格证书框架体系，将普通中等教育、职业教育与各种外部培训资格证书都纳入其中。2007年以后，英国14岁及14岁以上年龄的所有学习者

都会得到一个属于自己的"唯一学习者编号"（unique learner number），在完成框架体系内资格证书或单元的学习后，只要通过颁证机构的考评认证，就可以将自己的学习成果载入终身学习记录（personal learning record）。德国《就业保护法》规定，受雇于100人以下企业的年龄超过50岁职工的企业培训费用，可获得全额补助。日本在就业培训方面，除设立适合高龄劳动者的公共培训科目外，还实施职业能力开发的给付金制度，以鼓励企业对高龄劳动者进行职业能力开发的在职培训。此外，日本还特设50岁以上劳动者能力开发给付金制度，以为其在工作时间外接受培训提供补助。

8.2.2 政策展望

（1）加快高龄劳动者权益保障的立法工作，正视年龄歧视问题

就业歧视往往会导致社会资源的严重浪费，而推进就业机会的公平可及有利于促进经济的发展。特别是在人口老龄化不断加剧的背景下，如果还放任雇主出于年龄原因对高龄劳动者进行不合理的限制和区别对待，使得很多能继续工作的人才被挡在就业和晋升的门槛之外，则势必造成人力资本的严重浪费，更会加大老龄化对经济和社会发展的压力。综观各国反歧视立法，禁止歧视的领域和类别不断扩大，涵盖了就业、社会、经济等多个领域，包括性别、种族、年龄等多个类别。高龄劳动者就业法律保障的缺位是制约我国高龄劳动者就业促进与保障工作的主要障碍。目前，尽管我国已经制定了不少涉及就业歧视的法律法规，但仍然呈现"分散立法"的状态，内容上主要以原则性的规定为主，可操作性不强。

对此，可以借鉴发达国家促进高龄劳动者就业的法律制度，通过平等保护法或禁止年龄歧视法实现对高龄劳动者就业权益的保护。因此，有必要对高龄劳动者的就业问题进行单独立法，将高龄者就业保护法纳入立法规划。事实上，禁止就业年龄歧视的立法已被我国官方所提及，但一直未进入正式的决策议程。考虑到我国反就业歧视立法总体上尚处于初级阶

段，以及存在一定程度的年龄歧视，立法将禁止就业歧视的领域直接扩大至年龄方面，可能仍有较长的路要走。即便如此，现阶段也可以通过细化法规尽可能地限制就业年龄歧视。例如，推行雇佣配额制（或设定高龄劳动者最低雇佣比），即要求达到一定规模的企业聘用规定比例的高龄劳动者，否则必须缴纳高龄劳动者就业保障金；除法律明定的情形外，禁止用人单位在招聘条件中设置包含有年龄标准等年龄限制条款，并限制用人单位了解求职者的年龄信息；逐步清理现有法律和政策中包含的就业年龄歧视规定；完善《劳动合同法》的解雇保护条款，合理提高解雇高龄劳动者的门槛（或制定保障性措施），以在一定程度上控制歧视性解雇高龄劳动者。

（2）强化监管职能，落实高龄劳动者的权利救济机制

从各国高龄劳动者权益保障实践来看，"无救济则无权利"，一些国家设立专门的高龄劳动者就业权益监管机构或反高龄就业歧视委员会（例如，荷兰设置平等待遇委员会，专门受理个人或组织对就业年龄、性别歧视问题的投诉），负责组织调查高龄劳动者歧视状况、制定和发布反歧视政策、接受歧视受害者的申诉并提供相关法律意见及法律援助等事宜，积极维护高龄劳动者就业权益。

（3）健全高龄劳动者职业技能培训机制，提高可雇佣性

一方面，提高职业技能培训服务对高龄劳动者的可及性。在我国，很多就业困难的高龄劳动者来自企业下岗人员或城镇化过程中的失地农民。向此类人员提供必要的职业技能培训，有助于他们在再就业及职业转换中尽快进入劳动力市场。当然，考虑到年龄、文化水平以及学习心态等现实状况的制约，政府不论是向高龄劳动者直接提供就业技能培训还是购买社会培训服务，都要注重引导供给形式灵活、费用低、简单易学以及实践性强的培训项目，并且将职业培训与职业推荐相结合。与此同时，也可以借鉴国际社会的做法，通过财税激励（如奖励性补贴或税收减免）等方式，鼓励用人单位向高龄雇佣人员提供及时的技能更新培训。另一方面，引导

激励用人单位为高龄劳动者设置合适的工作岗位,提高高龄劳动者的雇佣比例。目前,我国从中央到地方采取了一些鼓励聘用高龄劳动者的做法,主要包括补贴社会保险费、减免税费以及为贷款提供财政贴息等,较少使用国际社会常用的工资津贴的办法(只有社区开发的公益性岗位安置高龄劳动者就业才能获得工资津贴)。考虑到工资津贴的激励更为直接,且实行上较为简单方便而易于管理,形式上也更具吸引力,建议在更多岗位上推行面向高龄劳动者的工资津贴政策,切实鼓励引导用人单位提高对高龄劳动者的雇佣水平。此外,结合我国精准扶贫工作,在产业扶贫的过程中,可以引入高龄劳动者雇佣配额制或最低雇佣比,给农村高龄劳动者(特别是具有一定技能的高龄返乡农民工)提供合适的工作机会。

(4)探索建立适合国情的延迟退休方案

延迟退休方案是目前政府与学术界积极讨论的一个重要议题,专家学者就此推出了多种方案(见表8-4)。2019年8月,针对延迟退休年龄问题,人力资源和社会保障部在答中国政府网网民关于"参加养老保险存担忧"的留言时表示,"将坚持从中国国情出发,综合考虑劳动力市场情况、社会的接受程度,根据不同群体现行退休年龄的实际情况,进行深入研究论证,稳妥推进"。目前,受人口老龄化的影响,延迟退休日益成为西方国家普遍的政策选择。OECD报告显示,至2050年,大多数OECD国家的法定退休年龄将延长至67岁(OECD,2013),法定退休年龄的性别差异(女性早于男性退休),也将逐渐退出历史舞台。对中国而言,延迟退休的意义同样重大,它不仅意味着更多的高龄劳动者能够继续留在劳动力市场,弥补青壮年劳动力比重下降对劳动力供给的影响,同时受近十多年来高等教育普及化的影响,延长退休也将意味着那些受益于高等教育普及化的年轻一代能够更加持久地释放人力资本红利。杨李唯君等(2019)通过考察2015—2050年不同退休年龄延迟方案下中国劳动力市场人力资本的规模和质量变化发现,比之于保持目前退休年龄不变的基准方案,不同退休年龄延迟方案所增加的劳动力供给范围大约在年均2 800万人至9 200

万人之间。未来30年，延迟退休所增加的劳动力的受教育水平将普遍较高，特别是在女性群体中表现得尤为突出。

表8-4　　　　　　　　　　延迟退休年龄主要政策方案

方案提出者	目标年龄	调整日期	调整后男女差异	摘要
林宝	65岁	2000—2045年	无	女性退休年龄在2015年统一到55岁，在2030年延迟到60岁。男性和女性在2045年延迟到65岁
柳清瑞,苗红军	男65岁，女60岁，或者男女均为65岁	2015—2050年	有	每5年退休年龄延迟1年
孙玄	男65岁，女干部/专家60岁，女职工55岁	2005—2015年	有	每1年男性退休延迟半年,女性退休延迟1年
孙昌銮	65岁	2015—2030年	无	男女领取养老金年龄统一延迟至65岁
蔡昉,张车伟	65岁	2015—2045年	无	女性退休年龄在2017年统一延迟到55岁，男性和女性在2045年延迟到65岁

资料来源：①林宝.中国退休年龄改革的时机和方案选择［J］.中国人口科学，2001（1）：25-31.②柳清瑞，苗红军.人口老龄化挑战中国现行退休年龄规定［J］.未来与发展，2007（6）：33-37.③孙玄.关于退休年龄的思考［J］.人口与经济，2005（3）：67-71.④孙昌銮.清华大学公布养老体制改革方案　建议65岁领养老金［N］.北京青年报，2013-08-14.⑤蔡昉，张车伟.人口与劳动绿皮书：中国人口与劳动问题报告No.16［M］.北京：社会科学文献出版社，2015.

（5）树立"年龄管理"与"健康工作"的新理念与新风尚

受人口老龄化的影响，"年龄管理"成为近年来国际社会积极倡导的人力资源管理新理念。在我国，不论是企事业单位还是政府机关都应该积极树立年龄管理意识，将"年龄"因素，特别是老龄化问题纳入人力资源管理的方方面面。企业应全面实施"老年友好型"的年龄管理策略，例如工作弹性设计（如兼职工作、减少工作时间等）、根据工效学进行工作设计等。不仅要探索建立一系列让高龄劳动者"留得住"的保障措施与工作制度安排，更要通过促进和激励年龄管理实现将高龄劳动者"用得好"的总目标，以不断提高人力资源的管理绩效。与此同时，还要积极树立"健康工作"的新理念，制定和实施"有效提高健康和工作条件"政策，为高龄劳动者持续就业提供良好的公共健康和工作环境。通过不断提升劳动者健康工作年限，积极应对劳动力老化所带来的种种挑战。

8.3 青年群体就业

青年群体特别是高校毕业生的就业促进与保障是一个全球性议题。国际劳工组织《全球青年就业趋势报告》显示，全球青年劳动人口规模与参与率呈下降趋势，1997—2017 年的 20 年间，尽管全球青年人口增加 1.39 亿人，但青年劳动力却减少了近 3 500 万人，全球青年劳动力占比降至 15.5%，下降了 6.2 个百分点。劳动参与率也从 55% 下降至 45.7%（国际劳工组织，2017）。青年失业问题日益突出，2017 年全球青年失业规模估计在 7 090 万人左右，青年失业率为 13.1%，其中发展中国家的青年失业率在 9.5% 左右，发达国家达到 13.4%。OECD 国家差不多有 18% 的青年已经失业一年或一年以上。此外，即便在已经就业的青年群体中，有高达 76.7% 的青年从事的也是非标准工作。

导致青年群体就业困难的原因是多方面的，特别是就业技能与劳动力市场需求不匹配和"自愿性失业"问题近年来引起国际社会的普遍关注。

技能不匹配既表现为青年在工作岗位中无法充分发挥已有的知识和技能，又表现为青年所具备的知识和技能不能满足工作岗位的实际需求。前者被认为是过度教育的结果，后者则与学校教育同职场需求脱节密切相关。尽管许多研究认为，技能不匹配可以依靠工作后的在职培训来解决，然而事实上企业和员工对在职培训都不够重视。一项对美国大型企业近20年青年员工接受培训状况的调查显示：1991年，受访青年中只有17%在入职后接受过培训，到2011年该比重只增加了4%。

此外，对青年群体的过度教育还容易造成他们对职业及薪资产生"不切实际"的预期，现实差异使得很多青年宁肯"自主失业"也不愿意屈从低于预期的工作岗位。这种自愿性失业的现象近年来变得越来越普遍。来自日本以及欧洲国家的劳动力调查显示，许多青年人倾向选择"逃避"就业，这种"自愿性失业"的现象被称为NEET（not in education nor in employment or training），指的是那些既不工作也不在校接受教育的青年群体（黎淑秀，2020）。例如在日本，2001—2013年间，长期处于自愿性失业状态的青年就有60多万人。在欧洲，NEET群体同样庞大，2015年前后，南欧国家有近20%的青年为NEET群体。

8.3.1 国际经验

针对上述问题，欧美国家形成了一些值得借鉴的经验：

（1）推行教育体制改革，注重教育与职业技能的有效衔接，强化职业教育体系

德国青年失业率一直保持在低水平。即便在欧债危机后的经济低迷期，其青年就业率仍能持续走高，这很大程度上得益于德国健全的双轨制职业教育与培训体系，即进入非全日制的职业学校和企业进行学习和培训。这项制度的主要特点在于，它在职业学校与企业密切合作的基础上，很好地将非全日制职业教育与职场实习和培训融合起来。根据规定，双轨制的培训期一般为2～3年，其中约有3/4的时间需要在企业作为学徒实

习，剩下的时间在学校接受基础理论教育。基于双轨制运行的长期经验，德国形成了高度组织化、标准化和规范化的制度体系。在德国有大约1/4的企业参与到这个项目中去，政府也通过财政补贴以及降低学徒工资标准等途径，鼓励更多的企业参与（刘勇，2012）。在这项制度的影响下，企业能够在提供培训的过程中建立适合自身发展的人力资源储备，减少了人力搜寻与前期投入的成本。与此同时，企业的积极参与，也减少了政府的教育投入负担，并为所有青年提供了职业技能的实地训练，极大地提升了他们在求职中的竞争力，保障了较高的就业水平。

在美国，政府将提升学生就业技能、构建更具合作性和更加健全的劳动力开发与职业教育体系作为教育体制改革的一个重要突破口。积极推行以创新与实用为本位的职业教育，强调以职场为本的训练策略，确保培养出符合职场需求的大学生群体。2014年，时任美国总统奥巴马签署《劳动力创新与机会法案》（WIOA），该法案强调"追求创新"与"增进机会"，致力于使职业教育更好地契合劳动力开发和经济发展的需要（见表8-5）。法案高度重视对青年群体（特别是非在校青年群体）的劳动力投资，不仅通过资助并提供给青年群体各项以就业为导向的暑期工作、学徒制培训等机会，提升青年群体职业技能与资质水平，而且注重青年就业的追踪反馈和信息收集分析，建立毕业生就业情况资料库，追踪其职场表现，根据相关反馈来修正课程与训练计划（2013 "Training Partnerships Between Community Colleges and Employers"）（肖毅，2016）。不仅如此，在制度建设上，美国政府还颁布了《高效就业条例》（Gainful Employment 2014），成立了由联邦教育部、司法部等部门组成的跨部门协调监管机构，建立了质量评估框架，并启动新大学分级系统开发工作，将各类院校分为高水平、中间级和低水平三个等级，以提高职业教育项目绩效，切实提升美国高校毕业生就业竞争力。

基本框架	针对青年群体的主要内容
劳动力开发活动	针对青年人(特别是校外青年人群),帮助他们取得就业所需的技能和证书,并将在他们就业后持续帮助其获得所需的技能
成人教育	• 加强成人教育、高中后教育和职场技能需求之间的关系,重点是在州和本地层次上提供成人教育和技能发展培训,加快其获得文凭和证书的速度 • 创建"在线技能学院",通过提供开放的在线学习课程,帮助学生参加经过认可的职业教育机构的在线学习以获得证书,并拓宽课程设计的途径,提高职业教育效率
瓦格纳–皮塞尔法案(Wagner-Peyser ACT)	主要提供劳动力交流,使雇主与合格的求职者相匹配,并提供高质量的劳动力市场信息

表 8-5　　　　　　　　　WIOA 基本框架和主要内容

（2）建立更加弹性灵活的青年劳动力市场，支持与保护非标准就业

在丹麦、荷兰等国家，通过减少雇佣与解雇限制，赋予劳动力市场更多的灵活性被视为解决青年就业问题的重要举措。荷兰政府早在20世纪80年代就与雇主和工会组织达成了"瓦森纳协议"，该协议允许通过临时性雇佣合同减少冗余的就业程序和工资约束，增加市场灵活性（柯卉兵，2004）。当然，放松就业管制，激活劳动力市场的同时，荷兰政府也给予非标准就业以参加职业培训、获得工资保障和补贴性养老金等保护措施。建立更富弹性与灵活性的劳动力市场，不仅为青年人提供了更多的就业选择，而且通过非标准就业，也能很好地为青年在择业过渡期提供积累工作经验、扩大社交网络等机会，帮助他们找到更为理想的正式工作，进而提高青年群体整体的就业质量。

（3）加强青年就业信息监测与服务平台建设

以英国为例，英国政府高度重视青年就业监测在就业促进中的重要作用（见表8-6）。就业监测对象包括在英国和欧盟国家定居的接受过高等

教育的全日制与非全日制毕业生。监测工作由高等教育基金管理委员会、高等教育统计署、高校、毕业生就业指导服务协会等部门协同完成。基于监测数据，相关部门会从职业知识技能及经验、管理者胜任趋势与潜能、高层次交际能力等方面对毕业生的就业状况进行系统性研究与评估。在此基础上针对包括传统职业（律师、医生、中学及高校教师、科研工作者等）、现代职业（工商管理、信息技术、媒体工作等）、新兴职业以及特殊职业（如休闲体育经理、宾馆住宿部经理）在内的不同职业类型制订有针对性的指导及服务方案，从而极大地提升了毕业生就业匹配效率，更好地协助毕业生做好自我职业定位，及时找到合适的工作（王占仁，董超，2012）。

表 8-6　　　　　　　　英国就业监测平台主要监测内容

项目	具体内容	备注
个人资料	姓名、性别、种族、是否残疾、地址、邮编、电子邮箱、毕业院校、专业名称、电话号码等	
就业状态	当前所从事的工作、工作环境等	
工作内容描述	工作名称、工作任务、被聘用方式、税前年薪、工作机构名称、工作地点邮编、工作机构职员数量、工作与学历关系、与雇主认识的时间、为雇主工作的方式、雇主选才标准、择业原因、就业渠道等	已有具体工作的毕业生填写
个人深造情况（未直接就业）	深造方式、计划深造的学历类型、专业名称、研究领域、报名机构名称、深造原因、深造资金来源	在调查前进行了进修、培训或研究生考试报名的毕业生填写
从事教师职业毕业生状况	是否为教师、就职的是公立还是私立学校、在基础教育还是高等教育机构工作、是否正在寻找教师岗位等	由获得教师资格的毕业生填写
业余培训深造情况（已就业人员）	学习课程时间、动机、学习课程之前或期间是否找到工作、雇主在毕业生学习之前或期间的支持情况	业余时间获得证书的毕业生填写

（4）鼓励青年人自主创新创业

一些国家将鼓励青年人创新创业与学校教育相融合，引导更多的青年人培养自主创新创业的能力与意识。例如，在挪威和瑞典等国，政府将"迷你公司创业项目"引入学校，成为一门正式课程。学生、课程老师同专业的创业教练一同创办真正的企业，一同解决企业资金筹集、产品设计开发、财务管理与市场进入等各个环节中遇到的问题。该项目在1990—2009年近20年的时间里，共有16.6万人参加。针对项目成员的调查显示，参与"迷你公司创业项目"的青年，不仅在未来职业生涯中有更好的发展，而且有着更强意愿与能力在毕业后从事创业或创新工作（马永堂，徐军，2018）。

此外，英国大学联合会早在2000年就将推动商业繁荣和企业发展设为英国大学主要战略目标之一，并创立高等教育创新基金，大力支持高校师生的创新创业活动。2008年，英国政府在《企业：解锁英国人才》的报告中，进一步强调创业教育向中小学延伸的必要性。到2010年，英国大约有16%的学生参与了各种各样的企业及创业教育，63%的高校将创新创业教育纳入教学规划，每所高校成立创业公司数量平均达到28家。为了进一步推动创新创业教育的蓬勃发展，2012年英国政府发布《企业和创业教育：英国高等教育机构指南》（以下简称《指南》），从目标、产出和实现路径三个方面系统地阐释了高校创新创业教育的核心理念和路径。具体来说，《指南》将培养学生创新创业意识、思维及能力，为国家储备创新创业人才作为高校开设创新创业类课程的根本目标。在产出的评估上，注重通过课程培训，培养在校学生识别评估创新创业机会的能力；培养领导管理团队通过批判性的分析和判断进行决策的能力；培养协调人际交往，强化团队沟通协作的能力等。在实现路径上，注重通过设计创业课程、创设创业情境、参与创业实践等方式，帮助学生发现并发展创新创业效能，鼓励学生毕业后积极投身创新创业事业。《指南》的颁行还深刻地影响着高校教学样态的变革，推动包括"从关注抽象问题转变为创新；

从被动学习转变为主动学习；从依赖性到自力更生和适应性"等在内的一系列转变（胡子祥，2015）。

除了政府主导外，诸如欧洲青年企业联盟（European Confederation of Junior Enterprises）这样完全由高校青年学生自主运营，以"推动学生创业"为口号的非营利性学生组织也在其中发挥着日益重要的作用（周小舟，2016）。该组织迄今有50多年的发展历史，截止到2017年，已经壮大为涵盖14个欧洲国家300多个青年企业约26 000名大学生会员的大型国际组织，平均每年推出创新项目达4 000多个。欧洲青年企业联盟能够充分利用自身国际化与非政府的角色特质，积极协调整合企业、政府、高校以及国际组织等多层资源，一方面立足于"专业性"，通过"干中学"的体验式学习模式，为青年创业者提供系统化、标准化、快捷化的初创企业培育流程，学生可以通过"寻找团队成员—创建商业模式—建立组织结构和发展战略—加入青年企业网络—加入青年企业委员会"等步骤开启创业之旅。联盟为创业团队提供专业的"拓展团队"（enlargement team），指导学生将其创意拓展为青年企业。另一方面，立足于"国际性"，致力于将"青年企业"的理念在欧洲乃至世界范围内推广，为青年创业者搭建国际性、多元化的交流平台，积极从政府、高校、专业导师和公司等多个层面协助创业者对接外部资源（常飒飒，王占仁，2018）。

（5）加强社会安全网建设，促进失业青年再就业

国际上，通常将青年群体也视为劳动力市场上的弱势群体，由此形成了一系列促进青年失业者再就业的措施。一方面，从供给侧来看，通过不同层次的岗位补贴或税费减免等措施激励企业减少裁员或扩大对失业青年的招聘规模。例如，美国政府为了吸引企业在就业困难地区（例如工厂倒闭或出现大规模裁员地区）投资建厂，制定了一系列税收减免的优惠政策，并对企业招聘青年失业人员给予工资补贴等奖励。法国政府通过"青年就业计划"不仅向雇用失业青年的用人单位提供80%的工资补贴，同时还减免500人规模以下企业的社会保险费。英国政府对向25岁以上长期

（6个月以上）失业青年提供工作岗位的企业提供补贴。另一方面，强化失业保险基金对就业困难的青年群体的生活保障与再就业支持作用。例如，德国的失业保险制度规定，求职期间没有生活来源且不与父母或伴侣生活在一起的待业大学生可以申请领取常规的生活、住房及取暖补贴。除了保障基本生活之外，在欧美及日韩等国家，失业保险基金还会通过所谓"就业调整补贴"计划，向在经济低迷时期坚持不裁员或继续雇用大学生的企业提供补助。还有一些国家将失业保险的覆盖范围扩大至临时性失业，并对决定自主创业的失业青年，适当延长失业金的给付期限（6个月至1年）。

（6）完善在校期间的就业指导机制，前置就业促进服务

欧美及日本等国家高度重视在校期间的就业促进工作，努力强化学校在提升大学生就业能力与水平方面的作用。例如，日本大学普遍在本科三年级的时候就开始有针对性地强化就业促进干预服务。校方会组织专人对学生求职能力进行综合评估，内容涉及个人基础能力、就业方向、求职素养（适应性、慎重性、自主性、指导性、外向性、协调性、积极性等特质）等，评估内容将建档立卡，校方会根据每个人的特征有针对性地提供就业指导服务，提高干预的精准性。此外，美国高校的就业辅导中心通常由高级别的管理人员专门负责，会向毕业生提供包括职业兴趣测试、择业技巧培训、职业指导、职业生涯规划、职业介绍、职业信息咨询等在内的多元化就业服务。据统计，美国应届毕业生每年通过学校推荐实现就业的比重高达60%～70%。

8.3.2 政策展望

面对当前日益严峻的青年就业形势，诸如OECD等国际组织从"解决疲软的总需求，促进青年就业岗位创造""帮助低技术青年解决就业困境""向失业青年提供足够的收入支持，直至劳动力市场条件改善""鼓励雇主继续实施或扩大优质学徒及实习计划"等方面提出了应对思路。结合国际

经验与本国实际，中国在面对以大学生就业为核心的青年就业挑战时可采取以下措施：

（1）建设以"工作驱动"（job-driven）为导向的现代职业教育体系

职业教育在合理分流青年人力资源，避免普通高等教育过载，保障国家技术与职业人才充分供给等方面发挥着十分重要的作用。但是，长期以来，我国的职业教育发展相对滞后，存在着"社会吸引力不强、发展理念落后、行业企业参与不足、人才培养模式相对陈旧"等诸多问题。2014年以来，教育部先后出台多项加快现代职业教育体系建设的政策及规划，从制度体制改革、师资队伍建设和产业发展布局等方面提出了一系列实施方向与具体措施。展望未来，我国在建设现代职业教育体系的过程中，应特别重视强化"工作驱动"理念，注重发挥企业用人单位在职业教育体系建设中的关键性作用。这要求能够充分引入雇主提供的工作场所培训机制（学徒制等模式），这不仅是检验职业教育方案是否具有劳动力市场价值的有效手段，也有助于促进潜在雇主和雇员之间的信息双向流动，使以后的招聘更有效，成本更低。同时，这种学习机制还可使学生熟悉最新设备，掌握最新工作方法和技术技能，并在现实环境中发展关键的软技能，例如团队协作和与客户打交道。此外，工作场所培训机制，无论是通过学徒培训还是通过其他模式，还依赖于一个明确的合同框架，鼓励雇主提供有效的学习机会，并使受训者能够在工作中做出富有成效的贡献。许多国家都存在针对学徒或实习生的特别合同，学徒或实习生合同可以通过明确规定雇主和受训者的权利和义务来巩固工作场所培训的质量（OECD，2013a）。

（2）注重强化从学校到职场的"过渡阶段"（transition to the world of work）的政策支持

从学校到职场的过渡阶段是青年就业促进的关键期。在此阶段，需要提供高质量的就业指导，依托高质量的职业和劳动力市场信息整合与支撑，帮助青年人做出合理的职业选择。从职业技能、心理状态以及聘用程序等各个方面实现从学校到职场的顺利过渡（OECD，2013a）。具体来说，一方面，这需要及时提供关于当地人力资源市场需求和就业前景的高质量信息。强化针对高校毕业生就业状况的追踪与分析工作，建设全国性高校毕业生就业监测数据支撑平台。国际经验表明，建立持续的毕业生就业监测信息与反馈机制，对科学引导在校学生合理展开职业规划、提升应聘技能以及树立求职信心等方面，能够起到十分积极的促进作用。例如，在英国、法国、韩国，高校毕业生就业情况全国共享，所有在校学生均可以及时查阅相关信息。另一方面，在学校教育中引入"学徒制"以促进工作与学习的有机结合，帮助青年人在离开教育系统之前获得劳动力市场真正需要的基本技能。为了鼓励青年人提早获得工作经验，不少发达国家正在考虑在中等和高等教育体系中引入学徒制模式。有充足的证据表明，在高中教育中渗透职业教育模式与理念，在帮助学习成绩一般或对大学深造不感兴趣的青年人提高就业率，并确保从学校到工作的顺利过渡上能够发挥更加积极的作用（Quintini & Manfredi，2009）。当然，在借鉴发达国家学徒制时，需要注意对实习期间学生合法工作权益（工资报酬、资质获取、合理的工作强度与时长）与安全的保护，注意防止制度滥用并确保学生能够通过实习获得真正的工作技能或经验，而不会成为雇主的廉价劳动力（OECD，2013b）。

（3）创新青年就业促进的工作机制，提高青年就业促进的法治化水平与政策制定执行的协同性

欧美发达国家通常将处在求职、创业过程中以及入职不久的青年人视为就业的弱势群体。这是因为此类群体不论在个人权益保障还是经验方面都处于劣势，容易受到劳动力市场的排斥，因此政府十分注重对青年人就业与创业的保护。在我国，高校毕业生也一直都是政府就业促进工作的重点人群，但对他们在劳动力市场中的弱势地位尚没有给予充分的考量与保障。近年来，教育部等相关部委针对高校毕业生就业创业工作颁布了大量的政策文件，其覆盖广度和深度都有了很大的提升，政策惠及的群体也不断扩大（从应届毕业生进一步扩大至毕业前一年及毕业后两年的大学生群

体）。尽管如此，我国在立法层面仍然未能像欧美发达国家那样，形成促进青年就业及创新创业的完整的法律保障体系。对此，首先应该积极推进青年群体就业特别是创新创业的法治化建设，强化法律保障机制，理顺上位政策和下位政策、配套政策之间的关系，使中央政策和各地方政策之间保持层次性、统一性和灵活性的有机结合。

此外，青年就业创业群体是一个十分宽泛的概念，既包括高校毕业生，也包括部分农民工群体等。近年来，国家高度重视青年群体的就业促进工作，针对青年群体在就业创业过程中遇到的各种问题，中央及地方相关政府部门根据各自的工作职能和实际，推出了引导城乡基层就业的"三支一扶"计划、大学生村官等基层项目，促进企业吸纳就业的社会保险、税费补贴、财政贴息等政策，以及鼓励青年自主创业的减半征收企业所得税、暂免征收增值税、一次性创业补贴等一系列就业创业支持政策。为了提升部门之间促进青年就业政策制定与执行的协同性，我国在2004、2006及2015年先后由教育部、劳动和社会保障部（现人力资源和社会保障部）、国家发改委牵头建立起高校毕业生就业工作、农民工工作（2013年被国务院农民工工作领导小组取代）以及推进大众创业、万众创新的部际联席会议制度，分别负责协调推进高校毕业生就业、农民工就业以及大众创业、万众创新的相关工作。但总体来看，当前青年就业创业政策比较分散、零碎、滞后，尚未形成基于一个核心政策的政策体系，部门之间的协同性仍然较低。对此，在后续政策制定过程中，需要进一步创新整合青年就业创业政策制定与执行的工作机制，统一协调指导青年就业创业政策的制定、发布工作，以期理顺政策制定主体的权力结构，形成利于促进就业创业的宏观政策体系。随着就业促进工作领导小组的成立，建议进一步创新整合青年群体的就业促进工作，在此领导小组下成立专门的青年工作委员会。此外，建议从政策体系角度对劳动者就业能力提升、创业带动就业、重点群体就业保障等不同单元政策之间的关系进行梳理，加强青年就业创业政策与财税、投资等宏观经济政策的资源结合，以及与人才培训、职业教育、社保等社会政策的统筹协调，保障政策的整体性和协同性。

8.4　女性群体就业

近年来，我国女性就业规模与比重稳步提高。2017年，全国女性就业人员占全社会就业人员的比重为43.5%。城镇单位女性就业人员6 545万人，比2010年增加1 684万人，占城镇单位就业人员的比重为37.1%。2017年，城镇登记失业人员中女性所占比重为43.1%，比上年降低1.2个百分点。2018年，全国女性就业人员占全社会就业人员的比重达到43.7%，比上年提高0.2个百分点（国家统计局，2019）。从专业技术人员来说，2017年，公有制企事业单位中女性专业技术人员为1 529.7万人，比2010年增加260.3万人，所占比重为48.6%，提高3.5个百分点；其中女性高级专业技术人员为178.9万人，比2010年增加77.3万人，所占比重为39.3%，提高4个百分点。

女性就业保障力度不断加大，养老、医疗、生育、失业以及工伤保险的参保规模大幅提升。2018年，女性参加基本养老保险的人数为4.3亿人，比上年增加4 420万人；其中，参加城镇职工基本养老保险的人数较2010年增长66.6%，参加城乡居民基本养老保险的人数较2016年增长42.3%。女性参加基本医疗保险的人数超过5.4亿人，比上年增加1 926万人，是2011年的2.9倍；其中，参加城乡居民基本医疗保险的人数超过3.9亿人，比上年增加1 283万人，是2011年的5.2倍。女性参加生育保险的人数达8 927万人，比上年增加499万人，增长5.9%，与2010年相比，增加3 560万人，增长66.3%；参保人员占全部参保人员的比重为43.7%，与上年持平，比2010年提高0.2个百分点。

女性受教育状况不断改善，教育因素对薪酬回报率影响显著。特别是在高等教育阶段，女性在校生所占比例逐渐超过男性。1997—2017年之间，本专科在校女生人数占比从37.3%增至52.5%，硕士研究生在校女生人数占比从33.8%增至49.9%，博士研究生在校女生人数占比从18.5%增至39.3%。2010—2016年连续7年，本专科和硕士研究生在校女生人数占比均已经超过50%。BOSS直聘研究院数据显示，拥有硕士以上学历的女性，平均薪酬较本科及以下学历的女性高出68%，这一差异比男性群体高出7个百分点，证明教育因素对女性薪酬回报率影响十分显著。

尽管女性就业状况有了很大改善，但仍然存在不少问题：

第一，女性劳动参与率持续下降，性别差距呈扩大趋势。虽然中国女性劳动参与率居世界前列，但近年来中国女性劳动参与率呈不断下降趋势。根据国际劳工组织估计，中国女性15～64岁劳动年龄人口中，劳动参与率从1990年的79.4%下降至2019年的68.7%，降幅10.7个百分点。相比之下男性1990年的劳动参与率为88.8%，较女性高出9.4个百分点，到2019年，这个差距扩大到14.2个百分点（如图8-9所示）。

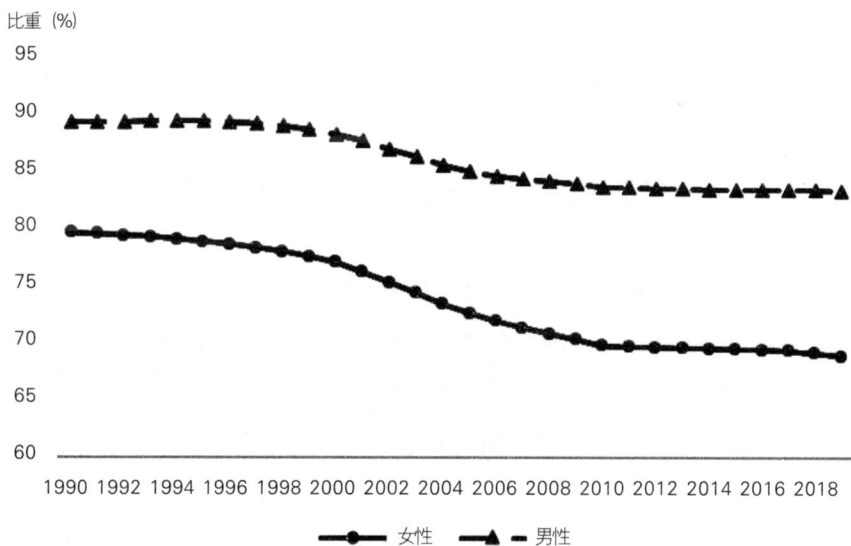

图8-9　中国劳动年龄分性别人口比重

资料来源：世界银行数据库.

第二，雇主的性别偏好仍然对女性不利。近年来，中国政府高度重视女性就业权利的保障工作。2019 年，人力资源和社会保障部、教育部等九部门联合发布《关于进一步规范招聘行为促进妇女就业的通知》，关注女性的平等就业权利，就女性就业歧视问题建立举报投诉、司法救济、提供职业指导和职业介绍等机制，要求多部门协商，联合推出一揽子政策体系。尽管如此，在实际的招聘过程中，雇主的性别偏好仍然对女性应聘者十分不利，隐性歧视无处不在。BOSS 直聘求职大数据分析发现，在排除绝对人数差异的影响后，男性求职者被招聘者主动沟通的次数是女性的 1.1 倍。在部分行业，这一现象更为显著。例如，在采掘/冶炼和石油/石化行业中，相对艰苦的工作环境和高强度工作使大部分企业偏好男性求职者，男性被主动沟通次数高达女性的 2 倍以上。此外，计算机软件、交通运输等加班常态化的行业中，雇主也明显更愿意考虑男性求职者。由于竞争力上的不对等，女性普遍需要付出更多努力才能找到一份合适的工作，在工程、制造等男性优势行业中，女性求职者与企业主动沟通次数是男性的 1.04 倍，尽管她们在求职过程中投入了更多的时间，但沟通效率仍明显低于男性，男性求职者的沟通效率为女性的 1.13 倍。

第三，同男性相比，女性职业成长空间更为有限，不论是晋升机会还是薪资上的性别差异都会随工作年限的增长而不断扩大。BOSS 直聘研究院统计数据显示，具有 3~5 年、5~10 年和 10 年以上工作经验的男性比女性的晋升概率分别高 1.5%、12.1% 和 8.3%。从二者的薪资差异来看，1 年工作年限下，男性薪资平均比女性高 9.8%，到 15 年及以上，这个差距扩大到 39.4%，增长了近 3 倍（如图 8-10 所示）。

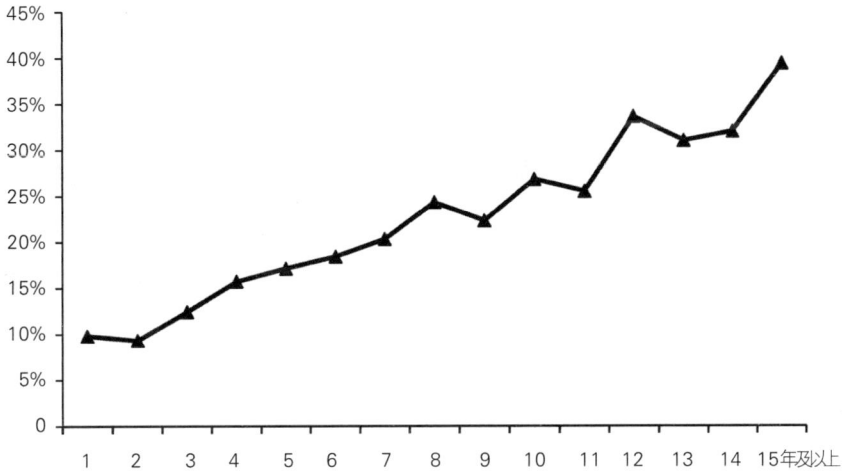

图8-10　2018年分工作年限薪资性别差异

资料来源：BOSS直聘研究院.

8.4.1　国际经验

（1）注重女性就业保护与促进的顶层设计和总体规划

欧美等发达国家高度重视从宏观战略层面强化对女性就业促进与保护工作的规划指导。以欧盟为例，强化女性的就业能力，促进女性更好地融入劳动力大军，一直是欧盟包容性增长战略的基本内容。具体表现在：其一，促进女性经济独立（equal economic independence），在支持贯彻"欧洲2020年战略"的各项举措中全面促进性别平等。特别是在"就业指导方针"和国家就业政策评估框架下，欧盟委员会将密切监测各成员国为改善本国劳动力市场性别平等、促进女性融入社会、促进女性创业而制定的各项法案。同时对各成员国在确保女性工作者与家庭有关的假期（特别是产假和照顾者假）、托儿设施建设及福利保障水平进行评估比较并提出改善方案。其二，同工同酬（equal pay for equal work and work of equal value）。积极推动提高成员国薪酬透明度的可能途径，以及非全日制工作和非固定期限合同等灵活就业安排对男女同酬的影响；支持雇主采取推动同工同酬的举措，通过财税手段激励雇主纠正不合理性别薪酬差距；定期举行同工同酬日活动，以提高公众对女性在就业中不公待遇的警惕和社会就业平等的总意识。其三，决策中的性别平等（equality in decision-making）。采取有针对性的举措，改善各公共部门决策层的性别均衡状况。例如，监测担任最高决策职位的人数中女性占比（不低于25%的标准）；监测欧盟委员会设立的委员会和专家组中女性成员占比不低于40%这一目标的实现情况；支持努力促进妇女更多地参与欧洲议会选举，包括作为候选人。

（2）重视女性就业促进与保护的法治建设

在同工同酬方面，欧盟颁布了《男女同工同酬指令》、美国颁布了《同酬法案》，强调在相似工作条件下实行男女同工同酬（陈国娟，李琳懿，2018）。日本通过颁布《男女雇用机会均等法》《雇用法实施细则》《女子劳动标准规则》等一系列的法规规范，保障女性享有与男性一样的就业机会和工资待遇权利（王亚南，王婧昕，2014）。在生育、子女照料和社会保障方面，美国、欧盟均制定了专门的《怀孕歧视法》。欧盟的《职业社会保障男女平等待遇指令》明确规定各成员国应保障男女在疾病、退休、职业伤害及失业时能享有平等的保障待遇。此外，美国在1993年制定的《家庭及医疗休假法案》规定，雇佣人数达50人以上的雇主，每年应给雇员无条件提供12周无薪假期，允许他们去照顾自己的孩子或亲属（孔静珣，2010）。在女性职业发展方面，20世纪90年代以来，美国高度重视女性职业晋升保护问题，并在1991年制定了《玻璃天花板法案》，成立了玻璃天花板委员会，致力于消除女性晋升障碍。在就业权利救济方面，欧盟还出台了《性别歧视案件举证责任分配指令》，推动性别歧视举证责任倒置，强化对女性权利救济的司法保护。

（3）实施以"家庭友好"为导向的女性就业保障政策

女性就业促进与保护不仅体现在工作场所，建立以家庭为导向的家庭支持的社会福利政策体系，始终是欧美国家保障女性就业的重要举措。自20世纪80年代以来，欧美国家实施了一系列向职业女性倾斜的家庭保护措施，也被称为"母亲友好政策"或者"女性友好政策"。这些政策主要指向两个方面：

一类可归为"减负型家庭支持措施"，旨在通过直接的服务供给或间接的津贴补助等方式，减轻女性的家庭特别是育儿负担，从而保障和促进女性就业。具体包括：其一，减贫和生活保障，主要是通过家庭支持政策为低收入家庭（特别是有儿童的家庭）提供特殊津贴，鼓励低收入家庭中的女性就业；其二，为儿童早期发展提供支持，主要是通过政策来减轻妇女照料婴幼儿的时间和现金成本，保障女性不仅能够安心抚幼，也能在需要的时候尽快回归工作岗位。其中，特别是育儿和托幼部分，成为欧美国家保障女性就业权益的重要抓手。通常来说，育儿和托幼权益主要是通过提供假期和服务供给两方面予以保障的。一方面，许多OECD国家都有在分娩前后为父母提供带薪休假的政策。几乎所有OECD国家都明确了向女性提供带薪产假（15至20周）的法定权利，其中一半以上的国家还向父亲提供带薪陪产假（父亲可以在婴儿出生后的头几个月内休带薪陪产假）。除了上述短期产假和陪产假之外，多数OECD国家还向父母提供额外的较长期（一般可长达6至18个月）的带薪育儿假或家庭看护假，以让父母有更多的时间照顾年幼的孩子。另一方面，政府还会直接提供各类社会化的托幼服务，或间接给予托幼津贴，减轻女性的抚幼压力。例如，幼儿教育和保育服务（ECEC）是一项以支持家庭、儿童和女性为目标的服务项目，旨在让所有年轻家庭都能获得负担得起的幼儿教育和照料服务，并帮助有年幼子女的父母（特别是女性）充分参与有偿工作。

另一类则可归为"适应型家庭支持措施"，主要指的是通过家庭政策来协调工作与家庭生活之间的关系，从而提高妇女的劳动参与率，同时，通过拟定政策框架来促进夫妻或伴侣间在有薪工作与家务劳动之间的平等分配，实现平等就业。例如，建立适合女性的灵活的工作安排框架（flexible working arrangements）。强化对女性的灵活安排包括一系列做法，具体有：①强化女性员工的工作时间弹性，如增加弹性时间选项（在不同的时间开始和结束工作）；"压缩"周工作（每天多工作一小时，周五下午休息），或者使用"时间账户"将工作时间分散到几周或几个月，便于女性员工能够根据照护家庭的需要灵活地安排工作时间。②强化对女性员工工作场所的弹性设计，如允许在家工作或远程工作。此外，芬兰、德国、韩国和土耳其等一些国家引入或扩大了有年幼子女的父母至少要求兼职或弹性工作的权利，也为减少工作时间的父母提供了报酬或津贴，旨在将兼职工作的经济障碍降至最低。

8.4.2 政策展望

借鉴国际经验，我国女性就业促进工作可重点从以下方面着手：

（1）积极推动女性就业法治建设迈向新阶段

男女平等是我国的基本国策，解决就业性别歧视问题始终是国家推动女性实现更高质量和更充分就业的重要内容。对此，我国在《中华人民共和国宪法》（以下简称《宪法》）、《中华人民共和国劳动法》（以下简称《劳动法》）及《中华人民共和国妇女权益保障法》（以下简称《妇女权益保障法》）中都明确规定了对女性平等就业权利的保护，严禁任何形式的就业性别歧视（见表8-7）。2018 年 12 月，最高人民法院发布了《关于增加民事案件案由的通知》，将"平等就业权纠纷"新增为案由。独立案由的增设体现了人民法院对就业歧视案件的重视，基于此规，审判法官会关注并积累就业歧视案件审判的经验，将之付诸实践，提升审判素养，从而帮助女性劳动者更好地寻求司法救济，维护其合法权益。2019 年，为了促进妇女平等就业，推动妇女更加广泛深入地参加社会和经济活动，提升社会生产力和经济活力，人力资源和社会保障部、教育部等九部门联合发布《关于进一步规范招聘行为促进妇女就业的通知》（以下简称《通知》），进一步以规范招聘行为为重点，加强监管执法，健全工作机制，加大工作力度，切实保障妇女平等就业权利。《通知》明确依法禁止招聘环节中的各种就业性别歧视。例如，"各类用人单位、人力资源服务机构在拟定招聘计划、发布招聘信息、招用人员过程中，不得限定性别（国家规定的女职工禁忌劳动范围等情况除外）或性别优先，不得以性别为由限制妇女求职就业、拒绝录用妇女，不得询问妇女婚育情况，不得将妊娠测试作为入职体检项目，不得将限制生育作为录用条件，不得差别化地提高对妇女的录用标准"。同时，通过强化人力资源市场监管（对违反规定的用人单位进行行政处罚）、建立联合约谈机制、健全司法救济机制（依法受理妇女就业性别歧视相关起诉，设置平等就业权纠纷案由）等途径切实规范招聘行为，维护女性就业权益。2019年，中华全国总工会也制定出台《促进工作场所性别平等指导手册》，分别界定工作场所的性别平等和性别歧视，并将歧视分为直接歧视和间接歧视两种，明确用人单位依法对女职工提供生育保护，不得因怀孕、生育、哺乳而将女职工转岗、减薪或解雇等。尽管如此，我国有关女性就业权益保障的法治建设仍然有待进一步提升。

表8-7　　　　　　　　　　女性就业促进与保障法律条文

法律	条款	内容
《宪法》	第48条	中华人民共和国妇女在政治的、经济的、文化的、社会的和家庭的生活等各方面享有同男子平等的权利。国家保护妇女的权利和利益，实行男女同工同酬，培养和选拔妇女干部
《劳动法》	第3条	劳动者享有平等就业和选择职业的权利
	第12条	劳动者就业，不因民族、种族、性别、宗教信仰不同而受歧视
	第13条	妇女享有与男子平等的就业权利。在录用职工时，除国家规定的不适合妇女的工种或者岗位外，不得以性别为由拒绝录用妇女或者提高对妇女的录用标准
	第46条	工资分配应当遵循按劳分配原则，实行同工同酬
《妇女权益保障法》	第22条	国家保障妇女享有与男子平等的劳动权利和社会保障权利
	第23条	各单位在录用职工时，除不适合妇女的工种或者岗位外，不得以性别为由拒绝录用妇女或者提高对妇女的录用标准。各单位在录用女职工时，应当依法与其签订劳动（聘用）合同或者服务协议，劳动（聘用）合同或者服务协议中不得规定限制女职工结婚、生育的内容。禁止录用未满16周岁的女性未成年人，国家另有规定的除外
《就业促进法》	第3条	劳动者依法享有平等就业和自主择业的权利。劳动者就业，不因民族、种族、性别、宗教信仰等不同而受歧视
	第27条	国家保障妇女享有与男子平等的劳动权利。用人单位招用人员，除国家规定的不适合妇女的工种或者岗位外，不得以性别为由拒绝录用妇女或者提高对妇女的录用标准
	第62条	违反本法规定，实施就业歧视的，劳动者可以向人民法院提起诉讼

其一，从相对分散、宽泛的原则性规定到推出更加专门化与更具操作性的法律法规。一方面，已有女性就业保障措施分散在多部法律法规之中，女性劳动者很难系统全面地知晓所拥有的权利以及救济方式。对此，可借鉴英国的《反就业歧视法》、美国的《就业年龄歧视法案》、日本的《男女雇用机会均等法》等，加快出台保障女性就业的指向性和专门性法律，将《反就业歧视法》或者《性别工作平等法》纳入全国人大立法规划。另一方面，应对女性就业权益，特别是"就业性别平等"概念做出更明确的界定，明确平等就业权的具体内容，将直接歧视、间接歧视、性骚扰、使人受害的歧视作为歧视的基本形态，并予以更清晰的界定。此外，已有法律法规虽然提及违反平等就业规定的各种行为可能承担的各项责任（如《妇女权益保障法》第56条规定："违反本法规定，侵害妇女的合法权益，其他法律、法规规定行政处罚的，从其规定；造成财产损失或者其他损害的，依法承担民事责任；构成犯罪的，依法追究刑事责任。"），但就承担及追诉责任主体的规定笼统，没有明确司法机关对于有就业性别歧视的个人或单位采取何种法定惩罚及量刑幅度，且在具体实践中对于违规主体更多采用经济性惩罚，惩戒力度明显不足。加之我国对于保障女性就业权益的法律规定相对分散，缺乏统一性与整合性，导致劳动保障监察机构在实务中缺乏约束或打击就业性别歧视现象的主动性和积极性，立法层面的不健全直接导致了执法力度的不足，劳动保障监察机构作为法律明确赋权用以监督管理用人单位的部门，对于就业性别歧视现象的存在和泛化却无法有效约束。除此之外，在实践中，执法机构的权责划分不明确以及执法人员执法能力的差异直接导致对于就业性别歧视的行为难以展开有效监管。对此，应增强保障女性就业权益法律责任制度的权威性，明确侵害女性就业权益的各种行为及相关单位承担法律责任的方式和幅度，在实务中对存在性别歧视的用人单位可以适当加大处罚力度，加强法律的威慑力。

其二，建立反就业歧视的专门监管机构，夯实劳动保障监察部门的监管责任。根据《就业促进法》的规定，目前我国的就业促进与保障事业主要由劳动保障行政部门具体负责，工会、共产主义青年团、妇女联合会、残疾人联合会以及其他社会组织协助，依法维护劳动者的劳动权利。尽管劳动保障监察部门作为专门性机构，不仅有责任和义务对就业性别歧视问题进行监管，也是最能有效接触和监督管理用人单位的职责部门，但我国《劳动保障监察条例》并没有明确列举劳动保障行政部门保障女性就业权益（特别是平等权）的相关事项。而对于这类没有明确的事项，一般在实践中很难被劳动保障监察部门纳入执法范围。相比之下，美国成立有"平等就业委员会"，专门从事反就业歧视的活动，负责执行和监控禁止就业歧视的法律的实施。英国也有专门的反就业歧视机构——公平就业委员会。在韩国，女性劳动者可以向妇女事务委员会投诉就业侵权。参考其他国家的做法，我国也应加快建立一个相对独立、职能集中、具有较强专业性的机构专司平等就业职能，如平等就业机会委员会。该委员会的职能可能包括：审查用人单位的招聘广告以及与就业权有关的单位规章制度的合法性；受理女性员工对用人单位就业歧视的申诉；接受女性关于就业歧视的投诉；对就业歧视申诉案件予以调解，调解不成的，可以代表受害人提起诉讼，并提供相关的法律援助，同时对实施就业歧视行为的用人单位进行处罚。此外，还应在《劳动保障监察条例》中将反对就业性别歧视作为劳动保障监察部门的监察事项，夯实劳动保障监察部门职责，使其对用人单位的监察更具有针对性、确定性，也更具有约束力，以此更好地促进女性就业平等权的实现。

其三，完善女性就业权利的救济措施与机制。目前，我国女性遭遇就业性别歧视的权利救济主要有两条途径：一是向当地妇女组织投诉，由妇女组织呼吁相关单位查处；二是向劳动保障监察部门投诉，由劳动保障监察部门制止或纠正相关用人单位的歧视行为。但在实际的执行过程中，不论是妇女组织还是劳动保障监察部门对发生歧视的用人单位都缺乏强有力的直接干预的权力和力度。鉴于此，完善女性就业权利的救济措施与机制，一方面要明确女性就业歧视的判断标准和取证原则，保证女性在遭受就业歧视时能够有法可依；另一方面要明确女性就业歧视的维权路径，特别是对维权受理机构、维权程序、举证责任等做出更加明确的规定和引导，以提升女性主动维权的能力和意识。例如，应将平等就业纳入劳动仲裁委员会的受理范围；借鉴英国的做法推行就业歧视举证责任倒置，以改变女性雇员相对于雇主的弱势地位。

（2）重视完善生育政策调整下以家庭为导向的女性就业保护制度

2014年以来，为了应对老龄化社会与人口结构转型带来的挑战，中国政府相继推出了包括全面放开二孩、三孩等在内的一系列更加积极的人口与生育政策。在此背景下，放宽生育对女性就业无疑将产生重要的影响。因为生育政策的放宽在加强女性生育意愿的同时，会让她们因生育更多的子女而不得不承担更高的显性成本（抚养、教育、医疗支出）和隐性成本（时间、感情付出）。更重要的是，生育政策的放宽会大大提升用人单位对承担女性生育成本的潜在预期，即不论女性是否有实际生育行为（特别是对东部发达地区女性而言，生育意愿并没有随着生育政策的放宽而显著增加），用人单位均会认为女性职工存在的潜在生育行为会提高其给付生育保险基金的经济成本以及运营压力和人事负担等实际用人成本，从而对女性的人力资本评价降低，使女性在应聘、晋升等环节受到系统性歧视。盛亦男（2019）等学者研究证实，全面二孩政策的实施通过影响女性的生育意愿和生育子女数量，提升了用人单位和女性承担的实际生育成本和潜在生育成本，而生育保障与社会支持的不足，进一步加剧女性就业质量的整体下降。反过来，也会大大抑制生育放宽政策的实际效果。

由此可见，保护与促进女性就业，一方面，要着眼于"保护家庭"，落实《国务院办公厅关于促进3岁以下婴幼儿照护服务发展的指导意见》（国办发〔2019〕15号）等政策性文件，通过完善以家庭为导向的生育及照料支持政策降低女性生育的显性与隐性成本，支持脱产照护婴幼儿的父母重返工作岗位。这就要求为育龄妇女提供孕期的全程系统保健，积极推行基本生育免费制度，或实行基本生育补助制度；切实做好基本公共卫生服务、妇幼保健服务工作，为婴幼儿家庭开展新生儿访视、膳食营养、生长发育、预防接种、安全防护、疾病防控等服务，提升新生儿的身体素质；同时，还要大力推进和完善促进婴幼儿照护服务发展的政策法规体系、标准规范体系和服务供给体系，充分调动社会力量的积极性，加大对社区婴幼儿照护服务的支持力度，并以多种形式提供全日托、半日托、计时托、临时托等多样化的婴幼儿照护服务。另一方面，要着眼于规范与激励用人单位建立家庭与女性友好型的用人制度。全面落实产假政策，鼓励用人单位采取灵活安排工作时间等积极措施，为婴幼儿照护创造便利条件。调整用人单位需承担的生育成本，将生育导致的女性就业歧视纳入法律规范或行政条例中，加快《反就业歧视法》的制定，不得将妊娠测试作为入职体检项目，不得将限制生育作为录用条件。

（3）建立与积极生育政策相适应的育儿保障与弹性工作制度

在立法中确定全国全薪育儿假基础标准（6个月，包含1个月的父亲假），育儿假以日而非周或者月来计算以增强其休假弹性。例如，育儿假可以休全天、休半天、休 1/4 天或者 休 1/8 天来累积计算。可以在 8 小时工作中每天减少工作 1 小时，作为 1/8 天 的休假。为人父母的职员可以连续休假，也可以分成几个阶段休假，最多 1 年可分成三个阶段休假。在孩子未满 1 岁以前，父母可同时休最多 30 天的带薪假。同时，通过立法设计弹性工作制度，包括弹性工作时间、弹性工作安排、弹性工作地点等，推广远程办公模式，确保职业女性"工作–家庭"冲突的情况得以缓解。由于工作时间的不灵活，女性在工作与家庭发生冲突时需要做出艰难的选择，然而不管女性"牺牲"工作抑或"牺牲"家庭，都是对女性的不公平和对女性权益的侵犯。因此，在确定弹性工作制度法律地位的同时，还需要通过具体的法律条文规范弹性工作制度的执行，以此预防用人单位以弹性工作制度为幌子侵害职业女性的权益。建议实行弹性工作制度时，职业女性的薪酬不受影响。

8.5 退役军人就业

近年来，我国政府高度重视退役军人就业安置工作。习近平总书记在出席十三届全国人大二次会议解放军和武警部队代表团全体会议上指出，中央和国家机关、地方各级党委和政府要支持国防和军队建设，做好退役军人安置、伤病残军人移交、随军家属就业、军人子女入学等工作，共同把强军事业推向前进。

"十二五"以来，我国退役军人就业安置制度与组织建设进一步完善。2011年修正的《中华人民共和国兵役法》和首次颁行的《退役士兵安置条例》开启了城乡一体的退役军人安置改革全面深化的新阶段。2018年，十三届全国人大一次会议表决通过了关于国务院机构改革方案的决定，批准成立中华人民共和国退役军人事务部，下设的移交安置司和就业创业司专门负责退役军人的就业安置事务。退役军人事务部的成立进一步标志了退役军人就业安置工作进入新的历史时期。

一方面，退役安置制度不断健全。在军转干部的安置上，2016年，中共中央、国务院、中央军委印发《关于做好深化国防和军队改革期间军队转业干部安置工作的通知》（以下简称《通知》），在安置地区、年龄条件、自主择业选择的军龄和职级条件上放宽军队转业干部的安置条件。《通知》同此前《军队转业干部安置暂行办法》《关于进一步做好军队转业干部安置工作的意见》共同构成了我国军队转业干部安置的制度框架，为做好军队转业干部安置工作奠定了坚实的制度基础。在退役士兵的安置上，2013—2014年间，民政部、总参谋部等部门先后联合发布《关于深入贯彻〈退役士兵安置条例〉扎实做好退役士兵安置工作意见的通知》《关于退役军人失业保险有关问题的通知》《关于士兵退役移交安置工作若干具体问题的意见》，从岗位落实、安置待遇、社会保障（医疗保险、失业保险等）等方面进一步强化了对退役士兵的安置保障力度。

另一方面，退役军人就业创业激励与保障机制不断强化。除了传统的就业安置措施之外，"十二五"至"十三五"期间中央出台了一系列政策法规，在税收优惠及金融服务、职业教育与技能培训、公共就业服务等方面进一步强化对退役军人就业创业的激励与保障。在工商扶持及税收优惠上，原工商行政管理总局以及财政部、国家税务总局等先后印发《关于进一步发挥工商行政管理职能作用做好退役士兵安置工作的通知》《关于调整完善扶持自主就业退役士兵创业就业有关税收政策的通知》，通过工商行政管理职能优化（对退役士兵实行挂牌服务、减轻退役士兵创业负担、帮助退役士兵规范经营等政策措施）和税收优惠加大对退役军人就业创业的支持力度。在教育及职业技能培训上，注重发挥职业培训与中高等职业教育在提升退役军人就业创业能力中的作用。民政部、财政部、总参谋部联合印发《关于加强和改进退役士兵教育培训工作的通知》，提出要进一步提高退役士兵参训率、退役士兵学员的合格率、退役士兵学员的就业率，全面推进退役士兵的教育培训工作。教育部先后发布《关于进一步落实好退役士兵就读中等职业学校和高等学校相关政策的通知》《高职扩招专项工作实施方案》，鼓励支持退役士兵就读中等职业学校和高等学校。在公共就业服务上，国务院军队转业干部安置工作小组联合有关部门印发《关于加强自主择业军队转业干部管理服务工作的通知》，强调要围绕市场需求和自主择业军队转业干部特点，开展职业培训和创业培训，提升军队转业干部就业和创业能力。同时充分利用互联网技术，搭建就业创业服务平台，促进自主择业军队转业干部与用人单位之间的人才供需信息对接。2018年，退役军人事务部出台《关于促进新时代退役军人就业创业工作的意见》，首次围绕提升就业创业能力、加大就业支持力度、优化创业环境、健全服务体系、加强组织领导等五个方面对退役军人（自主就业退役士兵、自主择业军转干部、复员干部）就业创业促进工作做了全面系统的部署，标志着国家促进退役军人就业创业政策的体系化水平不断提升。

借鉴国际经验，我国退役军人就业促进工作可重点从以下方面着手：

第一，注重法治建设，完善退役军人就业安置的法律保障体系。为了更好地维护退役军人的合法权益，实现由军到民的平稳过渡，西方国家大多通过一系列的立法对退役军人就业安置及相关权益保障做了详尽的安排与规定，高度重视法治建设在维护退役军人就业权益上的作用。不仅如此，各国在适应不同时期、不同类别退役军人就业安置的具体问题与需要的过程中，不断通过专项立法进行补充和完善，提高法律的可操作性。例如，美国国会早在1944年就针对第二次世界大战中退役军人出台了具有划时代意义的《1944年退役军人权利法案》。此后，一系列法案以之为蓝本相继出台，对退役军人所享有的包括教育、住房、商业贷款、医疗、就业等方面的优待做了详细的规定。特别是在就业支持方面，除了保障提供最基本的、常规的职业培训提升退役军人就业能力之外，还给予退役军人创业者更多的政策扶持。例如，1999年颁布的《退役军人企业家和小企业发展法案》规定政府采购可优先选择退役军人企业生产的产品；2011年通过的《退役军人就业税收优惠法案》，以税收减免、退税的方式鼓励企业聘用退役军人。此外，诸如德国的《职业培训工作促进法》《军人服役期间保留其原有工作岗位法》，以及俄罗斯的《退役军人再就业培训纲要》等，均对本国退役军人教育培训和就业扶持做了具体规定。

第二，强化组织建设，提升退役军人就业安置的组织执行能力。退役军人就业安置离不开强有力的部门保障。在美国，退役军人就业安置主要由退役军人事务部、国防部和劳工部共同负责。其中，退役军人事务部下设雇佣歧视裁决中心、退役女军人和少数族裔退役军人中心；国防部下设文职部门负责制定优先招收退役军人的政策法规；劳工部下设退役军人就业与就业培训局，向退役军人提供就业信息、咨询以及岗前培训等服务。

俄罗斯退役军人安置保障的组织体系则是以直属于俄罗斯联邦委员会的俄罗斯联邦军人社会问题委员会为核心,自上而下地由国防部总干部部、劳动和社会发展部及联邦和州、市设置的相应工作机构共同组成,负责俄军人退役后的安置协调、经费结算、教育培训、就业扶持及其他的社会保障工作。除完善政府职能外,西方国家还注重充分发挥社会组织与政府部门的协同作用,调动公共参与积极性,共同保障、监督退役安置工作的落实。例如,法国除在国防部设置专门的职位变动委员会、陆军(空军、海军)职位定向和变更处外,还充分调动军校毕业生协会、军官援助委员会、退役军人训练协会等非政府组织的积极性,更好地协助退役军人更快地进入工作岗位,适应新的工作环境。英国国防部下设的退役军人局和军人安置服务局同样会与各类慈善机构以及各地退役军人就业协助性机构合作,共同保障和监督各地退役军人就业、教育培训等安置政策的落实情况,以最大限度地维护退役军人再就业的权利。

第三,注重过渡衔接,建立长期性失业保护与职业发展保障机制。军人从服役到退役到再就业是一个持续的动态过程,西方国家非常重视通过一系列长期性失业保护与职业发展保障机制的建立,实现过渡衔接的平稳性与可持续性。其一,培训前置,强化服役期间的职业训练。英国军队为所有服役军人在安置培训中心开设涉及各行业的40余项培训课程,供近2年内有退役意向的军人进行选择;法国军队在全国设有9所老战士局所属培训学校及180余个培训网点,为服役期间的军人提供涵盖30多种职业的带薪培训项目。其二,提供长时效的就业培训保障机制,在美国,退役军人可获得1万美元以及长达18个月的培训补助,且必须在接受雇佣单位提供的为期9个月的职业培训后才可正式入职。在英国,军人在退役后10年内都可以申请与自身职级相对应的教育补贴,接受职业培训或学习深造,并提供各类职业转换项目,满足退役军人长期的职业发展与再选择的需求。其三,强化失业保护,美国国防部为退伍后15个月仍未找到合适岗位的军人继续提供住所和必要的生活设施,并给予相应的失业援助。法国军人在退役前半年，可带薪离职去市场上自谋职业。此外，欧美国家退役军人都可以在退役后领取相应的退役金和退休金，从而保证他们即便在较长时间内没有找到合适工作仍然能够体面地生活。

第9章
就业促进规划建议与展望

　　"十四五"时期是我国全面建成小康社会、实现第一个百年奋斗目标之后，乘势而上开启全面建设社会主义现代化国家新征程、向第二个百年奋斗目标进军的第一个五年。当前和今后一个时期，我国发展仍然处于重要战略机遇期，但机遇和挑战都有新的发展变化。一方面，当今世界正经历百年未有之大变局，国际环境日趋复杂，不稳定性不确定性明显增加；另一方面，尽管我国已进入高质量发展轨道，多方面优势与有利条件不断凸显，但面对着经济转型阵痛凸显的持续挑战，发展不均衡不充分问题仍然突出，做好"六保"工作，落实"六稳"任务仍然艰巨。在这样的背景下，为做好"十四五"时期及以后的就业促进规划，既要立足于到2035年基本实现社会主义现代化的远景目标，又要深刻认识我国社会主要矛盾变化带来的新特征新要求，深刻认识错综复杂的国际环境带来的新矛盾新挑战。特别是要紧紧围绕中央关于做好"十四五"规划工作"五个必须"的总要求，明确"十四五"时期及以后就业促进的战略定位和基本原则，找准政策取向和重点任务，为确保实现更充分更高质量就业，设计新方案，开辟新路径。

9.1　战略定位与基本原则

　　就业优先是新时期党和国家一以贯之的重要战略。从党的十八大提出"推动实现更高质量的就业，实施就业优先战略和更加积极的就业政策"，到党的十九大进一步明确要"坚持就业优先战略和积极就业政策，实现更高质量和更充分就业",以及在 2020 年 10 月召开的党的十九届五中全会上,把"实现更高质量更加充分就业"作为"十四五"时期推动民生福祉达到新水平的重要目标,无不彰显着就业优先的重要性与实现高质量充分就业的迫切性。因此,"十四五"期间,无论是扩大内需、推进高质量发展,还是安排财政资金投入、实施重大项目建设,都要始终坚持就业优先,把稳定和扩大就业作为经济运行合理区间的下限、放在经济社会发展更加突出的位置考虑。

从战略定位上讲,"十四五"时期及以后的就业促进工作要有明确的指导思想,即要在以习近平同志为核心的党中央坚强领导下,高举中国特色社会主义伟大旗帜,深入贯彻党的十九大和十九届二中、三中、四中、五中全会精神,以习近平新时代中国特色社会主义思想为指导,以推动高质量发展为主题,以深化供给侧结构性改革为主线,以改革创新为根本动力,以满足人民日益增长的美好生活需要为根本目的,深入实施就业优先战略和更加积极的就业政策。

将就业优先置于宏观政策层面,在就业领域不断提高贯彻新发展理念的能力和水平,继续完善支持高质量发展的就业促进与保障机制。继续贯彻劳动者自主就业、市场调节就业、政府促进就业、鼓励创业的方针,持续提升经济发展拉动就业的能力,促进创业带动与新兴产业新兴业态吸纳就业,扩大就业容量,提升就业质量,促进充分就业。不断强化市场在资源配置中的决定性作用,进一步优化统一开放、竞争有序、高效匹配的人力资源市场体系。加大对重点群体就业创业的支持力度,完善适应高质量发展需要的终身职业技能培训和公共就业服务体系。健全劳动者待遇和权益保障体系,扩大公益性岗位安置,帮扶残疾人、零就业家庭成员就业。加强就业促进的体制机制建设,强化各类政策协同机制、优化社会资本带动机制、完善就业创业服务机制、健全劳动关系协调机制、构建就业形势综合监测机制。同步推进产业结构升级和就业扩面提质,注重解决就业结构性矛盾,做好稳就业工作,完成保就业任务,兜牢民生底线,为实现

"两个一百年"奋斗目标提供重要支撑。

《"十三五"促进就业规划》确立了五条基本原则，即"坚持总量与结构并重""坚持供需两端发力""坚持就业政策与宏观政策协调""坚持统筹发挥市场与政府作用""坚持普惠性与差别化相结合"。在此基础上，"十四五"时期及以后促进就业工作建议特别注意以下原则：

第一，坚持"全局性"与"长期性"并重。一方面，需要进一步突出"就业优先"在国家宏观经济调控中的"全局性"作用，从"坚持就业政策与宏观政策协调"上升为"就业优先作为宏观调控政策要全面发力"。另一方面，注重理顺就业促进中的"质与量""供与需"关系，做到以经济发展促进就业，积极扩大就业容量，提升就业质量，促进充分就业；同时还要注重"兼顾短期就业平衡与劳动力市场长期发展之间的关系"，既要避免由"目标导向"带来的地方短视行为（过度运用行政化命令），又要加强与国家中长期发展战略规划的有效衔接，促进劳动力市场机制更好地发挥作用。2019 年《政府工作报告》中，中央首次把就业优先政策置于宏观政策层面，实质上明确了就业优先政策的宏观调控作用。过去"头痛医头，脚痛医脚"式的短期就业刺激政策并不能从根本上解决我国劳动力市场长期积累的结构性矛盾，而需要在就业促进政策的制定中更注重顶层设计，着眼于解决长期性、结构性问题，重视诸如强化劳动力素质提升、提高劳动力市场流动性等方面的制度建设。此外，一些地方政府为达到规划目标而习惯性通过行政指令的方式促进短期就业增长，这种"政策惯性"从长期来看不利于充分发挥市场在人力资源配置中的决定性作用，降低市场运行效率，因而需要防范短期劳动力市场调控政策的"中长期化"。例如，高参与率和低失业率是劳动力市场调控所追求的理想目标，也是劳动力市场繁荣的重要体现，而低参与率和低失业率的组合，虽然在一定程度上实现了短期的劳动力市场调控目标，但人力资源的利用不充分反映的是劳动力市场效率的低下。因此，在解决短期就业目标的同时，更应注重长期的市场效率提升与市场环境的改善。

第二，坚持效率与公平并重，注重就业保护，增强就业获得感。劳动力要素是市场要素的重要组成部分，完善劳动力要素市场化配置是坚持和完善社会主义基本经济制度、加快完善社会主义市场经济体制的重要内容。2020年，中共中央、国务院出台《中共中央 国务院关于构建更加完善的要素市场化配置体制机制的意见》，特别强调要通过"健全统一规范的人力资源市场体系，加快建立协调衔接的劳动力、人才流动政策体系和交流合作机制"等途径引导劳动力要素合理畅通有序流动。因此，在坚持供需两端发力的同时，要更加突出人力资源匹配环节，即充分发挥市场在实现劳动力要素高效率配置中的决定性作用。当然，在注重效率提升的同时，还要进一步强化就业公平性。所谓就业公平，一方面在于"能力公平"，即通过提升包括职业教育、终生职业技能培训等在内的各项公共就业服务与教育资源对所有劳动者的"公平可及"，切实加强劳动者自身素养以及适应劳动力市场变化和新技能需求的能力。另一方面在于"底线公平"，当前受数字技术变革、全球经济波动以及人口老龄化等影响，劳动者面临的就业风险与挑战前所未有。与此同时，数字经济刺激下大量新兴非标准就业形态的出现，也在不断冲击着既有的雇佣关系与劳动保障体系。正因为如此，扩大劳动者权益保障覆盖范围，为劳动者织牢"社会安全网"，保障所有劳动者最基本的劳动权益就显得尤为重要。这不仅是"坚持以人民为中心，坚持人民主体地位，维护人民根本利益"的应有之义，也是"坚持系统观念……注重防范化解重大风险挑战"的必然要求。总之，就业公平是就业促进的重要目标，只有建立起公平的就业环境与保障机制，让所有劳动者都能"体面劳动"，都能在不断提升自我劳动素养和技能的过程中得到更多的价值认可，才能真正增强他们的就业获得感。

第三，坚持聚焦重点问题和重点群体，做到精准施策。促进就业政策效能的提升不仅体现在政策体系的完备性上，更体现在政策定位的精准性上，做好就业促进工作要做到精准施策。一方面，要提高就业促进政策的市场敏感度与靶向性，准确及时地研判政策施行和退出的时机，避免"大水漫灌"与"一刀切"。例如，积极就业政策针对需求缺口产生的周期性失业时应该更具有短期管理的性质，既需要及时观测失业率和自然失业率的缺口，在缺口加大时迅速推出，也需要在自然失业率和实际失业率接近时适时退出。而针对摩擦性失业的政策应对，则应该突出服务导向性，在摩擦性失业的高发期，有针对性地引导加大就业及培训服务的供给，通过及时有效的就业信息发布等服务，平滑就业摩擦。另一方面，就业促进要分清轻重缓急，要能够抓住主要矛盾，瞄准重点地区、重点行业、重点群体，制定更具靶向性、针对性的政策措施，集中力量解决重大突出问题。当前，我国就业既存在总量压力，又面临严峻的结构性矛盾。尽管人口结构转型影响下我国劳动年龄人口呈逐年下降的趋势，但由于人口基数大，每年需要在城镇解决就业的新增劳动力规模依然超过1 500万人，此外还有近250万农村转移劳动力、退役军人等群体以及近千万的登记失业人员需要安置，总量压力巨大。不仅如此，高素质高技能劳动力的供给不足与市场对高技能人才巨大需求之间的矛盾加剧了结构性失业风险，部分低技能劳动者找不到合适的工作岗位，有的只能从事"危繁脏重"的低端工作，有的甚至被迫退出劳动力市场，反过来又会制约总体就业质量的提升。因此，在继续坚持总量与结构并重的同时，更要注重理顺二者的内在关系。在追求高质量发展的前提下，重点突破结构性短板，深化劳动力市场的供给侧结构性改革，提高高素质劳动力的供给水平。与此同时，围绕重点都市圈城市群（京津冀、长三角、粤港澳大湾区等）、重点区域（资源枯竭型地区、生态退化地区、采煤沉陷区及独立工矿区）、重点人群（高校毕业生、农村劳动力、退役军人等）的就业问题，还需进一步提升政策工具的针对性和有效性。

9.2　重点任务和政策举措

9.2.1　建立"结构优化型"就业促进政策体系

　　尽管当前我国就业总量压力仍然存在，但在坚持高质量发展的新时代，就业促进所面临的主要矛盾将日益转变为与劳动力市场供需关系和匹配效率密切关联的结构性矛盾。在这种情况下，如果依然沿用传统政策手段通过过度刺激经济增长以扩大就业总量，不仅无助于解决实际问题，而且可能给劳动力市场埋下长期隐患，如加剧劳动力短缺现象、抑制人力资本积累产生等。因此，在劳动力供给总量转入负增长，且经济实际增长率与潜在增长率之间不存在明显缺口的情况下，"十四五"时期我国政府应该着眼于应对和解决结构性就业矛盾，加快提升劳动者技能素质，构建以"结构优化"为导向的就业促进政策体系。

　　优化人力资源结构首先要通过深化劳动力市场供给侧结构性改革，扩大符合当前劳动力市场需求的技能型劳动群体的供给总量，提升劳动力技能素养与劳动力市场技能需求之间的匹配度。目前，无论从受教育年限还是技能水平来看，短期内我国人力资源结构及人力资本储备还不能很好地适应与满足经济结构转型升级的需求。因此，"十四五"时期及以后，需要继续深化职业教育体制改革，完善职业技能培训与终身学习体系建设，实现从供给侧持续推动劳动力质量提升与结构优化。其次，优化人力资源结构离不开需求侧的引导。在以数字经济为代表的新经济影响下，从积极发展技能门槛相对较低的新兴平台服务业（网约车、外卖等），到大力推动高技能导向的战略性新兴产业的发展，逐步引导劳动力与转型产业的分层对接，以需求转型促进人力资源结构逐步优化。最后，要进一步培育劳动力市场，畅通劳动力社会性流动渠道，健全统一规范的人力资源市场体系，完善协调衔接劳动力流动的交流机制与政策保障体系。已有的研究表明，劳动力流动可以有效地扩大劳动力市场规模，促进就业，并对经济增长产生积极的推动作用（都阳等，2014）。因此，需要进一步规范市场行为，依法纠正性别、身份、户籍等就业歧视现象，消除阻碍劳动力充分流动的制度障碍，为劳动者提供及时的就业信息和便利的申请渠道，充分发挥市场在劳动力要素配置中的决定性作用。

9.2.2 建立"高质量发展支撑型"人力资源开发体系

"高质量发展支撑型"人力资源开发体系旨在通过开发、引进、培养符合经济转型升级所需的高技能人才队伍以更好地服务国家高质量发展。第一，着力培养具有国际竞争力的创新型、应用型、高技能、高素质大中专毕业生和技能劳动者，全面提升新增劳动力质量。一方面，实施数字人才战略，在国民教育中积极推广"数字学习"计划，建设"数字学习"城市，加强宣传与普及力度，促进全体公民提升数字知识技能，培育良好的数字学习氛围。另一方面，深化教育体制改革，根据高质量发展需求变化，引导高校增设经济转型升级和民生改善急需专业，统筹研究型、应用型、复合型等各类人才培养，优化人才培养结构。强化应用型人才培养机制，促进人才培养链与产业链、创新链有机衔接。深入推进协同育人，深化产学研融合，大力培养技术技能型人才。第二，树立终身学习理念，不断加大人力资本投入力度，提升积累水平。政策上需要考虑贯通普通教育和职业教育，社会教育和国民教育，线下教育和线上教育，充分挖掘劳动者工作潜能，大力发展终身学习，强调学习"周期"的终身性（life-long），注重学习场景与手段的多样性（life-wide），追求学习效果的进阶性（life-deep）。与此同时，强化企业在职工培训中的主体作用，完善以就业技能、岗位技能提升和创业为主的培训体系，持续提升企业职工劳动技能和工作效能。提高劳动者健康素质，全面开展职业健康服务，落实职业健康检查制度，加强职业病防治，强化职业劳动安全教育。第三，实施全球人力资源开发战略，有效利用国际人才资源，实施更积极、更开放、更有效的国际人才培养和引进政策。制定并完善出入境和长期居留、税收、保险、住房、就医、子女入学、配偶安置等配套措施。完善外国人永久居留制度，放宽技术技能型人才取得永久居留资格的条件，探索实行技术移民并逐步形成完善有效的政策体系。此外，在职业资格认定认可、子女教育、商业医疗保险以及在中国境内停留、居留等方面为外籍高层次人才来华创新创业提供便利。第四，实施重点人群劳动力素质与就业能力提升计划。特别是针对规模依然庞大的农村劳动力群体，更要注重提升其劳动素质与就业能力。一方面，面向现代农业发展，建立和完善新型职业农民培育机制，加快推动传统农民向新型职业农民转型，扩大高素质现代农业生产经营者队伍。另一方面，通过实施新生代农民工职业技能提升计划，深挖农村劳动力转移的"二次人口红利"。健全农民工职业培训、就业服务、劳动维权"三位一体"的工作机制，着力提升其在民生刚性需求大、国际竞争优势明显的轻工业等劳动密集型产业以及包括数字平台等在内的新兴现代服务业领域的就业能力。

9.2.3 建立"新兴就业友好型"就业保护与权益保障机制

新经济刺激下大量新兴就业形态的出现给劳动力市场雇佣模式和组织模式带来了深刻变化。以数字技术为基础的电商平台、共享经济平台的兴起，极大地降低了劳动者和企业之间的交易成本，提高了匹配效率，使劳动者的就业选择更加多元化，就业模式更加丰富（张成刚，2018）。尽管如此，当前新兴就业形态仍然存在着劳动者工作满意度较低、工作条件较差、工作时间较长、劳动者合法权益保障不足等问题。因此，"十四五"期间应该高度重视以数字经济为代表的新经济下新兴就业形态的权益保障问题，建立"新兴就业友好型"就业保护与权益保障机制。

第一，根据当前新兴就业形态在劳动关系、雇佣关系、权益保障等方面出现的新问题、新特点，有针对性地完善相关从业人员劳动权益的保障机制。特别是在社会保障领域，可通过进一步提升社会保障服务能力，建立更加便捷灵活的参保和缴费机制，不断扩大社会保障网络对新兴业态从业人员的覆盖范围。第二，加快新兴业态从业人员劳动权益保障的立法工作，特别是关注当前广泛活跃的平台经济中平台与网约工之间的劳动关系问题。在劳动权益保障范围、责任认定、权利救济等方面进一步规范平台用工行为，注重维护平台网约工的合法权益，畅通权利救济渠道，提高网约工主动维权的意识与能力。第三，强化新兴业态用工方责任意识，完善针对新兴业态的劳动关系三方机制。促进新兴业态用工单位（特别是互联网平台型企业）建立和完善合理的员工安全培训机制、科学的任务分配机制、绩效考核机制、工资支付保障长效机制等，维护平台工作者的合法权益。完善新兴业态的劳动保障监察机制，特别是要加强平台从业人员被过度用工、工作环境安全性不足等问题的监察工作，加强平台劳动争议调解仲裁工作规范化、标准化、专业化、信息化建设。第四，优化新兴业态公共就业服务体系，鼓励引导公共就业服务机构与新兴业态用工单位围绕就业信息服务、职业技能培训等方面展开合作，推出更加高效便捷的就业信息与技能服务。

9.2.4 建立"公共就业创业服务"均等化保障机制

建立支撑高质量发展的就业促进体系是以实现就业公平为重要目标的，这需要进一步提升公共就业创业服务的均等化水平。通常来说，基本公共就业创业服务涵盖就业援助、就业见习服务、大中城市联合招聘服务、职业技能培训和技能鉴定、"12333"人力资源和社会保障服务热线电话咨询、劳动关系协调、劳动人事争议调解仲裁、劳动保障监察等方面。提升基本公共就业创业服务均等化水平，一方面在于不断扩大服务覆盖面与可及性，做到"人人享有"。对此，在技术层面，大力发展"互联网+"就业服务，利用移动互联网技术手段消除覆盖壁垒，提高劳动力职业教育与培训服务的可及性，缩小人力资本的地区差距；大力发展移动互联网支持下的线上人力资源服务业，培育互联网招聘服务机构，进一步优化并扩大服务供给和多元化的获取形式；建设"面向人人"的公共就业创业服务平台，推进公共就业服务全程信息化，实现各类就业信息统一发布和信息监测。在服务内容层面，根据劳动力市场出现的新问题、新特征、新需求，不断丰富服务内容，建设多层次、多面向的公共就业与创业实训基地，特别是能够将新兴业态从业人员纳入就业服务保障范围之内，不断提高公共服务的市场适应性。另一方面在于强化公共就业创业服务针对重点地区、重点人群的瞄准力度。例如，逐步实现外来人员享受同等就业扶持和公共服务；加强对农民的职业教育与技能培训，引导人力资源服务产业向农村"进军"，缩小城乡间人力资本差距；加快以基层公共服务平台为中心的公共就业服务体系建设，完善县、乡镇两级劳动力就业服务设施，推进基层综合服务全覆盖，保障基层开展就业创业服务。

9.2.5 建立"老龄友好型"人力资源开发与就业促进体系

面对快速及深度老龄化对劳动力市场的冲击，探索建立"老龄友好型"人力资源开发与就业促进体系势在必行。一方面，强化大龄劳动力人力资源开发工作。根据我国老龄化发展趋势特征，积极借鉴国际有益经验，通过教育培训、健康服务、就业促进等方式鼓励大龄失业人员回归劳动力市场。加强大龄劳动力在岗继续教育培训，落实完善职业培训补贴、职业技能鉴定补贴等政策，支持大龄劳动力提升就业技能；加强职业健康服务，提高大龄劳动力健康水平；落实税收优惠、社会保险补贴、创业担保贷款等扶持政策，鼓励各类企业吸纳大龄失业人员就业；加强公共就业服务网络平台建设，为大龄失业人员提供更多个性化职业指导、职业介绍、政策咨询等公共就业服务；结合大龄失业人员特点，提供更多非全职就业、志愿服务和社区工作等岗位。另一方面，积极开发老年人力资源，强化老年人力资本积累。充分发挥老年人参与经济社会活动的主观能动性和积极作用。实施渐进式延迟退休年龄政策，逐步完善职工退休年龄政策，有效挖掘开发老年人力资源。大力发展老年教育培训。鼓励专业技术领域人才延长工作年限，积极发挥其在科学研究、学术交流和咨询服务等方面的作用。鼓励老年人积极参与家庭发展、互助养老、社区治理、社会公益等活动，继续发挥余热并实现个人价值。

9.2.6　建立"家庭中心导向型"的工作保护机制

家庭是社会的基础，个人的就业决策与劳动参与状况是家庭内部协作与分工的结果。因此，在就业促进与保障体系建设的过程中，鉴于女性劳动参与率不断降低的问题，尤其不能忽视对家庭的保护。建立"家庭中心导向型"的工作保护机制需要更加注重统筹家庭与就业的关系，积极推进实施包括生育支持、幼儿养育、青少年发展、老人赡养、病残照料、善后服务等在内的，以家庭为保障对象，以支持家庭成员就业、减轻家庭负担为目标的就业促进与保障体系。特别是针对家庭女性成员，积极探索建立鼓励妇女就业的双薪型家庭政策（dual-earner support），完善生育奖励假制度和配偶陪产假制度，鼓励雇主为孕期和哺乳期妇女提供灵活的工作时间安排及必要的便利条件，支持妇女生育后重返工作岗位。此外，通过进一步完善税收、抚育、教育、社会保障、住房等政策，减轻生养子女、照护老人的家庭负担。增强社区幼儿照料、托老日间照料和居家养老等服务功能，包括对老人和0～3岁幼儿的照护服务等。

9.3　实施保障与机制建设

9.3.1　建立"数据、职能、政策"三协同机制

就业工作的复杂性和多面向决定其在实施过程中牵涉不同的政府部门、不同的市场主体，因此提高就业促进协同性是落实就业优先战略的关

键。对此,"十四五"期间要特别注重建立"数据、职能、政策"三协同机制,将提高就业促进协同性落到实处。

所谓"数据、职能、政策"三协同,第一是要以"就业数据协同共享"为基础,突出建立劳动力市场综合数据采集与指标监测机制的重要性与迫切性。发达国家通常将劳动力市场指标作为货币等宏观经济政策的直接瞄准指标。这种做法依赖于劳动力政策之间更加准确、及时的联系。因此,有必要在三级就业监测基础数据库的基础上,形成包含就业/失业监测、社会保障、劳动力市场价格等在内的反映劳动力供需及市场效率信息的多维综合劳动力市场指标监测与预警体系。健全就业统计调查制度,不断完善就业统计指标体系和调查统计方法,加强统计数据共建共享。特别强化对重点地区、重点行业、重点群体就业形势的常态化动态监测分析,密切跟踪人工智能、数字技术发展等对就业的影响。同时,也要加强政府部门与研究机构、市场分析机构的密切协作,建立就业数据与宏观经济、行业经营等数据以及社会机构相关数据交叉比对机制,切实提高对劳动力市场的整体监测和分析能力。

第二,在加强"就业数据协同共享"的基础上,进一步理顺政府各个相关部门之间的职能划分,加强部门间的协同。在工作任务的性质划分上,宏观经济综合管理部门负责统筹安排宏观调控政策,综合协调财政政策和货币政策的取向和力度,更多的是从需求端调节劳动力市场的波动,消解周期性经济波动产生的失业和经济结构变化造成的失业。劳动力市场运行和管理部门(人力资源和社会保障部门)应该致力于完善公共就业服务,不断强化劳动力市场配置资源的功能,通过提高劳动力市场运行的效率,减少摩擦性失业。

第三,部门协同要落实到政策层面,实现政策协同。发挥就业促进政策制定与实施过程中的协同效应可以重点考虑以下几个方面:①统筹就业促进与就业保护(社会保障)。加强对灵活就业、新就业形态的支持,鼓励平台经济及小微企业的发展,同时也要充分预见到新就业形态的权益保障问题。②统筹就业促进与对外开放的风险防控。鉴于中美贸易摩擦的长期性与风险性，在外向型企业和行业集中地区，要注重给遭遇到外需冲击具有转型能力的小微企业以过渡性的扶持，防范可能发生的局部较大规模失业现象的出现。③统筹就业促进与产业结构转型升级。一部分结构性失业是和正常的产业结构调整相关联的，可以本着"保护劳动者，但不保护落后产能"的原则，注重给予个人而不是企业更多的就业扶助。

9.3.2 建立就业促进绩效科学评估与管理机制

就业是最大的民生，就业促进与其他工作不同，其政策效果将直接影响国民福祉。因此，加强对就业促进政策的科学评估是优化政策内容，提高实施精度，强化政策效能的重要保障。特别是随着就业优先战略的全面实施，建立政府就业促进效果科学评估机制的重要意义更是不言而喻。概要来说，就业促进效果的评估应注意以下三个方面：

第一，加强就业促进公共财政绩效评估与管理。公共财政在就业促进领域的投入水平和方向与就业促进政策实施效果之间有着十分密切的关系。近年来，我国政府不断加大在就业促进领域的财政投入力度。据统计，2010—2016年，财政用于就业的支出年均复合增长率为7.6%，占GDP比重在2%左右（OECD国家的就业公共服务和相关行政支出，占其GDP的0.02%～0.40%）。随着财政投入力度的不断加大，强化就业促进领域公共财政预算的绩效评估与管理机制就显得尤为必要。这需要在就业促进相关财政预算编制、执行与决算等环节突出绩效导向，提高政策实施成本、收益的测算水平，对绩效目标实现程度和预算执行进度实行"双监控"。此外，还需要进一步推进各级政府及相关预算职能部门就业促进政策和项目绩效自评全覆盖，如实反映就业促进绩效目标实现结果，对绩效目标未达成或目标制定明显不合理的，要做出说明并提出改进措施。建立健全重点就业领域绩效评价常态机制，不断创新评价方法，提高评价质量。

第二，针对不同政策类型建立分类评估机制，提高评估精度。通常来说，就业促进政策主要针对的是三类失业，即总需求不足产生的周期性失业、经济结构调整产生的结构性失业以及劳动力市场运行不畅导致的摩擦性失业。根据蔡昉、都阳等学者的研究，当前中国经济的潜在增长水平与实际增长水平接近，总供给与总需求大体平衡，失业率水平仍然基本保持在自然失业率水平附近，总体上不存在明显的周期性失业（不排除局部地区出现周期性失业），仍以结构性失业和摩擦性失业为主。鉴于此，针对不同类别的就业促进政策要相应地建立评估模型。例如，针对结构性失业，侧重从劳动力素质提升效果以及高技术劳动力供给长效机制入手展开评估；针对摩擦性失业，侧重从"市场强化型"政策入手，评估其在消除市场流动性障碍以及提高市场供需匹配效率上的效果；针对周期性失业，侧重考察就业政策与财政、货币等宏观经济政策在刺激需求、维持劳动力市场平衡上的协同性。

第三，强化目标导向的就业监测评估机制。建立以实现就业促进目标为导向的就业监测体系是展开政策效果评估的重要保障。这需要进一步加强国家劳动力市场监测体制机制建设，健全多层次、多面向的就业统计调查制度，不断完善就业统计指标体系和调查统计方法，加强统计数据共建共享；创新监测方式，开展数据采集和大数据监测，特别是针对重点地区、重点行业、重点企业、重点群体就业形势开展常态化实时监测分析，深入研判苗头性、倾向性、潜在性问题。

参考文献

［1］ VOOREN M, HAELERMANS C, GROOT W, et al. The Effectiveness of Active Labor Market Policies: A Meta-Analysis ［J］. Journal of Economic Surveys, 2019, 33 （1）: 125-149.

［2］ ACEMOGLU D , RESTREPO P. Artificial Intelligence, Automation and Work. NBER Working Papers, 2018.

［3］ ACEMOGLU D , RESTREPO P. Robots and Jobs: Evidence from US Labor Markets. NBER Working Papers, 2017.

［4］ ACEMOGLU D , RESTREPO P . Secular Stagnation? The Effect of Aging on Economic Growth in the Age of Automation ［J］. American Economic Review, 2017, 107 （5）: 174-179.

［5］ ACEMOGLU D, AUTOR D. Skills, Tasks and Technologies: Implications for Employment and Earnings. NBER Working Papers, 2010.

［6］ ADAMS A, PRASSL J. Zero-Hours Work in the United Kingdom. ILO Working Papers, 2018.

［7］ AUTOR D, SALOMONS A. Is Automation Labor-Displacing? Productivity Growth, Employment, and the Labor Share. NBER Working Papers, 2018.

［8］ AUTOR D H . Why Are There Still So Many Jobs? The History and Future of Workplace Automation ［J］. Journal of Economic Perspectives, 2015, 29 （3）: 3-30.

［9］ AUTOR D，KATZ L，KEARNEY M. The Polarization of the U.S. Labor Market ［J］. American Economic Review，2006，96（2）：189–194.

［10］ BESSEN J E. Automation and Jobs：When Technology Boosts Employment ［EB / OL］. ［2019–03–20］. https：//ssrn. com / abstract= 2935003.

［11］ BROWNE M. Cashier - Free Tech Makes Debut in San Francisco ［EB / OL］. ［2020–03–20］. https：//www. supermarketnews. com / retail - financial/cashier-free-tech-makes-debut-sanfrancisco.

［12］ BRYNJOLFSSON E，MCAFEE A. Race Against the Machine：How the Digital Revolution Is Accelerating Innovation，Driving Productivity，and Irreversibly Transforming Employment and the Economy ［M］. Lexington，MA：Digital Frontier Press，2011.

［13］ EU. Employment and Social Developments in Europe Annual Review 2018 ［EB/OL］. ［2019–10–20］. https：//ec.europa.eu/commission/news/ employment-and-social-developments-europe-2018-jul-13_en.

［14］ EUWALS R，HOGERBRUGGE M. Explaining the Growth of Part - time Employment：Factors of Supply and Demand ［J］. Labour，2006，20 （3）：533–557.

［15］ HATHAWAY I，MURO M. Tracking the Gig Economy：New Numbers ［EB/OL］. ［2020–03–20］. https：//www.brookings.edu/research/ tracking-the-gig-economy-new-numbers/.

［16］ CAMPBELL I. On - call and Related Forms of Casual Work in New Zealand and Australia. ILO Working Papers，2018.

［17］ International Federation of Robotics. World Robotics Report 2019 ［R］. Frankfurt am Main：IFR，2019.

［18］ MOKYR J，VICKERS C，ZIEBARTH N L. The History of Technological Anxiety and the Future of Economic Growth：Is This Time

Different? [J]. Journal of Economic Perspectives, 2015, 29 (3): 31-50.

[19] MORETTI E. The New Geography of Jobs [M]. Boston, NY: Houghton Mifflin Harcourt, 2012.

[20] MORETTI E. Local Multipliers [J]. American Economic Review, 2017, 100 (2): 373-377.

[21] NEDELKOSKA L, QUINTINI G. Automation, Skills Use and Training. OECD Social, Employment & Migration Working Paper, 2018.

[22] OECD. In It Together: Why Less Inequality Benefits All [R/OL]. [2020-03-20]. https://dx.doi.org/10.1787/9789264235120-en.

[23] OECD. International Migration Outlook 2018 [R/OL]. [2020-03-20]. https://dx.doi.org/10.1787/migr_outlook-2018-en.

[24] OECD. OECD Employment Outlook 2017 [R/OL]. [2020-03-20]. https://dx.doi.org/10.1787/empl_outlook-2017-en.

[25] OECD. OECD Employment Outlook 2018 [R/OL]. [2020-03-20]. http://dx.doi.org/10.1787/empl_outlook-2018-en.

[26] OECD. OECD Science, Technology and Industry Scoreboard 2017: The Digital Transformation [R/OL]. [2020-03-20]. http://dx.doi.org/10.1787/9789264268821-en.

[27] OECD. Preventing Ageing Unequally [R/OL]. [2020-03-20]. http://dx.doi.org/10.1787/9789264279087-en.

[28] OECD. OECD Employment Outlook 2019: The Future of Work [R/OL]. [2020-03-20]. http://www.oecd.org/employment/outlook/.

[29] OECD. Trade - adjustment Costs in OECD Labour Markets: A Mountain or a Molehill [R/OL]. [2020-03-20]. http://www.oecd.org/els/emp/36780847.pdf.

[30] ONS. People in Employment on a Zero-hours Contract [R/OL]. [2020-03-20]. https://www.ons.gov.uk/employmentandlabourmarket/

peopleinwork/earningsandworkinghours/articles/contractsthatdonotguaranteeaminimumnumberofhours/mar2017#summary.

［31］SCHWELLNUS C, KAPPELER A, PIONNIER P. Decoupling of Wages from Productivity: Macro - level Facts ［R/OL］. ［2020-03-20］. http: //dx.doi.org/10.1787/d4764493-en.

［32］U. S. Bureau of Economic Analysis. Defining and Measuring the Digital Economy ［R/OL］. ［2019-10-25］. https: //www.bea.gov/research/papers/2018/defining-and-measuring-digital-economy.

［33］U.S. Bureau of Economic Analysis. Measuring the Digital Economy: An Update Incorporating Data from the 2018 Comprehensive Update of the Industry Economic Accounts ［R/OL］. ［2019-10-25］. https: //www.bea.gov/system/files/2019-04/digital-economy-report-update-april-2019_1.pdf.

［34］ALTAVILLA C, CAROLEO F E. Asymmetric Effects of National - based Active Labour Market Policies ［J］. Regional Studies, 2013, 47 (9): 1482-1506.

［35］BELLMAN L, RICHARD J. The Impact of Labour Market Policy on Wages, Employment and Labour Market Mismatch ［M］// SCHMID G, O' REILLY J, SCHÖMANN K. International Handbook of Labour Market Policy and Policy Evaluation. Cheltenham: Edward Elgar, 1997.

［36］BELLMANN L, JACKMAN R. Aggregate Impact Analysis ［M］// SCHMID G, O'REILLY J, SCHÖMANN K. International Handbook of Labour Market Policy and Policy Evaluation. Cheltenham: Edward Elgar, 1997.

［37］BETCHERMAN G, OLIVAS K, DAR A. Impact of Active Labour Market Programs: New Evidence from Evaluations with Particular Attention to Developing and Transition Countries. Social Protection Discussion Paper, 2004.

［38］BONNAL L, FOUGÈRE D, SÉRANDON A. Evaluating the Impact of French Employment Policies on Individual Labour Market Histories ［J］.

The Review of Economic Studies, 1997, 64 (4): 683-713.

[39] BÜTTNER T, PREY H. Does Active Labour Market Policy Affect Structural Unemployment? An Empirical Investigation for West German Regions, 1986 to 1993. CILE Discussion Papers, 1997.

[40] CALMFORS L. Active Labour Market Policy and Unemployment: A Framework for the Analysis of Crucial Design Features [J]. OECD Economic Studies, 1994, 22 (1): 7-47.

[41] CALMFORS L, SKEDINGER P. Does Active Labour Market Policy Increase Employment? Theoretical Considerations and Some Empirical Evidence from Sweden [J]. Oxford Review of Economic Policy, 1995: 91-109.

[42] CARD D, KLUVE J, WEBER A. Active Labour Market Policy Evaluations: A Meta - analysis [J]. The Economic Journal, 2010, 120 (548): 452-477.

[43] CARD D, KLUVE J, WEBER A. What Works? A Meta Analysis of Recent Active Labor Market Program Evaluations [J]. Journal of the European Economic Association, 2018, 16 (3): 894 931.

[44] ESCUDERO V. Are Active Labour Market Policies Effective in Activating and Integrating Low - Skilled Individuals? An International Comparison [J]. IZA Journal of Labor Policy, 2018, 7 (4).

[45] ESTEVÃO M. Do Active Labor Market Policies Increase Employment. IMF Working Paper, 2003.

[46] LAYARD R, NICKELL S. Unemployment in Britain [J]. Economica, New Series, 1986, 53 (210): 121-169.

[47] LAYARD R, NICKELL S, JACKMAN R. Unemployment: Macro-economic Performance and the Labour Market [M]. Oxford: Oxford University Press, 1991.

[48] Organisation for Economic Co - operation and Development. Active

Labour Market Policies: Assessing Macro - economic and Micro - economic Effects [R] // OECD. Employment Outlook. Paris: OECD, 1993: 39–80.

[49] SCHMID G, SPECKESSER S, HILBERT C. Does Active Labour Market Policy Matter? An Aggregate Impact Analysis for Germany [M] // KONING J D, MOSLEY H. Labour Market Policy and Unemployment: Impact and Process Evaluations in Selected European Countries. Cheltenham: Edward Elgar, 2001: 78–114.

[50] SPEVACEK A M. Effectiveness of Active Labour Market Programs: A Review of Programs in Central and Eastern Europe and the Common Wealth of Independent States. KSC Research Series, 2009.

[51] ZUBOVIC J, JONEL S. Reviewing Development of Active Labour Market Policies and the Evaluation Techniques [M] // JEAN A, CVIJANOVIC D, ZUBOVIĆ J. The Role of Labour Markets and Human Capital in The Unstable Environment. Karta Graphic Publishing House, 2011.

[52] OECD. Good Jobs for All in a Changing World of Work: The OECD Jobs Strategy [R/OL]. [2020–03–20]. http: //www.oecd.org/employment/ good-jobs-for-all-in-a-changing-world-of-work-9789264308817-en.htm.

[53] OECD. OECD Social, Employment and Migration Working Papers (2013) [EB/OL]. [2020–05–25]. https: //www.oecd-ilibrary.org/social-issues-migration-health/oecd-social-employment-and-migration-working-papers_ 1815199x.

[54] OECD. The OECD Action Plan for Youth: Giving Youth a Better Start in the Labour Market [EB/OL]. [2020–05–25]. http: //www.oecd.org/ employment/Action-plan-youth.pdf.

[55] QUINTINI G, MANFREDI T. Going Separate Ways? School - to - Work Transitions in the United States and Europe. OECD Social, Employment

and Migration Working Papers，2009.

[56] OECD. Ageing and Employment Policies： Denmark 2015：Working Better with Age ［EB/OL］．［2020−05−26］．http：//www.oecd.org/publications/ageing-and-employment-policies-denmark-2015-9789264235335-en.htm.

［57］ OECD. Council Recommendation on Ageing and Employment ［EB/OL］．［2020−05−26］．https：//legalinstruments.oecd.org/public/doc/333/333.en.pdf.

[58] OECD. Pensions at a Glance 2013： OECD and G20 Indicators ［M］．Paris：OECD Publishing，2013．

［59］ OECD. The Pursuit of Gender Equality： An Uphill Battle ［EB/OL］．［2020−05−26］．http：//www.oecd.org/publications/the-pursuit-of-gender-equality-9789264281318-en.htm.

［60］ Department for Business， Enterprise and Regulatory Reform. Enterprise： Unlocking the UK's Talent ［R/OL］．［2020−05−26］．http：//www-berr-gov-uk.vpn.ruc.edu.cn/files/file44992.pdf.

［61］ QAA. Enterprise and Entrepreneurship Education： Guidance for UK Higher Education Providers ［EB/OL］．［2020−05−26］．http：//www-qaa-ac-uk.vpn.ruc.edu.cn/en/Publications/Documents/enterprise-entrepreneurship-guidance.pdf.

［62］ NIZAMI N，PRASAD N. Decent Work： Concept，Theory and Measurement ［M］．Singapore：Palgrave Macmillan，2017：261−269.

［63］ SIEGRIST J，WAHRENDORF M. Work Stress and Health in a Globalized Economy： The Model of Effort - Reward Imbalance ［M］．Dordrecht：Springer，2016.

［64］ World Economic Forum. The Future of Jobs 2018 ［R］．Geneva：WEF，2018.

［65］施密德，奥赖利，朔曼，等.劳动力市场政策评估国际手册
［M］.杨伟国，陈华娟，等译.北京：中国人民大学出版社，2014.

［66］蔡禾.中国劳动力动态调查：2017年报告［M］.北京：社会科学文献出版社，2017.

［67］北京极光律师事务所.各地法院如何认定O2O平台相关劳动关系？［EB/OL］.［2019-10-25］. https://m.sohu.com/a/243386293_
170807.

［68］曲玥.产能过剩与就业风险［J］.劳动经济研究，2014（5）：
130-147.

［69］世界经济论坛.2017年全球人力资本报告［R/OL］.［2019-11-25］.
https://www.useit.com.cn/thread-16496-1-1.html.

［70］吴清军，杨伟国.共享经济与平台人力资本管理体系——对劳动力资源与平台工作的再认识［J］.中国人力资源开发，2018（6）：
103-110.

［71］波士顿咨询公司.迈向2035：4亿数字经济就业的未来［R］.
北京：波士顿咨询公司，2017.

［72］滴滴政策研究院.2017年滴滴出行平台就业研究报告［R］.北京：滴滴政策研究院，2017.

［73］国家信息中心.中国共享经济发展年度报告（2019）［R］.北京：国家信息中心，2019.

［74］刘燕斌.去产能职工就业安置的现状、问题和对策［J］.中国就业，2018（9）：6-8.

［75］美团研究院.城市新青年：2018外卖骑手就业研究报告［R］.
北京：美团研究院，2019.

［76］王琦，吴清军，杨伟国.平台企业劳动用工性质研究：基于P网约车平台的案例［J］.中国人力资源开发，2018（8）：96-104.

［77］夏炎，王会娟，张凤，等.数字经济对中国经济增长和非农就业

影响研究——基于投入占用产出模型［J］．中国科学院院刊，2018（7）：707-716.

　　［78］中国劳动和社会保障科学院．中国网约车新就业形态发展报告［R］．北京：中国劳动和社会保障科学院，2019.

　　［79］中国人民大学劳动人事学院课题组．阿里巴巴零售电商平台就业机会测算与平台就业体系研究报告［R］．北京：中国人民大学，2019.

　　［80］中国信息通信研究院．中国数字经济发展和就业白皮书（2018年）［R］．北京：中国信息通信研究院，2018.

　　［81］中国信息通信研究院．中国数字经济发展和就业白皮书（2019年）［R］．北京：中国信息通信研究院，2019.

　　［82］周畅，李琪.非标准工作与体面劳动：数据化带来的劳动问题与政府对策［J］．中国人力资源开发，2017（8）：156-166.

　　［83］教育部，人力资源和社会保障部，工业和信息化部.关于印发《制造业人才发展规划指南》的通知：教职成〔2016〕9号［A］．2016-12-27.

　　［84］人力资源和社会保障部，国家发展改革委，财政部.关于加快发展人力资源服务业的意见：人社部发〔2014〕104号［A］．2014-12-25.

　　［85］人力资源和社会保障部.关于印发人力资源服务业发展行动计划的通知：人社部发〔2017〕74号［A］．2017-09-29.

　　［86］中新网.人社部：全国人力资源服务机构达3.02万家［EB/OL］．［2020-03-10］．https：//baijiahao.baidu.com/s？id=1606215288060704487&wfr=spider&for=pc.

　　［87］前瞻产业研究.2018年人力资源服务行业现状与发展趋势分析：人力资源转向高附加值战略［EB/OL］．［2020-03-10］．https：//www.qianzhan.com/analyst/detail/220/180709-ffab0d68.html.

　　［88］国家发展改革委，工业和信息化部，国家能源局，等.关于做好2018年重点领域化解过剩产能工作的通知：发改运行〔2018〕554号［A］．

2018-04-09.

[89] 都阳.2019年稳就业的目标与政策选择 [J]. 中国劳动，2019
（3）：31-41.

[90] 美国布鲁金斯学会."数字化"和美国劳动人口（2017）[R/OL].
[2019-11-05]. https：//www.useit.com.cn/thread-17670-1-1.html.

[91] 杨伟国，张成刚，辛茜莉.数字经济范式与工作关系变革 [J]. 中
国劳动关系学院学报，2018（5）：56-60.

[92] 杨伟国.雇佣的终结——数字革命带来了哪些机遇与挑战 [EB/OL].
[2020-03-20]. https：//mp.weixin.qq.com/s/Vpbqd9Efv3uBeOHxMZMOfw.

[93] 杨伟国，邱子童，吴清军.人工智能应用的就业效应研究综述
[J]. 中国人口科学，2018（5）：109-119，128.

[94] 杨伟国.让新就业形态更好地生长 [EB/OL]. [2020-03-20].
http：//views.ce.cn/view/ent/201904/17/t20190417_31872676.shtml.

[95] 张车伟.人口与劳动绿皮书：中国人口与劳动问题报告 No.19
[M]. 北京：社会科学文献出版社，2019.

[96] 智联招聘.2019年第四季度《中国就业市场景气报告》[EB/OL].
[2020-03-20]. http：//hlj.news.163.com/20/0210/10/F514B8P404239DI4.html.

[97] 中国人民大学劳动人事学院课题组.阿里巴巴服务新消费平台带
动就业机会测算研究报告 [R]. 北京：中国人民大学，2020.

[98] 国家统计局.全国月度劳动力调查制度 [EB/OL]. [2020-03-20].
http：//www.stats.gov.cn/tjsj/tjzd/gjtjzd/201701/t20170109_1451388.html.

[99] 蔡昉，张车伟.人口与劳动绿皮书：中国人口与劳动问题报告
No.16 [M]. 北京：社会科学文献出版社，2015.

[100] 常飒飒，王占仁.欧洲高校学生组织创业实践研究——以欧洲
青年企业联盟为个案 [J]. 外国教育研究，2018（12）：44-55.

[101] 陈国娟，李琳懿.欧盟女性就业政策存在的问题及对策探析
[J]. 劳动保障世界，2018（33）：15，21.

［102］冯沁.中外退役军人安置的制度比较与社会差异［D］. 上海：上海社会科学院社会学所，2019.

［103］国际劳工组织.2017年全球青年就业趋势报告［R/OL］.［2020-05-25］. http：//www.199it.com/archives/656685.html.

［104］国家统计局.2018年《中国妇女发展纲要》统计监测报告［R/OL］.［2020-05-26］. http：//www.stats.gov.cn/tjsj/zxfb/201912/t20191206_1715998.html.

［105］胡子祥.英国大学生就业能力培育机制研究——基于国家层面的考察［J］. 高教探索，2015（4）：37-43.

［106］井永珊.美国女性就业的促进对我国女性就业的影响分析［J］. 商，2014，（43）：45.

［107］柯卉兵.西方国家青年就业保障计划［J］. 中国青年研究，2004（3）：129-135.

［108］孔静珣.美国妇女就业问题研究［J］. 中华女子学院山东分院学报，2010（2）：55-62.

［109］黎淑秀.全球青年就业趋势研究——为青年提供优质的就业政策［J］. 中国青年社会科学，2020（1）：117-127.

［110］李涛.高龄劳动者就业中年龄歧视的法律规制［J］. 江海学刊，2019（1）：157-163.

［111］李洋洋.美国退役军人社会福利制度研究［D］. 昆明：云南大学公共管理学院，2019.

［112］林宝.中国退休年龄改革的时机和方案选择［J］. 中国人口科学，2001（1）：25-31.

［113］刘纪达，王健.变迁与演化：中国退役军人安置保障政策主题和机构关系网络研究［J］. 公共管理学报，2019（10）.

［114］刘勇.欧洲青年就业促进法律与政策研究［J］. 政治与法律，2012（6）：121-130.

［115］柳清瑞，苗红军.人口老龄化挑战中国现行退休年龄规定［J］.未来与发展，2007（6）：33-37.

［116］马永堂，徐军.发达国家促进高校毕业生就业的实践经验及对我国的启示［J］.中国行政管理，2018（7）：146-149.

［117］人力资源和社会保障部，教育部，司法部，等.关于进一步规范招聘行为促进妇女就业的通知：人社部发〔2019〕17号［A］.2019-02-18.

［118］盛亦男.生育政策调整对女性就业质量的影响［J］.人口与经济，2019（3）：62-76.

［119］孙玄.关于退休年龄的思考［J］.人口与经济，2005（3）：67-71.

［120］王亚南，王婧昕.国外女性就业促进的社会支持模式［J］.山东工会论坛，2014（4）：26-28.

［121］王占仁，董超.英国高校毕业生就业状况监测运行机制研究［J］.外国教育研究，2012（3）：75-80.

［122］吴万群.发达国家高龄劳动者就业促进制度及其借鉴［J］.河南社会科学，2018（2）：67-72.

［123］肖毅.欧美国家促进高校毕业生就业的政策措施及启示［J］.教育与职业，2016（7）：81-83.

［124］杨帆.论高龄劳动者就业促进——打破延退僵局的钥匙［J］.经济与管理评论，2017（3）：149-160.

［125］杨李唯君，冯秋石，王正联，等.延迟退休年龄对中国人力资本的影响［J］.人口研究，2019（1）：104-114.

［126］孙昌銮.清华专家团队公布养老体制改革方案 建议65岁领取养老金［EB/OL］.［2020-05-26］.http://politics.people.com.cn/n/2013/0814/c70731-22555748.html.

［127］喻术红.老龄化背景下的高龄劳动者就业促进问题［J］.武汉

大学学报：哲学社会科学版，2017（70）：41.

［128］周小舟.国外社会组织促进青年就业与创业的经验和启示［J］.中国青年政治学院学报，2016（2）：116-121.